# 保险人缔约信息提供义务研究

The Research about Information Offering Obligations of the Insurers at Contracting

李勇 著

中国社会科学出版社

**图书在版编目（CIP）数据**

保险人缔约信息提供义务研究／李勇著．—北京：中国社会科学出版社，2018.8

ISBN 978－7－5203－1805－1

Ⅰ.①保… Ⅱ.①李… Ⅲ.①保险法—研究—中国 Ⅳ.①D922.284.4

中国版本图书馆 CIP 数据核字（2017）第 325820 号

出 版 人 赵剑英
责任编辑 孔继萍
责任校对 季 静
责任印制 李寡寡

出 版 中国社会科学出版社
社 址 北京鼓楼西大街甲 158 号
邮 编 100720
网 址 http://www.csspw.cn
发 行 部 010－84083685
门 市 部 010－84029450
经 销 新华书店及其他书店

印 刷 北京明恒达印务有限公司
装 订 廊坊市广阳区广增装订厂
版 次 2018 年 8 月第 1 版
印 次 2018 年 8 月第 1 次印刷

开 本 710×1000 1/16
印 张 15.5
插 页 2
字 数 251 千字
定 价 68.00 元

# 序

人类与信息的关系，就像人与空气一样重要。故信息不对称之规制问题势必会成为许多法律的中心议题。法律规则在决定当事人之间如何分享信息上能发挥重要的作用，实际上，现代许多重要的法律改革都聚焦于信息和信息是否以及如何传递。与其他行业相比较，保险业是一个对信息高度依赖的行业，而信息不对称问题又比其他行业要复杂得多。在一般的商品市场上，信息不对称是“单边的”，主要表现为“卖者”总是比“买者”拥有更多有关商品的信息，处于信息优势的地位。而在保险市场上，不管是“买方”还是“卖方”都存在相对交易方的信息劣势，信息不对称是“双边的”：保险人作为保险商品的出售者，拥有比投保人更多的有关保险商品和保险公司履约意愿及能力的信息，从而处于信息优势的地位；投保人作为风险的转嫁者，则又拥有比保险人更多的有关保险标的的风险及损失情况的更多信息，从而也具有信息上的优势。不仅如此，保险中介人引入保险市场后，成为投保人和保险人之间信息传递的中介，使保险交易主体又面临相对保险中介人的信息不对称，从而保险市场信息不对称更加复杂化。因此，如何有效地规范信息不对称问题，不仅是保险法诸多理论和制度的根由，也是保险法现代改良的源头。

李勇博士所撰《保险人缔约信息提供义务研究》一书，基于对于保险这一种复杂的“法律商品”，保险人具有信息优势地位而投保人处于信息劣势地位之考量，以有效地规范保险人信息优势地位为出发点，以合理地保护保险消费者之知情权以及自主决定权为归属点，系统而深入地探讨了保险人信息提供义务的基本范畴、正当性的理论依据、主要价值诉求与应然功能以及制度构建。其基本观点认为：在保险市场中，真正能帮助保险消费者享受权益的有效方法，不是通过“纵向原价监管”来减少单笔交易间的价格或服务离差，而是让保险人信息公开、充分竞争、形成稳定而透明化的交易平台，从而让消费者通过“横向实时比价”来获得权益；我国保险法应明定保险人于缔约过程中的信息提供义务，提升投保人的实质地位，使投保人在缔约时能够依其需求，做出最有利于自己的决定。有理由相信，上述结论对我国保险法未来修改，具有一定的参考价值。

本书之主要特色有二：其一，沟通保险法与民法原理展开论证，而非“在保险而言保险”。作者尝试性地以私法自治、契约自由、当事人自主决定与自我负责等民法之基本原理和理念为指导，观察保险交易过程中保险消费者因信息不对称之窘困，进而阐释保险人信息提供义务是保障和调和私法自治、确保投保人自主决定、自我负责的必由之路。其二，运用信息经济学基本原理与范式展开论证，以提升核心观点的解释力与说服力。按信息经济学原理，信息能促进资源的有效配置，解决信息不对称的方法在于鼓励参与者自动向交易对手公开其个人信息；事后要想摆脱无效率的契约，可能要付出很大的代价，所以事前披露信息非常重要。这一原理无疑为保险人缔约信息提供义务之正当性提供了经济上的根由。

本书系作者在其博士学位论文的基础上修改充实而成。作为作者的博士研究生导师，我见证了作者近年来在保险法领域所付出的努力及取得的成果，也为本书的付梓而高兴。希望作者继续在保险法领域深耕细作，不忘初心，砥砺前行！

以上数言，聊以为序。

**樊启荣**

2018 年孟夏识于文治楼

# 目　录

# 导　论

## 一　研究主题及缘起

保险为人们日常生活所不可或缺，其目的已不仅在填补损害或定额给付，对被保险人或受益人而言，则属一种精神上依赖，唯保险人在承保事故发生后能及时理赔，始足以确保其心境安宁，财务稳定。[①] 在欧美发达的国家和地区，保险为其生活的一部分。在我国，改革开放以来，保险业得到了空前的发展；可以说，保险已逐渐渗透到社会的各个角落，与经济社会发展和人民生产生活的联系愈加密切。保监会数据显示，2009 年我国保险行业保费收入 11137.3 亿元，首破万亿元；2010 年 1.45 万亿元；2011 年 1.43 万亿元；2012 年 1.549 万亿元；2013 年 1.72 万亿元；2014 年 2.02 万亿元；2015 年 2.4 万亿元；2016 年 3.1 万亿元，从而显示出我国保险业强劲的发展势头；《中国共产党第十八次全国代表大会报告》中指出，预计至 2020 年，保险购买率将由不足两成提至五成，保险进入“主流消费期”。

然而，保险纠纷也如影随形，处于弱势的保险消费者的合法权益始终得不到维护，夸大收益、产品信息缺乏、误导性广告、误导销售、推销扰民、搭售和捆绑等损害保险消费者利益的问题反映强烈，保险消费纠纷呈直线上升。[②] 中国保监会保险消费者权益保护局的涉及保险消费者权益投诉情况数据显示，保险契约纠纷未尽说明义务 2011 年 250 个、2012 年 420 个、2013 年 1289 个、2014 年 1499 个，营销扰民 2011 年 16

---

① 施文森：《诚信原则与格式条款外之求偿》，《月旦法学杂志》2010 年第 7 期。

② 陈肖：《保险消费者权益保护机制构建》，《中国保险》2014 年第 6 期。

个、2012 年 617 个、2013 年 729 个、2014 年 1179 个；保险违法违规的销售误导，2011 年 1502 个、2012 年 3177 个、2013 年 4510 个、2014 年 4621 个，详见图 0—1。

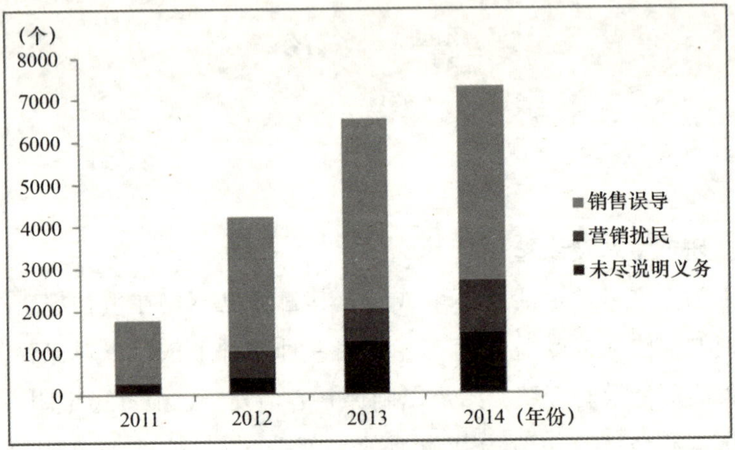


**图 0—1　保险消费者投诉情况**

从图 0—1 中可以看出，我国保险消费者维权形势依然严峻。另外，由于保险是经营信息的行业，保险契约的实质乃风险信息之交换，一般消费者相对于保险人处于信息不对等之地位；因保险契约之专业性、复杂性，且大部分保险契约都很长，而且其中有的术语或条款只有律师才能理解，纵使投保人认真、仔细研读保单，亦未必能了解保险条款、费率的目的和意义。① 例如，王庆才诉中国人寿保险公司灌云县支公司重大疾病保险合同纠纷案中，② 尽管投保人认真阅读了保险契约，对于何谓脑中风，若没有专业人士的协助或参考相关专业书籍，是难以充分理解的；尚某诉某保险公司一案③中，何为重大疾病，普通消费者亦难以理解。此外，保险业之实务运作常是在契约生效以后，投保人才得以见到完整的保险契约，保险营销员是保险行业甚为倚重的渠道；投保人常依赖于缔约时保险营销员的解说来理解契约的内容，产品说明仍然是保险营销非

① 齐瑞宗、肖志立：《美国保险法律与实务》，法律出版社 2005 年版，第 34 页。
② 江苏省连云港市中级人民法院（2005）连民二终字第 36 号民事判决书。
③ 江苏省徐州市中级人民法院（2009）徐民二终字第 0661 号民事判决书。

常重要的环节，而在产品说明方面，上门拜访依然是最为实用和有效的方式，也是最受欢迎的方式，多达49.8%的人选择这一方式。[①] 学者周新发的调查数据显示，保险公司业务营销员和保险经纪人的推销占比分别为45.21%和32.75%。但因目前保险营销模式的薪酬机制是以佣金为利益导向，没有固定收入和社会保障，生活需求存在压力，容易造成不当销售行为，如不当说明、隐瞒重要信息、混淆概念、夸大产品功能等，诱导消费者购买无用或缺陷产品，最终损害保险消费者利益。例如，胡顺华女士16年前买下养老"理财险"如今无法兑现夜不能寐[②]，王女士缴了四年保费发现遭忽悠要退保可能亏2.7万元[③]。再者，随着大数据云计算时代、互联网金融时代的来临，以及医疗技术的革新尤其是基因技术与健康物联网技术的突破性发展，使我们达到了历史上罕见的单向透明，[④] 即投保人面对保险人几乎透明化，都是赤裸裸的"透明人"，鲜有秘密可言，交易双方具有严重的信息不对称，影响消费者之权益。

基于上述之纠纷和困境，问题根源之一乃保险消费者信息缺乏，且保险人把投保人封闭在两难境地中：接受抑或走人（take it or leave it），难有其他抉择，造成其权益受损，并难以得到救济。我国保险法虽规定了保险人之说明义务，但从实践及前揭数据来看，其履行情况并不容乐观，因保险人担心暴露其产品或服务之不足，从而"唤醒沉睡的狗"（wakes these sleeping dogs），导致利润的减少；且说明义务本身亦存在较大的争议，表现为立法存废之争、解释论内部争议浓烈、司法混乱。[⑤] 2013年10月6日，经济学家郎咸平指出"保险业是暴利行业，保险就是搞传销"，旋即引发轩然大波，并引发多数网民之共鸣，这也反映出民众对于保险行业之真实态度，与保险法政策目标之维护社会公共利益背道而驰。在保险领域，纠纷主要涉及保单具体条款的解释问题：47.04%的

---

① 刘志鹏、罗娜：《2014年中国保险营销员生存状况调查》，《保险文化》2014年第9期。

② 《16年前买下养老"理财险" 如今无法兑现夜不能寐》，《楚天都市报》2014年2月12日，第A13版。

③ 《投保人要退保可能亏2.7万》，《楚天金报》2014年2月24日，第A07版。

④ 王安：《投入大数据 笑了自己》，《经济观察报》2014年11月3日，第50版。

⑤ 鲁忠江：《保险人说明义务立法思路之调整》，《安徽大学学报》（哲学社会科学版）2013年第6期。

消费者遭遇过保险公司、保险中介向其夸大保险契约利益，劝诱其购买的情形；35.09%的消费者认为保险公司、保险中介由于未对契约条款进行详细解释、提示免责条款等侵害其利益；33.42%的消费者认为理赔效率低。[①] 消费者是拉动经济增长的重要主体，消费维权是一个国家经济文明的重要体现，是市场经济成熟发达的重要标志。因信息是保险消费者自主决定的基础，而信息提供义务的强化，便成为保险消费者维护自身权益的一项重要工具，亦是尊重消费者自己决定权[②]之体现。因此深入而系统地研究保险人缔约信息提供义务问题，并以《〈保险法〉司法解释(二)》、新《消费者权益保护法》及《中国保监会关于加强保险消费者权益保护工作的意见》为契机，一方面可以从源头上缓解消费者信息不对称问题，更好地维护消费者权益，并有利于司法解释与适用；另一方面对于提升我国保险契约法理论水准，廓清关于信息提供义务制度的认识或观念误区，推动我国保险契约法制从传统走向现代，具有重大的理论价值；再者亦能有助于改善保险行业生态环境，推动保险业发展成果更多更公平惠及全体人民，改善民生，促进和谐。

## 二 研究现状及评述

自《保险法》规定保险人信息提供义务之明确说明义务以来，关于该制度的非议始终不断，审判实践中如何适用明确说明义务存在较大争议。[③] 以明确说明义务之认定标准为例，[④] 上海法院曾在判决[⑤]中认为，保险单上特别提示阅读有关条款，投保人未提出异议并交纳保险费，应视为保险人已经尽到了说明义务；而南京法院[⑥]与福建省永安市法院则认为，保险人不能仅仅将免责条款列明于保险单上，保险单中免责条款本

---

① 杨东：《金融消费者保护统合法论》，法律出版社 2013 年版，第 422 页。

② ［日］诹访雅显：《关于说明义务的一般原理》，李德健译，牟宪魁校，梁慧星主编《民商法论丛》(第 48 卷)，法律出版社 2011 年版，第 308 页。关于自己决定权的定义，一种有力的学说认为，不应当将自己决定权限定于人格性的利益，而应当将其作为一般的自由权来进行宽泛的领会。另外，在经济交易方面，有思考方法认为，应当重视用来补充私法自治的自己决定权。

③ 王世华、刘振：《关于保险合同若干问题的实践思考》，《法律适用》2006 年第 7 期。

④ 王静：《保险类案裁判规则与法律适用》，人民法院出版社 2013 年版，第 120 页。

⑤ 上海市第二中级人民法院（2005）沪二中民三（商）终字第 394 号民事判决书。

⑥ 南京市中级人民法院（2005）宁民二终字第 467 号民事判决书。

身并不能说明保险人履行了说明义务[①]。理论界也提出了众多完善建议，甚至有学者主张废除该制度。[②] 在《〈保险法〉司法解释（二）》草案论证中，对于保险人明确说明义务存在价值出现限制说和强制说两种截然相反的观点。可见对于保险人缔约信息提供义务进行系统性研究，实属必要。从笔者所掌握的资料来看，国内外与本书主题相关的专门研究成果比较丰富。这些研究成果总体上反映了学术界对这个问题的研究现状，也是本书进一步研究的基础。对这些研究成果进行梳理，发现问题和争论点之所在，是推进学术研究继续深化、避免重复研究的必要前提。

（一）关于信息提供义务基本理论的争执

归纳起来，保险人信息提供义务的理论基础有如下几个方面：（1）保护被保险人利益；[③]（2）最大诚信原则之要求；[④]（3）当事人合意的要求；[⑤]（4）矫正保险契约当事人信息不对称的要求[⑥]。除此以外，学者还指出，消费者保护主义、附合契约理论、附随义务理论是保险人缔约说明义务之正当化基础。[⑦]

---

① 杨泽民、刘明田：《保险人说明义务的认定》，《人民司法·应用》2008 年第 9 期。

② 李玉泉：《保险法》，法律出版社 1997 年版，第 131 页；邹海林：《保险法》，人民法院出版社 1998 年版，第 115—116 页。转引自陈群峰《保险人说明义务之形式化危机与重构》，《现代法学》2013 年第 6 期。

③ 徐卫东主编：《商法基本问题研究》，法律出版社 2002 年版，第 385 页。董成惠：《论保险人说明义务制度的价值取向》，《中山大学学报论丛》2006 年第 2 期。

④ 杨茂：《完善我国保险人明确说明义务的法律思考》，《现代法学》2012 年第 2 期。尹田主编：《中国保险市场的法律控制》，社会科学文献出版社 2000 年版，第 118—119 页。温世扬：《保险人订约说明义务之我见》，《法学杂志》2001 年第 2 期。徐晓、梁君：《论保险人的订约说明义务》，《金陵法学评论》2006 年春季卷。任自力：《保险法最大诚信原则之审思》，《法学家》2010 年第 3 期。

⑤ 温世扬：《保险人订约说明义务之我见》，《法学杂志》2001 年第 2 期。樊启荣：《保险契约告知义务制度论》，中国政法大学出版社 2004 年版，第 312—313 页。张宇冰、宋梅丽：《试论保险人说明义务》，《社科纵横》2004 年第 4 期。

⑥ 臧彦：《保险契约信息不对称的法律规制》，《法制与社会发展》2002 年第 6 期。肖和保：《保险合同的信息不对称及其法律调整——兼论我国保险法的不足及完善》，《湖南社会科学》2006 年第 4 期。汪华亮：《保险合同信息提供义务的理论基础新论》，《云南行政学院学报》2009 年第 4 期。杨茂：《完善我国保险人明确说明义务的法律思考》，《现代法学》2012 年第 3 期。[美] 肯尼斯·S. 亚伯拉罕：《美国保险原理与实务》，韩长印等译，中国政法大学出版社 2012 年版，第 6 页。

⑦ 于海纯：《保险人缔约说明义务制度研究》，博士学位论文，中国政法大学，2007 年。

英美法关于保险人之揭露义务乃源于最大善意原则之相互性。[①] 早在18世纪时，曼斯菲尔德（Lord Mansfield）已于Carter v. Boehm一案[②]中揭示最大善意原则非唯仅适用于被保险人，保险人亦应遵守最大善意原则。[③] 唯实际上关于最大善意原则与保险人适用之发展上，却在美国法院判决中较为完整。大陆法系国家关于保险人之信息提供义务乃源于诚信原则适用之特殊程度。[④] 德国保险契约法之中心思想，即为消费者保护。[⑤] 保险人信息提供义务，其法律依据为德国民法所规定的诚信原则。

（二）关于信息提供义务基本范畴的争执

关于保险人信息提供义务，现有的研究主要针对我国《保险法》相关规定展开，或从解释论的角度分析上述规定应当如何理解和适用，或从立法论的角度探讨如何对上述规定加以修改和完善。其中，争议比较大的问题有：

第一，关于保险人明确说明的范围。根据当前理论与实务界的通说，契约中免责条款是指契约中的双方当事人约定的免除或限制一方或者双方当事人未来责任的条款。[⑥] 也就是说，免责条款免除或者限制的是责任，而不是其他。所谓责任，民法理论上存在后果说和责任说。后果说认为民事责任是民事主体因违反民事义务所承担的法律后果。责任说则将责任视为义务人履行义务的担保，或者说是强制履行实现义务的手段。通说采后果说。[⑦]《保险法》第17条所指的“免除保险人责任的条款”则与此不同。从理论界来看，有的学者认为“责任免除条款”指的是

---

① Malcolm A. Clarke, *The Law of Insurance Contracts*, at 585 - 587, LLP (1997).

② Carter v. Boehm (1776) 3 Burr. 1905.

③ 于海纯：《保险人缔约信息义务的边界》，《比较法研究》2011年第2期。

④ ［日］坂口光男：《保険契約法の基本问题》，文真堂1996年版，第5页。

⑤ 转引自温也物、武亦之《保险合同责任条款法律规制论》，《私法研究》2010年第2期。

⑥ 胡康生主编：《中华人民共和国合同法释义》，法律出版社2009年版，第93页。王中：《试论免责条款的解释原则》，《河南省政法管理干部学院学报》1998年第1期。钟国才、谢非：《论免责条款的效力》，《武汉大学学报》2010年第6期。

⑦ 刘保玉、周彬彬：《民事责任与义务的界分问题再思考》，《政法论丛》2009年第4期。

《保险法》第19条所指“责任免除”，此处责任免除即“除外责任条款”。[①] 有的学者认为应当包括保险条款中的除外条款、标准条款之外的其他合理限制保险人责任的条款和一般契约中存在的、对对方不利的不合理条款，具有相当的宽泛性。[②] 然而，目前我国《〈保险法〉司法解释(二)》第9条通过列举的方式认定，“责任免除条款、免赔额、免赔率、比例赔付或者给付等免除或者减轻保险人责任的条款，可以认定为保险法第十七条第二款规定的免除保险人责任的条款”。实践中，对于此条款存在较大争议。

第二，审判实践中，对于提示义务是否具有独立法律地位、提示义务如何履行、保险人明确说明义务的履行的判断标准等存在较大争议。提示义务为2009年《保险法》修订时新增内容。一些地方法院在规范意见中对提示的方式予以规定。从各地规范意见的相关内容来看，关于提示主要有两种方式：（1）显著提示；（2）单独印刷。目前我国《〈保险法〉司法解释（二）》第11条第1款规定：保险合同订立时，保险人在投保单或者保险单等其他保险凭证上，对保险合同中免除保险人责任的条款，以足以引起投保人注意的文字、字体、符号或者其他明显标志作出提示的，人民法院应当认定其履行了保险法第十七条第二款规定的提示义务。司法解释乃是对显著提示的肯定，即显著标识足以达到立法的目的，并从审判实践看，显著标识也得到大部分法院的支持。关于说明标准，根据目前我国《〈保险法〉司法解释（二）》第11条第2款之规定，此采客观标准观点，能更好地减少争议，但也可能忽视不同投保人的具体情况，不利于保护特定投保人，似待观察与商榷。[③]

第三，关于保险人信息提供义务之免责事由。对于保险人将禁止性规定作为免责事由的格式条款，保险人的提示和明确说明义务是否可以

① 孙晋绅：《浅析保险人的订约说明义务》，《中南民族大学学报》2003年第8期。

② 曹兴权：《保险缔约信息义务制度研究》，中国检察出版社2004年版，第225—226页。

③ 张雪楳：《保险人说明义务若干问题探析》，《法律适用》2010年第8期。樊启荣：《保险法》，北京大学出版社2011年版，第98页。于海纯：《保险人说明义务程度标准研究》，《保险研究》2008年第1期。不同观点见梁鹏《新〈保险法〉下说明义务之履行》，《保险研究》2009年第7期，该学者主张采理性外行人标准。

减轻或免除，在司法解释论证中，存在以下几种观点：观点之一，无证驾驶、酒后驾驶等情形严重违法甚至是犯罪行为，即便保险人对该责任免除条款未尽提示或说明义务，被保险人也不能以此提出抗辩、主张责任免除条款未生效。① 观点之二，违反禁止性规定，应根据该规定的立法目的受到相应的行政处罚或者刑事处罚，并不当然对私法上的民事契约产生影响，更不会直接导致免除保险责任的法律效果。因此，对于保险契约所约定的投保人或者保险人违反禁止性条款将导致保险公司责任免除或减轻的条款，保险人仍需进行提示，但明确说明义务的举证责任可以适当减轻。② 观点之三，保险人的提示和说明义务不得减轻或免除。③ 对于上述争议立法之选择及《〈保险法〉司法解释（二）》采用了第二种观点，即保险人对该条款作出提示后，就产生效力。具体之实务效果，仍待观察。

第四，关于网络销售、电话销售等方式之保险人信息提供义务履行问题。在此类契约中，如何确保保险人切实尽到缔约时信息提供义务，保护投保人的合法权益？实践中，对于保险人只能通过电话、网页等形式进行提示、明确说明、建议等信息提供义务，这种方式与传统毕竟存在差别，法律上是否应予承认？等等，存在较多之具体操作问题。网络、电话营销作为保险业一种全新的营销模式，具有诸多传统方式无法比拟的优越性。④ 其节省开支，降低成本，信息量大，具有持续性，增加新的销售机会等，乃未来之趋势。⑤《德国保险契约法》第 7 条规定了保险人向投保人提供信息的义务，该条同时对以电话方式订立契约中，信息提供义务应当如何履行进行了规定，值得借鉴和学习。我国关于此问题存在以下两种观点：一种观点认为，司法解释应该对这种新类型的保险契约订立方式进行规范。另一种观点认为，司法解释在目前不

---

① 许绿叶：《保险人责任免除条款的明确说明义务》，《人民司法》2010 年第 23 期。周燕凌：《关于保险合同纠纷案件中免责条款适用的几个疑难问题探析》，《山东审判》2010 年第 4 期。

② 汤小夫、刘振：《保险免责条款效力认定中的 20 个审判难点问题》，《人民司法》2010 年第 15 期。

③ 张旭：《保险公司免责条款的司法认定》，《人民司法》2011 年第 15 期。

④ 白冬虎：《试论我国保险的网络销售》，《经济师》2011 年第 6 期。

⑤ 高雷、杨爱军：《欧美网络保险的最新发展及对我国的启示》，《保险研究》2010 年第 11 期。

宜对此进行规范，主要理由于下：纠纷不多，审判经验较少；理论尚未研究充分，缺乏有效基础；保险业务技术尚不成熟，有待市场自我调节；贸然规范，可能限制保险市场之发展等。立法之选择乃坚持第一种观点，《〈保险法〉司法解释（二）》进行了一般性的规定，其具体之实务效果，有待观察。

域外关于保险人缔约信息提供义务之基本范畴：英国法将信息提供义务限于“承保危险之性质”或“保险给付请求”相关之重要事项；[①]而美国保险人信息提供义务之范围相当广泛，除就前述两事项告知外，尚要求保险人就一切事实，于保险契约之所有阶段，均须对被保险人作告知。美国法进而要求保险人于契约订立后，亦须尽告知义务。美国保险法之告知义务采取利他主义，要求保险人对被保险人指导如何保障自身权利，甚至说明其与保险人之间有何利益冲突。[②] 德国法保险人告知义务集中于专业事项之告知，保险人如不欲使用标准条款，必须践行严格之程序，以确保被保险人知悉该项变更。德国保险监管法第 10 条第 3 款规定要求被保险人提出书面确认其已知悉契约标准条款之变更，并表示同意接受该变更。德国新《保险契约法》对于保险人缔约信息提供义务作了比较详尽的规定，包括相关主体、义务履行、义务范围、法律效果等，为我国保险人缔约信息提供义务制度之完善，提供了参考范式。[③]

从域外相关立法来看，关于保险条款订入的规则一般适用于所有保险人提供的保险条款，而没有作进一步限定或分类，故也就没有产生如何界定免除保险人责任的条款的问题。例如，根据《德国保险契约法》第 7 条第 1 款规定，保险人需要投保人告知的内容包括“保险契约的相关条款，包括保险契约的一般条款和相关情况以及本条第 2 款所提到的相关法例规定的信息”。根据《韩国商法典》第 638 条之 3 的规定，保险人在签订保险契约时，应当向投保人交付保险条款并告知其主要内容。

---

① Peter Macdonald Eggers and Patrick Foss, Good Faith and Insurance Contracts: London Hong Kong: LLP, Reference Publishing, 1998, p. 269.

② Semin Park, The Duty of Disclosure Contract Law, Dartmouth Publishing Company, 1996, p. 24.

③ 叶启洲：《从德国保险人资讯义务规范论要保人之资讯权保障》，《政大法学评论》2012 年第 4 期。

法国保险法关于保险人的信息提供义务规定于其保险法典的 L132—5—1 条①和 L112—2 条②中，前者适用于人身保险，后者适用于财产保险。《日本保险业法》第 100 条之 2 亦规定了保险人的积极说明义务，要求重要事项之详细与特别说明。③

（三）关于信息提供义务法律后果的争执

学者普遍认为在违反说明义务的法律后果问题上，法律存在明显的漏洞，但是对于如何补充却鲜有深入探讨。④ 关于我国《保险法》第 17

① 第 L132—5—1 条：“（1）在保险单或保险契约上签字的投保人在第一次支付保险费后的 30 日内，有权通过挂号信的形式解除保险契约。（2）保险单或保险契约应当载明上述解除权之行使方式。对于 2003 年 8 月 21 日通过的 2003—775 法案第 108 条中退休账户来说，尤其要详细说明流转价值；对于规定现金价值的保险契约，尤其要详细说明第 8 个第 1 年年末至少应缴纳的保险费。保险公司应当告知投保人保险契约关于累积金额的主要条款，解除权行使条款，行使解除权对死亡保险的影响。在未告知第 1 款规定之信息时，应依法延长第 1 款规定之期限直到事实上告知上述信息之日起第 30 日。对原始要约做出保留或实质性变更时，新的 30 日的期限应当从收到保险契约之日起计算，或者从投保人收到上述保留或变更之书面文件之日起计算。（3）保险契约解除后，保险公司应当在收到挂号信之日起 30 日内返还投保人缴纳的保险费。30 日期限届满后，对于尚未返还的部分保险公司依法应当承担法定利息，两个月之内的利息率增加至 50%。两个月的期限届满后，利息翻两倍。（4）上述条款不适用于最长承保期限为两个月的保险契约。并且按照最高行政法院法令应当详细规定。”

② 第 L112—2 条：“（1）在签订保险契约之前，保险人必须向被保险人提供有关保险契约的保险费以及承保范围的相关说明材料。（2）在签订保险契约之前，保险人必须向被保险人提交保险契约的副本以及相关附件，并在上述文件中对保险契约的承保范围，保险人的除外责任以及被保险人的义务进行明确说明。如果保险契约应适用的法律不是法国法而是其他国家或地区的法律规范，则在保险人向投保人递交的相关文件中必须对此作出明确说明。此外，根据保险契约的规定，保险人要依照一定的程序对被保险人的索赔请求进行调查，保险人向投保人提供的相关文件中也必须对此作出明确说明，特别是，在必要时，要将负责调查的主管部门及其地址以及提供保险契约的保险人的分支机构的地址向投保人明确说明。在拟定保险人责任范围条款的时候，保险人必须向被保险人提供相关文件来明确说明保险契约的功能，存续期间以及可能引发被保险人索赔的保险事故。（3）最高行政法院的法令将针对保险人是否提交相关文件的事实规定具体的监督措施，并根据契约性质或者契约签订时的具体情况决定是否免除保险人的上述义务。（4）对被保险人与保险人而言，保险要约不具有拘束力，只有保险单与承保记录可以证明双方当事人之间达成了最终协议。（5）当投保人通过挂号信向保险人发出了续保要约，修改保险契约的要约以及复效要约时，如果保险人在收到上述要约之日起 10 日内没有做出拒绝的意思表示，则应当认为保险人已经接受了投保人的要约。（6）前款规定不适用于人寿保险契约以及那些由相关法规对承保范围的执行以及契约的存续期间做出专门规定的保险契约。”

③ 于海纯：《保险人缔约说明义务制度研究》，博士学位论文，中国政法大学，2007 年。于海纯、吴民许：《日本法上保险人说明义务制度及其启示》，《保险研究》2009 年第 8 期。

④ 汪华亮：《保险合同信息提供义务研究》，中国政法大学出版社 2011 年版，第 5 页。

条第2款“不产生效力”之解释。有学者认为应从文义解释，所谓不产生效力即是否定免责条款之正当性，事故发生后，保险人仍应负保险给付责任；① 也有学者认为在法律后果上删去违反即无效的规定，而采用不订入合同的规则进行有效规制；② 亦有学者认为应该是赋予投保人解除权，或是透过契约解释来保障投保人，无须作不生效力之规范。③ 另外，保险人虽未尽说明义务，但“不生效力”与“无效”并不相同，应保留保险人补正之机会，并给予投保人选择之权利；④ 但也有学者认为此法律效果定为“不产生效力”，不利于维护被保险人之利益，于社会公益亦无较好之推动作用。⑤ 还有学者指出，如果保险人违反了缔约信息的提示义务，在有些情况下——例如“以死亡为给付保险金条件”的保险契约——保险契约无效，保险人不仅要退还保费，还应承担相应的缔约过失责任并受到行政处罚。⑥

域外法中，保险人违反信息义务之法律效果，英国法院于 Banque Financière de Ia Citè 等案件中，大多认为仅可解除契约，而不得请求损害赔偿；⑦ 美国大部分州法，保险人违反信息义务，除可依据契约请求损害赔偿外，亦可依据侵权行为请求赔偿。⑧ 德国新法第8条赋予投保人的撤回权，并非专为保险人信息提供义务的违反效果而设。除了短于30日之短期保险之外，不分险种，也不论保险人有无履行其信息提供义务，投保人原则上均有2周（人寿保险则为30日）的撤回权。其立法目的在于防止投保人因为行销过程或行销方法上的缘故而仓促订约致受损害。信息提供义务的违反结果，因为信息提供义务与撤回权基础理

① 金琴、花苗：《保险人明确说明义务之研究——以审判思维的困惑与调整为视角》，《淮阳师范学院学报》2008年第6期。

② 吴勇敏、胡斌：《对我国保险人说明义务制度的反思和重构》，《浙江大学学报》2010年第3期。

③ 樊启荣：《保险告知义务制度论》，中国政法大学出版社2004年版，第318页。

④ 于海纯：《论保险人违反说明义务之法律效果》，《大连理工大学学报》2008年第2期。

⑤ 邹海林：《评中国大陆保险法的修改》，《月旦法学杂志》2003年第8期。

⑥ 汪涛、张颖杰：《保险人的缔约过失责任——以新〈保险法〉第34条为视角》，《广西社会科学》2010年第9期。

⑦ Banque Financière de Ia Citè v. Westgate Insurance Co Ltd［1990］2 *Lloyd's Rep*. 337.

⑧ M. Cohen，Reconstructing Breach of the Implied Covenant of Good Faith Dealing as a Tort，73 *Cal. L. Rev*. 1291，1292（1988）.

论的雷同，而被巧妙地连接到投保人撤回期限起算点。虽然理论上信息提供义务违反系可能分别构成契约上过失或者债务不履行责任，而使投保人得向保险人请求损害赔偿，但实际上最容易主张的权利，即为新法第 8 条第 1 款的撤回权。故撤回权实际上将成为信息提供义务违反的主要救济方式。①

## 三　研究架构及方法

### （一）研究架构

保险人缔约信息提供义务是当前之热点与难点，关乎保险消费者知情权益的实现、保险市场的有效竞争及社会整体福祉的增进，涉及民生等重大问题。本书将从理论基础与制度体系两方面，进行系统而全面的考察，以期能够形成一种价值共识并构筑完善的制度体系，实现保险之功效。

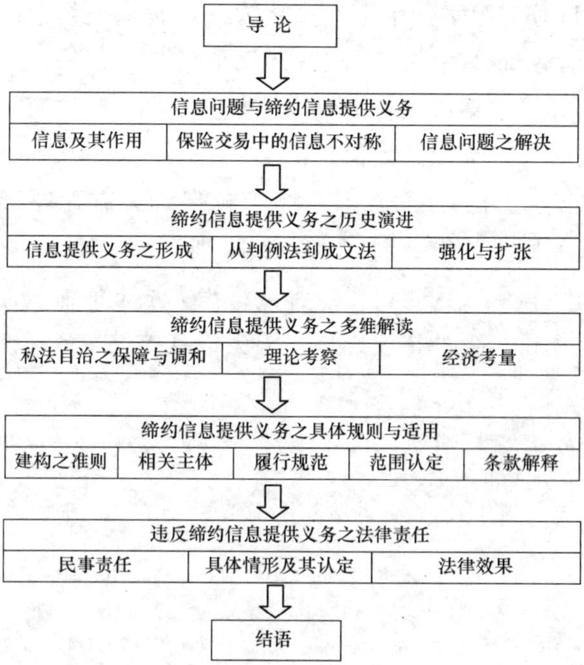


**图 0—2　本书结构**

① 叶启洲：《从德国保险人资讯义务规范论要保人之资讯权保障》，《政大法学评论》2012 年第 2 期。

（二）研究方法

常言道：工欲善其事，必先利其器。而专著作为学术研究之成果必以理论与方法并重为圭臬。研究方法乃学术研究之起点，其得以引导思维、规范思维并把握事实，亦即掌握研究方法，便得以依照有效的研究途径，有效的研究步骤，而最终获致研究上之成果。本书围绕保险人缔约信息义务之理论与体系展开。随着信息与消费时代的到来，保险消费者权益受损现象日益频发，为此笔者选取消费者基础权利之知情权，作为问题的提出以进行论证之开始。保险人缔约信息义务，乃保险交易有效进行、保险消费者权益维护之起点，一切问题的展开与解决都缘于此。故保险人缔约信息义务之研究，具有重大而现实之意义。本书研究的对象——保险人缔约信息义务乃一种具体制度构建，一方面期望能对其基础理论有所发展，另一方面也期望对于司法实践中相关问题的解决有所裨益，此也是本书所追寻的终极目的。本书的主要研究方法为：

1. 经济分析。法律经济分析为法学研究提供了另一种思考方式，对于比较法而言，法律经济分析的看法也可提供相当的助益，用以解释为何不同的法律制度，尽管构造上有所差异，但对于相同的具体问题，还是时常可得出相同的结果。此外，法律国际化的增加，使经济分析在法律比较上的运用逐渐成长。缔约信息义务，从经济面言，重点在于其能够减少交易成本、防止投机行为、促使契约的订立朝向完整契约的方向进行。当事人拥有愈多的信息、进行愈多的沟通，愈能使契约的内容趋近于完整，而契约愈接近完整，愈能发挥契约的效率，促使有限资源作最大化的利用。

2. 比较分析。关于法律问题之研究，比较法是一种相当重要的研究方法，经由适当法制的选择、比较与评估，将有助于本国法的解释适用，更有助于法律的修改与制定，促成法律的进化。而跨国界、跨领域的比较法研究在我国法学界，不仅十分常见，也颇具重要性。比较法研究的一个重要目的，在于透过对不同国家或地区法律制度的研究，以回答是否继受或移植与如何继受或移植他国他地法律制度两大问题。为此，本书试图运用比较的方法，参考域外保险人缔约信息义务之相关制度，寻得其发展规律及共性之处，从而检视我国法发展过程中存在的相关问题，并具有针对性进行修缮或完善，以期确立保险人缔约信息义务制度的完整体系。

3. 实证分析。但凡任何研究，除了理论之建构外，必不能忽略理论之实践。实证分析作为一种研究方法，包含着逻辑实证分析和经验实证分析两个基本层面。实证分析法属于描述性方法的范畴。法学研究就应是源于实践而高于实践，若脱离实践，只能成为无源之水、无本之木。透过实证分析研究，将能使我们脱离纯粹理论性质的抽象思维，转而发现理论实际运作后所产生的现实问题，这些问题不仅反映出学理与实务的落差，也为学者与实务工作者提供了绝佳的共通研究课题，填补了理论的缝隙，同时使理论的建构更臻完善，并让理论真正为现实世界所发生的问题而服务。因此，要针对保险人缔约信息义务作出解释分析，就必须结合案例、数据等经验分析方法，以较为精确与科学的方式发现其中的问题以及规律性内容，从而对症下药，做到有针对性、有目的性的研究，更好地指导实践，实现研究的真正价值。

# 第 一 章

# 信息问题与缔约信息提供义务

信息无疑系当代社会运作的重要命脉，乃政治、经济或社会决策所不可或缺；当前人们所生活的世界，主要系由科技形塑其面貌并由信息供给其运作的能量。为此，信息本身即是财富的象征，具有经济价值。在保险领域，因保险契约的实质乃风险信息之交换，即财富的重分配，因此，信息尤为重要。本章将具体阐述保险交易过程中，投保人因信息困境，而导致其知情权益受损；且因现有法律制度具有缺陷，故亦难以获得救济。针对前述之问题，导出解决之道，乃保险人缔约信息提供义务之选择，从而展开系统之研究与论述。

## 第一节　信息及其作用

### 一　信息价值与性质

#### （一）信息价值

信息可经由减少不确定性及促使资源的有效利用，来产生效用，因此，信息是有价值的。专利权、商业创意及内线消息均可带来财富，在新经济及知识经济的时代里，知识和信息的创造、使用、流通与运作，更是产业成长与财富创造的主要动力。[①] 由于信息具有价值，因此，其会影响到个人的行为，信息的揭露，会对双方当事人的财富产生重新分配的效果，因而会影响到双方的行为诱因，即一方当事人会设法避免揭露，

---

① 杨宏晖：《新经济时代的反托拉斯法挑战》，《政大法学评论》2004 年第 2 期。

另一方会设法要求公开。

1. 生产性信息与重分配性信息

学者赫舒拉发（Hirshleifer）将重点放在信息之私人价值与社会价值的区别上，区分“预见”（foreknowledge）与“发现”（discovery），前者的信息价值在于比其他人更早知道未来会发生的事，如产品的价格走势；后者则是将已经存在而一般人迄今尚不知道的事情予以揭露，如产品的新功用或特定的发明。预见对于现实世界所发生的交换，并未带来社会价值，预见的取得与转售，只是导致既有财富的重新分配而已，一方获得另一方失去的，但私人经此所获得的利益极大，故私人会有诱因投入资源以获取预见。另外，研发的成功，具有社会价值，虽然也有可能产生利用知识优势以获取重分配结果的诱因，但其社会价值仍不容否认。[①] 此一区分方式，在法学上为学者考特（Cooter）及尤伦（Ulen）所承接，将之区分为生产性信息（productive information）和重分配性信息（redistributive information）。

生产性信息系指能够用以产生更多财富的信息，例如，疫苗的发现、新航线的发现、生产方法的改善或潜藏石油的发现。因此，国家应该采取适当的措施，鼓励这类信息的发现，如提供补助、特许权或专利权保护等。重分配性信息则系指能为有信息一方带来谈判优势，以用于促成财富重分配的信息。例如，保险产品信息会影响到保险交易市场。对于这类信息的发掘，基本上会浪费社会资源，甚至于可能会导致一方对于财富流向他方的情况支出防御成本，以避免重分配。因此，对于这类信息的投资。从社会资源而言，系属浪费。所以，在法律政策上，国家不应鼓励这类信息的发现。出卖人对于隐藏瑕疵的信息，对于这类的瑕疵信息应负揭露义务，即使是其信息取得需要花费成本，亦然。因此，保险人对于保险产品或保险契约的事情，应为告知与说明，因其不仅会影响投保人的等价利益及使投保人可能遭受产品缺陷的损害，也使社会福祉未能达到最适；而且这样的告知与说明，也可能使多数有意购买的人不必再投入重复的资本搜集信息，避免社会资源的浪费。保险人的告知

---

① Jack Hirshleifer, The Private and Social Value of Information and the Reward to Inventive Activity, 61 *Am. Econ. Rev.* 561, 565 – 567, 570 – 571, 1971.

与说明也不会影响其信息诱因，对于长期从事保险行业的专业人士而言，瑕疵信息的掌握往往是较轻易的，纵使其会费心收集数据、找寻瑕疵，其对于将来的信息收集诱因，也不会因信息提供义务而受到影响，因其为自己利益，有足够理由去查明产品之瑕疵。

2. 卖方信息

在买卖契约缔结阶段，一方拥有他方所没有的信息时，对于当事人而言，其信息取得诱因与其是否依法负信息提供义务有关，因为信息提供义务通常会减低信息的主观价值。① 若卖方于缔约前决定为信息之搜集者，先契约的信息提供义务可以增进社会福祉，而不管该信息是否有利于社会价值的提升。因对于社会无价值的信息，卖方的信息成本投入，从经济角度言，系属浪费。故缔约时信息提供义务可以减少这类信息的搜集诱因，信息提供义务的要求，可以避免卖方在取得信息后，为索取较高对价，只揭露有利于契约标的物的信息，而隐瞒不利信息。对于社会有价值的信息，信息提供义务也不会导致信息搜集诱因的减损，因为卖方可以为了价值的增加而要求较高的对价。

当课予卖方信息提供义务时，卖方原则上应将其拥有的优势信息向买方揭露，不管该信息是有目的地取得或是偶然间取得。② 只有当物之瑕疵系属明显，或依情况，强制卖方揭露会剥夺其取得相关信息的诱因时，才无信息提供义务。因此，在保险产品买卖中，保险人应就所有的关于产品的重要信息予以告知与说明，这样可以避免投保人再花费成本取得已经存在的信息，有助于降低交易成本，提高经济效益。

（二）信息性质

信息具有公共财产（public good）的性质，即数人可以同时利用同一信息而不减损其效用，同时也无法排除他人的利用。例如，一公开的保险产品内容设计，数家保险公司皆可同时使用，而每家保险公司也无法阻止其他人使用该设计而出卖保险产品。与有体物不同，对于公开信息

---

① Steven Shavell, Acquisition and Disclosure of Information Prior to Sale, 25 *Rand J. Econ.* 20, 20 - 22, 1994.

② Cooter/Ulen 认为有目的地取得生产性信息是要受保护的；而偶然地取得重分配性信息应不予鼓励。但是，偶然地取得生产性信息也不是绝对地受到保护，而偶然地取得重分配性信息也不是绝对地不予鼓励。

的人，其并未丧失该信息，仍然可以继续利用之。再者，信息的再制成本通常较低，因此，第三人可以轻易地加以拷贝复制及占有，而所有人很难排除第三人的“搭便车”行为。

尽管信息具有公共财产的性质，且可以轻易无限制地被复制，但是，信息的生产和利用也并非都是无限制的。信息的商品化是需要生产资源的，而资源是有限的，资源生产者必须决定投入哪些资本和劳动力去获取哪些信息，例如特定软件的研发，须视特定资本和劳动力等生产要素，是否正用于其他任务而定。而信息的利用也不尽然是无限的，信息利用所需的劳力和原料是有限的，例如车子的设计图虽可用来制造无数的同一车款，但车子所需的原材料是有限的，因此，信息的利用，实际上还是受限的，从而也影响到信息的价值。

虽然信息揭露后，揭露人仍保有该信息，但实际上，该信息的价值还是会受到减损。当每家蛋糕店都使用相同的配方烘焙蛋糕出售时，则公开该配方的商家，在市场需求有限而供给量增加的情形下，其销售利润将下滑。同样地，盗版也会减少正版软件的销售，从而减少信息的价值。亦即，当信息用于有体物上时，有体物的获利机会，会影响到该信息的价值。又纵使信息本身作为交易客体时，其价值亦会受限，如法律知识，当愈多的律师投入法律顾问市场，每位律师经由法律知识所获得的报酬将会下滑。

信息的价值仍然会随信息的有限性生产跟利用而受到减损，因此，信息的拥有者会希望，将有价值的信息予以秘密化，将其纳入私有信息，以便尽可能地维护其价值。因此，如果当事人不能有效地保有信息供自己单独利用，则因信息的公共财产性质，当事人将较无诱因去生产信息，其结果将造成信息的低度生产，影响整体经济的发展。

## 二　信息之于投保人的作用：自主选择之基础

在私法秩序中，私法自治与契约自由是重要的基石。经此，个人得依其自身需求，不受国家干预地、自我负责地安排其法律关系，以实现其个人的自由意志与自主决定。此一自主决定权的维护，不仅为法律所保障，亦为人性尊严的重要价值，在法律关系由自主决定而非他主决定的前提下，方能彰显个人的存在，从身份到契约的过程，是人类社会的一项重要的进步。个人是其自身利益的最佳维护者，经由其自利心的驱动与自主决定权的行使，可以促使有限生活资源的最适配置。

个人的决定或行为，往往是在主观上或多或少对于现在及未来状况不确定的假设基础上作出。例如，投保人在购买保险时，其是否知道保险产品的性能及缺陷、是否知道适合自己以及能够最终获得保障等，就会影响到其出价的高低或讨价还价的筹码，或者是对于保险市场行情信息的掌握或是调查相关产品的开发计划，也会影响到对产品价值的正确评估与出价。又如投资人购买某公司的股票，可能是听从别人的意见，或看过该公司的分析报告，或看好该公司的产品远景，或看好市场信心，等等，然而，他人的主观意见或分析报告是否准确、公司产品的未来销售好坏或市场信心等因素，或多或少都带有不确定性。为了消除不确定性，个人需要更多的相关资料，以改变对于现在以及未来状况的可能性假设，增加决定的准确性。因此，信息是作出决定的重要基础，投保人若能从保险人那得到更多的有关保险产品或契约的信息，可以帮助自己作较准确的购买评估，则其将较容易作出正确的出价，实现自己的利益。

## 第二节　保险交易中的信息问题：信息不对称

### 一　保险契约的实质：风险信息之交换

保险制度具有分散风险、消化损失之功能，而该功能是通过保险契约这一载体实现的。投保人以支付保费为对价取得保险人作出的补偿保险事故损失的允诺。这样投保人就将风险损失转移给保险人，他仅需支付一个确定的、数额较小的价格，就可填补事故造成的巨大损失。保险人亦非单独承担巨大的风险损失，通过向所有的投保人收取保费，从而将不特定地发生于某个投保人的风险损失分摊开来。因此，保险关系本质上是一种契约关系，其目的在于风险的转移与重新分摊。

而保险契约的实质是风险信息之交换：投保人掌握的保险标的之个体信息与保险人掌握的社会范围内某类风险的整体信息的交换。[①] 风险损

① 臧彦：《保险合同信息不对称的法律规制》，《法制与社会发展》2002 年第 6 期。

失是一种负效用，根据“理性人”的假设，投保人会有与他人分担的动机。但由于无法获知他人面临何种危险及其具体程度，投保人无法自发地、低成本地组成社会范围内的危险集团。而保险人作为经营风险业务的专业化组织，占有大量风险信息，并能运用概率论分析、处理这些信息，科学地厘定保费。保险人对风险信息资源的这种垄断地位，决定了它是保险商品的供应者以及在保险机制中的中枢地位。由保险人来统筹保险业务是最有效的制度选择。投保人自然乐于选择向保险公司投保，这样能以较低的交易成本达到转移风险之目的。可见，保险合同的实质是投保人掌握的保险标的之个体信息与保险人掌握的社会范围内某类风险信息的整体信息之交换。

因此可以说，保险就是经营信息的行业。与其他行业相比，保险业对于信息的依赖性更强。完全竞争市场的一个最重要假设是，整个市场运作是在完全信息条件下进行的，即卖方和买方都具有充分的信息。而现实生活中的交易信息却残缺不全，并且代价高昂。信息成本是从一无所知变为无所不知的成本，极少交易者能负担得起这一全过程。信息悖论的存在，即在获得某类信息之前无法估计其所能带来的预期成本和收益，使交易者无法决定采取何种努力去获得信息，在此之前他又需要该类信息。信息搜寻的高成本和不确定性驱使交易者充分利用相对方的信息谋利，同时设法隐瞒对自己不利的信息。保险业远远不是完全信息的理想市场，① 信息困境问题是这个行业最重要的一个市场缺陷，尚须信息提供义务制度之矫正与完善。

## 二 投保人信息困境之具体阐述

### （一）信息困境之简述

#### 1. 信息不对称之概述②

1972年诺贝尔经济奖得主肯尼斯·阿罗（Kenneth Arrow）表示：信息的意义，精确而言即在降低不确定性。信息足以改变信息接收者的关

① E. L. Dupont De Nemours & Co. v. Pressman，679 A. 2d 436（Del. 1996）.

② 李勇：《论消费者个人信息之保护——以告知后同意为中心》，《理论月刊》2014年第8期。

注力，使信息接收者对于外在世界的理解有别于接收前。[①] 就市场交易而言，信息的交换系促成交易双方当事人投入与合作的重要因素。在契约缔结前，契约当事人对于其将从此项交易关系中获得之内容、愿意接受之价格、预期之交易有效期间、重要或不重要事项等有所认识。按经济学者的分类，在交易谈判过程中，双方当事人所知悉之信息为公共信息，当事人一方所知悉而他方所不知悉之信息则为私人信息，唯私人信息的存在常系信息充裕的一方展开交易的动机。此种一方当事人比另一方当事人拥有更多关于交易信息的不对称现象，将影响平等互惠交易的进行。当交易一方或承诺人对于其承诺之可信赖性或品质比交易相对人或被承诺人有更精确的认知，或交易一方比交易相对人对于契约履行的法律要件有更精确的认知，则在交易谈判过程中，将会有信息不对称之情形。在此情形下，信息不充裕之交易相对人在判断是否信赖信息充裕之交易一方的承诺时，将发现难以评估其可信赖性或品质，因此，仅能草率地信以为真或抱着怀疑态度。[②]

当有信息不对称时，信息充裕的一方对于可能影响承诺之可信赖性的因素拥有私人信息，例如，其承诺必须以得到第三人或政府之同意为前提，但第三人或政府可能不会同意。信息不充裕的相对人的不完整信息可能干扰平等互惠交易的成立，因为双方对于交易内容认识的差异所衍生的不确定性，将限制其判断是否及在何种条件下进行互惠交易的能力。再者，信息充裕的一方隐藏其承诺可信赖性与交易意愿的强弱，以增加其个人利得，并诱使信息不充裕的相对人草率地信赖其承诺而支付超出交易标的应得价值的对价。[③] 因此，信息充裕的一方可以降低的成本使信息不充裕的相对人信赖其承诺，唯倘信息充裕的一方揭露其相关的私人信息时，则其必须付出更高的成本才能使信息不充裕的相对人同等信赖其承诺。此外，由于信息不对称，信息不充裕的一方欠缺关于相对

---

① William Mock, On the Centrality of Information Law: A Rational Choice Discussion of Information Law and Transparency, *17 J. Marshall J. Computer & Info. L. 1069*, *1072* (1999).

② Juliet P. Kostritsky, Bargaining with Uncertainty, Moral Hazard, and Sunk Costs: A Default Rule for Precontractual Negotiations, *44 Hastings L. J. 621*, *669* (1993).

③ Shaun B. Spencer, Reasonable Expectations and the Erosion of Privacy, *39 San Diego L. Rev. 892* (2002).

人（信息充裕的一方）信用的完整信息，不免对其承诺的可信赖性大打折扣，借由降低支付对价或拒绝该项交易之方式而进行自我保护，将使平等互惠的交易更难达成。

如上述，信息不对称将阻碍平等交易谈判的进行。由于欠缺平等的交易谈判，倘信息不充裕的相对人又未投入资源以理清所有交易条件、未来的不确定性而克服信息不对称的流弊，则信息不充裕的相对人的利益亦将陷于易遭受投机取巧的信息充裕一方的侵害。因为信息不充裕的相对人必须投入资源并利用因此所取得的信息以决定是否及在何种条件下进行一个完整及互惠的交易谈判，而该资源却从未被明示为系获取信息充裕一方的承诺之相对成本，并得借以避免交易不成所应负担之责任。由于此等掠夺将阻碍平等互惠交易的进行，因此，当事人或法律应寻求方法对于此种机会主义加以箝制。

又从效率角度言，信息不对称系一严重市场失灵现象，在双方交易关系中将导致无效率的出现，阻碍社会最大效率之追求。[①] 倘当事人对于交易的所有信息（如契约内容及条件）拥有诸如说明或告知之义务，契约将可彻底地增进福祉。然而信息不平等将使“被承诺人系自己福祉最佳的裁判”（Promisees are the best judges of their own utility）之法谚落空。当信息不对称存在时，当事人藉由公开市场交易而极大化其福祉的能力，将不可避免地降低。[②] 具体言之，信息不对称将产生“信息经济租”（information rent），在经济租与效率之间形成抵换（trade-off）关系。由于信息充裕一方可以利用信息不对称而获取额外社会剩余且掠夺信息不充裕一方的信息经济租，致使信息不充裕一方可能因不愿意支付高额信息经济租而宁愿放弃交易，因此，信息不对称将导致交易的无效率。尤其是当交易双方当事人之间的信息不对称过于严重时，将导致平等互惠的交易难以顺利进行。

---

① Stefan Bechtold, An Economic Analysis of Trade-Secret Protection in Buyer-Seller Relationships, 27 *J. L Econ. & Org.* 137, 138 – 139 (2011).

② Shmuel I. Becher, Asymmetric Information in Consumer Contracts: The Challenge That is Yet to Be Met, 45 *Am. Bus. L. J.* 723, 734 (2008).

2. 保险交易信息不对称之特征

(1) 保险人与投保人之间信息不对称

保险业自从海上保险发展时起，即受信息不对称之影响。早期海上保险作业领域，保险人欲获得足够信息借以决定是否承保、厘定保险费率与决定适用何种保险条款，进而预测经营成本，在实际中常难达成。其乃因当时科技通信设备不足，船舶所有人虽或掌握保险标的之相关信息，其信息亦未必确实，因此无法有效管理保险标的之风险，进而毋庸论及保险人对于信息之掌握。投保人掌握保险标的之各项信息，如对影响保险人承保或厘定保险费之信息加以隐瞒而未据实以告，则保险人将因而误判风险，以致造成损失。保险人虽可借由大数法则及概率理论协助估计风险，然投保人仍握有保险标的之特定信息。在保险契约履行期间，或有投保人因投保保险而怠于对标的之风险加以防范，保险人亦因信息不足难以有效管控，以致放任损失发生，因而致保险人受到相当损失。

20 世纪末，保险业经由百余年所累积之经验与统计资料，并辅以各种先进之科学技术，致使过往对保险人信息不对称状况，逐渐获得改善。至今已转变为对投保人之信息不对称之状况，其乃因保险经高度发展后，且以定型化之契约运作，一般投保人对于复杂的保险契约条款难以完全了解，且对于保险之运作亦不易理解。另外，随着人类在遗传医学科技上的进步，尤其是人类基因组计划在 1990 年正式启动，并于 2003 年宣告完成，使人类开始有能力通过每个人的基因结构和信息，来解读相关疾病的发生。在医学上，并可通过基因的检验，来预防疾病的发生，以确保早期治疗。然而，基因信息的使用，并不仅限于医疗用途，因其具有预测人类未来健康状况，例如身高、体重、癌症或其他疾病概率之功能，使基因信息的使用可能扩及雇主决定雇用及保险人对于保险核保的决策上。因此，投保人面对保险人几乎透明化，鲜有秘密可言，交易双方具有严重的信息不对称，因而各国法律逐渐向保护被保险人之方向作出规定，而强调保险人之信息提供义务。

(2) 投保人交易的信息困境

在保险市场中，投保人面临的信息困境是双重的。一个信息困境是对于保险产品及相关信息，保险人具有绝对的信息优势，而投保人处于严重的信息劣势。有学者提出，保险产品包括核心产品、形式产品和延伸产品三个层次。[①] 保险核心产品是投保人购买保险后能获得的经济保障；保险形式产品是核心产品借以表现的形式，主要是指保险条款；保险延伸产品是指投保人所获得的附加服务或利益，如咨询服务、防灾防损服务、保单借款服务等。保险人是保险产品的开发者、设计者和提供者，并且以经营保险产品为核心业务，因此可以认为保险人对于保险产品有全面深入的了解。而投保人缺乏必要的保险知识，很难准确而全面理解保险契约条款，对保险业如何运作无从了解，这使投保人在信息严重缺乏的情况下，难以对保险公司及保险产品做出正确的评估，客观上为保险人的失信行为创造了条件。

另一信息困境是，相对于保险代理人，投保人也处于信息劣势。虽然保险契约的当事人是保险人与投保人，但在保险实务中，大部分保险交易实际上是由保险人、保险代理人和投保人三方面共同完成。对于保险产品及保险人的具体情况，保险代理人享有信息优势。在我国保险业的发展过程中，保险营销体制改革一直是行业的焦点问题，特别是个人代理营销员制度和兼业代理制度。[②] 营销员管理粗放、素质不高、片面追求业绩；兼业代理模式发展粗放，呈现“小、散、乱、差”的特征；两者由于生存的压力，使代理人存在误导销售、欺骗销售的动机，牟取私利，偏离保险之本质。

（二）信息困境的具体成因

在契约自由的大原则下，每个人应为自己的契约利益付诸心血跟努力，包括搜集契约相关信息以形成自己对于给付交换关系的判断跟对价的形成；在自我负责的原则下，对于因自身信息不努力所缔结的不利益契约，基本上基于自我拘束，还是要承担契约不利益的后果，不能动辄以契约不利及不符合预想为由而撤销契约，否则契约机制将因欠缺安定性而无法成为实现个人法律生活的基础。然而，在保险交易市场，由于保险产品的特殊性、交易双方信息的严重不对称或经济实力等，导致投

---

① 张绪凤：《论保险产品的质量与度量》，李杨、李光荣主编：《2006 年中国保险前沿问题研究》，经济科学出版社 2006 年版，第 126 页。

② 王和：《2012 年我国财产保险市场综述》，《中国保险》2013 年第 1 期。

保人无法自身取得交易相关之信息。导致投保人信息困境的具体原因有如下诸多方面。

1. 保险产品本身的难以理解[①]

（1）保险产品的无形性

可以说，保险产品是一种无形商品，投保人只能根据抽象的保险合同条文来理解其产品的功能和作用。保险产品的无形性源于保险的服务本质，保险产品的内容是各类保险服务，因此保险产品往往需要采用书面文件，以确认交易双方的权利和义务。投保人在向保险人支付价金后获得的只是一张权利凭证（保单）。因此购买保险和购买有形商品不同。比如，一辆汽车的购买者在购买之前可以检查甚至试开汽车。虽然质量保证和提供可信赖服务的承诺可能会对购买决策产生影响，但是最主要的考虑因素还是汽车本身。汽车的物理特征在其销售时是显而易见的。购买者不可能因为汽车太小或颜色不合心意而责备销售商。[②] 而保险产品不是有形产品，没有可供评定其价值的外形和质地等要素，投保人就不可能通过观察来鉴定一份保险的品质；对投保人来说，除非问题已经发生，否则，事前很难评价保险产品的优劣，但是，当投保人发现劣质保单之日，往往已经为时过晚。

（2）保险产品的专业性

保险业属于高度技术化的行业，涉及风险评估与管理、法律、精算及个别险种之专业知识，其条款的拟定，皆基于综合考量上述各个面向。作为拟约人的保险人通过雇佣律师、经济学家、研究人员及精算师，来完成保单的拟定。保险产品涉及保险责任的界定、保险金额的大小、保费的缴纳方式、责任免除、死亡类型、伤残界定等一系列复杂问题。因此，投保人很难预测自己在什么情况下可以得到保险保障，以及多少保障。因此，相较于其他大众化的金融产品，保险产品的专业性更强。

---

① 王冠华：《保险格式条款合理期待解释原则研究》，博士学位论文，中南财经政法大学，2013 年。

② ［美］康斯坦斯·M. 卢瑟亚特等：《财产与责任保险原理》，英勇、于小东译，北京大学出版社 2003 年版，第 149—150 页。

首先，它“根据概率论的科学方法，算定分保金要有特殊技术，这种特殊技术就是人身保险和财产保险的共同特征”[①]。保险契约是这种特殊技术的表现，契约条款充满艰涩难懂的语言，满纸的保险术语足以让投保人望而生畏。[②] 其次，保险契约也是一种法律文件，记载当事人的权利义务，不可避免地要使用法律术语。如果不具备法律专业知识，也难以理解法律术语。最后，不同种类的保险契约涉及多方面领域，如医学、投资学、建筑学等，其内容涉及领域之广是其他商品契约所不及的。不像花生酱和电灯泡，保险极为复杂，当消费者拿到一张保单之时，他对购买什么或不购买什么，知之甚少。[③] 不仅一般普通消费者无法确切了解，即使饱学之士，若非专研保险学者恐亦无法尽窥其貌。[④] 正如美国最高法院法官所感慨：“我对保险契约的内容有一半不懂。”[⑤] 要想理解保险契约，必须成为精通保险学、法学、其他专业的通才。保险产品的专业性使一般投保人难以理解，并产生困惑，因其保险条款充满神秘色彩。

（3）保险产品的复杂性

保险契约的复杂性已使其多次成为笑柄，人们经常会问：“保险公司为什么不把契约写得简单一点；好让外行人看得明白?”“为什么不把那些多余的话删掉?”[⑥] 曼斯菲尔德大法官早在1812年提及S. G. 保险单时就说：“众所周知，它是一种非常奇怪的文件。”[⑦] 较仁慈的一位法官把该保险单比作“女人的，紧张而担心地，令人惊奇地制作而成”。[⑧] 而现在的保单与S. G. 保险单相比，其复杂性有过之而无不及。其复杂性具体体

---

① ［日］园乾治：《保险总论》，李进之译，中国金融出版社1983年版，第11页。

② 例如，人寿保险单中，常常出现“标准体”“次标准体”“现金价值”等术语；财产保险单中也有“折旧系数”“重置价值”“公允价值”等专业词语。再者如“驾车枪击事件”是否构成汽车的“使用”，以使其在汽车责任保险的承保范围内？环保“清理”成本是否构成“损失”，以使其在商业一般责任保险的承保范围？

③ ［美］约翰·F. 道宾：《美国保险法》，梁鹏译，法律出版社2008年版，序言。

④ 潘秀菊：《保险法入门》，元照出版公司2000年版，第216页。

⑤ Gerhardt v. Ins. Co，48 N. J. 291 225 A. 2d 328（1966）.

⑥ ［美］沃恩：《危险原理与保险》（第8版），张洪涛译，中国人民大学出版社2002年版，第185页。

⑦ Le Chemingant v. Pearson（1982）4 Taunt. 367，at 380.

⑧ Perrante v. Detroit F. & M. Ins. C. 1954 A. M. C. 2016.

现为以下几点：

①保险契约冗长复杂。各种保单虽然各不相同，但一般由四个基本部分组成：声明、承保范围、除外责任、条件。声明部分包括投保人所作的告知。在承保范围部分，保险公司承诺当发生承保范围内的保险事故造成损失时，它将进行赔付。在除外责任部分，保险人阐明它不负责任的范围。条件部分详细声明双方的权利义务。[①] 所以保险契约动辄十几页，厚厚一叠，投保人难以逐条核对。②保险条款的逻辑结构模糊。保险条款自身的拟定必须科学，否则在保险人都无法准确解释保险条款的情况下，便谈不上由保险人向投保人传递保险契约条款的内涵等相关信息了。在保险实务中，保险条款的逻辑结构模糊，欠缺科学性。保险条款对责任免除部分的约定事项内部标准不一致，逻辑结构模糊。例如责任免除项下的各条约定，有的是对行为事实的描述，有的是列明行为及其后果。[②] ③保险契约的编排不合理。契约各部分内容编排的不科学，对投保人造成误导。用宾夕法尼亚州最高法院的生动语言来说："臭名昭著的罗马暴君加利古拉的最可恨的行为之一，就是把法律高高地刻在一根柱子上，人们无法读到它。尽管诉争之数页篇幅的契约文本（的背面）载有律师的担保条款，但是她完全想不到这个会载有这样的内容。"[③] 本来一般的投保人已很难具有见林见树的观察能力，保险人又在编排保单时恶意混乱编排，对于投保人而言就是有字天书了。例如，承保条款和除外条款之间相隔甚远，非常不起眼；字号太小，看不清楚；或者除外条款隐藏在保单的某个角落，难以发现；或用大体字排版承保条款，用

---

① ［美］沃恩：《危险原理与保险》（第 8 版），张洪涛译，中国人民大学出版社 2002 年版，第 185 页。

② 市场上的保险条款对责任免除一般会在标题中原则性约定："下列原因造成的损失、费用和责任，保险人不负责赔偿"，那么，下文中就应列明造成损失的原因。但是，在现行的保险条款中，列明原因部分还掺杂着对损失、费用和责任的表述。例如，市场上比较流行的个人抵押贷款房屋保险条款，其责任免除第五条约定："由于下列原因造成保险标的的损失，保险人不负责赔偿"，按照题意，下列应当列明造成损失的各种原因，但是该条中数款内容都是表述损失或费用，如第三款约定"由于行政行为或执法行为所致的损失"，第五款约定"地震或地震次生原因造成的一切损失"，这种表述显然与该部分的标题相矛盾。罗振军：《修改保险条款迫在眉睫》，《中国保险》2004 年第 7 期。

③ Cuter Corp. v. Latshaw，97A. 2d 234，237（Pa. 1953）.

小体字排版除外条款。编排混乱乃保险人有意为之，其目的不外乎对投保人进行误导。美国的一位最高法院法官都曾表示，“我不知道它是什么意思，我被难倒了，他们（保险人）在大写字体上说的事，在小写字体上将其剔除了”①。著名的保险法权威小威廉·杨也发出悲叹：“很少有排版艺术如此地从知识传播转移为抑制知识传播。”② 也难怪甚至连宾夕法尼亚州联邦保险业监理专员赫伯特也曾经在国家电视台上表示，很多保险契约，包括火灾保单和房主保单，对消费者而言比爱因斯坦的相对论还难以理解。密切参与保险契约措辞的那些人都接受这种说法，无论是保险契约的起草者，还是监管机构或消费者。③

2. 保险业务员的不当销售行为

在购买保险时，许多投保人往往依靠保险代理人选择保险人或保险产品，保险代理人应是最常用的并被高度重视与信赖的信息来源。据统计，当投保人对保单承保什么有任何疑问时，77%会求助于保险代理人，而另有8%求助于保险公司，只有11%求助于保单本身。④ 而保险代理人的基本动机是为了创造销售业绩，任何成年的消费者都会了解这一点，都会明白这和宗教召唤存在根本区别。⑤ 因此，保险代理人销售保险时，为了自己的经济利益，会急不可待地讨好客户。在这种“充满承诺的温馨的”销售氛围中，不要期待保险代理人会要求投保人注意到潜伏在术语背后的缺陷和危险。⑥ 相反保险代理人会施展巧簧之舌，力陈保险的经济好处和保障机能之完美，尽力打动和说服潜在投保人购买保险。在这一过程中，保险代理人会出现不当销售行为，使投保人产生错误的认识，

---

① Gerhardt v. Ins. Co，48 N. J. 291 225 A. 2d 328（1966）.

② William F. Young，Jr.，Cases and Materials on the Law of Insurance（1971），*The Foundation Press*，p. 98.

③ E. Neil Young，John R. Lewis，J. Finley Lee，Insurance Contract Interpretation：Issues and Trends，*Ins. L. J.* 71（1975），at 71.

④ David Cummins Et Al，“Consumer Attitudes toward Auto and Homeowners Insurance”，*Journal of Risk & Insurance*（1974），at 3 –9，240.

⑤ ［美］小罗伯特·H. 杰瑞、道格拉斯·R. 里士满：《美国保险法精解》，李之彦译，北京大学出版社2009年版，第83页。

⑥ ［美］弗里德里奇·凯斯勒、格兰特·吉尔摩、安东尼·T. 克朗曼：《合同法：案例与资料（上）》（第3版），屈广清等译，中国政法大学出版社2005年版，第582页。

从而落入陷阱，购买无用或有缺陷的产品，最终损害自身的利益。而在我国，因目前保险营销模式的薪酬机制是以佣金为利益导向，没有固定收入和社会保障，生存需求存在压力，更容易造成保险代理人的短期行为和道德风险。[①] 具体表现如下。[②]

（1）混淆概念

混淆概念是指保险代理人将保险产品介绍成基金等银行同类理财产品，或直接说成是购买基金赠送保险。从而导致大多数已购买此产品的客户一直认为自己购买的是基金产品，直到后期才会了解事实的真相，悔之晚矣。例如在日本的一起变额保险投诉案件中，银行工作人员挨家挨户推荐其业务，其中一户在工作人员拜访时只有一名76岁、曾因脑部手术而变得痴呆的老人在家，该工作人员积极劝诱，最后让该老人办理了一份所谓“定期存款”。晚上，其女儿回来看到该契约才发现，银行工作人员推荐的该“定期存款”竟然为“美元定期利率变动型人寿保险”。[③] 而在我国，“存单变保单”更是屡见不鲜。

（2）不当说明

对销售业绩的追求致使保险代理人倾向于对保险条款作出不当说明，只提供有利于销售的信息。典型的情形是保险代理人对保险保障作错误表述，隐瞒除外责任，或将除外责任表述为属于承保范围。而为了避免被诉欺诈，保险代理人打擦边球，更倾向于对保障做出更笼统的解释。作为销售工具，更模糊的信息更有效，而不是具体的有关保障的细节，至少更模糊的信息给代理人更大的灵活性。它允许代理人使用销售“吹嘘”来促销最赚钱的保险，而不用作任何明确的虚假陈述；他也允许灵活地解释拒保。相比之下，若保险代理人对保障作出具体的、可能不正确的描述，则将冒失去客户的风险，甚至被起诉不当行为或失实陈述。[④]

---

① 徐文刚、魏久锋：《保险行业形象不佳问题原因分析与对策建议》，《中国保险》2013年第1期。

② 王冠华：《保险格式条款合理期待解释原则研究》，博士学位论文，中南财经政法大学，2013年。

③ 何颖：《金融消费者权益保护制度论》，北京大学出版社2011年版，第110页。

④ Jeffrey E. Thomas, An Interdisciplinary Critique of the Reasonable Expectations Doctrine, 5 *Conn. Ins. L. J.* 318.

此外，在寿险营销中，不少业务员在介绍险种时，存在一些“误导”嫌疑。因若投保人有高血压、痛风等疾病，保费较高、保额较低，而且是有条件承保，这样就会有很多人选择不投保。为此，保险代理人往往“简化”健康询问的程序，有意模糊“如实告知”这个条款，在填写身体状况之时，让投保人都勾选“正常”。[①] 通过前述行为，保险代理人可以取得佣金，但投保人的利益将受到损害。

## 三　现有法律救济之缺陷

### （一）说明义务之规制现状

我国保险人说明义务之立法，可追溯至1983年颁布的《财产保险合同条例》，该条例第7条第1款规定：“在订立保险合同时，保险方应当将办理保险的有关事项告知投保方。”该条将说明的对象界定为“办理保险的有关事项”。1995年《保险法》从法律层面规定了保险人的说明义务，在第16条与第17条。2002年修订《保险法》时，上述内容在文字上没有变动，只是变更为第17条和第18条。2009年修订的《保险法》，增加规定了保险人的提示义务，要求保险人对保险合同中免除保险人责任的条款，在订立合同时在投保单、保险单或者其他保险凭证上作出足以引起投保人注意的提示；并且将分开规定的对一般保险条款的说明义务与责任免除条款的明确说明义务统一于一个条文（第17条[②]），分两款

---

① 例如2009年3月，30岁的杨先生因为胃出血在汉口某大医院住院。一年前，他购买健康保险时，保险业务员说只要住院，费用就可以按限额报销。但他出院后拿着单据去索赔，却被告知“未能履行如实相告义务”，不予理赔。原来，杨先生的住院病例史描述上写着，“2年前发现胃溃疡”，保险公司因此认定，他投保前就得知自己有胃病，但没有在健康状况一栏如实说明，因此不能获赔。杨先生不满地说，投保时业务员让他在个人健康状况表上都勾选“正常”，如今却以“不如实相告”拒赔，很不公平。因为几乎每个人都生过病，如果没有主动告知是拒赔理由，那么没有几个人能得到赔付。专业人士说，保险公司目前也正在规范业务员的行为，作为投保人，应该在完全了解条款的情况下购买保险，避免发生理赔纠纷。《武汉金报》2009年4月14日。

② 第17条：订立保险合同，采用保险人提供的格式条款的，保险人向投保人提供的投保单应当附格式条款，保险人应当向投保人说明合同的内容。对保险合同中免除保险人责任的条款，保险人在订立合同时应当在投保单、保险单或者其他保险凭证上作出足以引起投保人注意的提示，并对该条款的内容以书面或者口头形式向投保人作出明确说明；未作提示或者明确说明的，该条款不产生效力。

进行规定。

同时《〈保险法〉司法解释（二)》中第9条[①]乃关于免除保险人责任条款范围的规定；第10条[②]乃关于保险人对以法律、行政法规中的禁止性规定作为免责事由的格式条款的提示和明确说明义务如何履行的规定；第11条[③]乃关于保险人提示及明确说明义务履行方式的规定；第12条[④]乃关于在网络销售、电话销售中，保险人对免除保险人责任条款的提示和明确说明义务如何履行的规定。[⑤] 2014年修订的《消费者权益保护法》第20条[⑥]规定了经营者真实信息告知义务，第26条[⑦]规定了禁止经营者以告示免责，第28条[⑧]规定了特殊经营者的信息提供义务。上述之

---

① 第9条："保险人提供的格式合同文本中的责任免除条款、免赔额、比例赔付或者给付等免除或者减轻保险人责任的条款，可以认定为保险法第十七条第二款规定的'免除保险人责任的条款'。保险人因投保人、被保险人违反法定或者约定义务，享有解除合同权利的条款，不属于保险法第十七条第二款规定的'免除保险人责任的条款'。"

② 第10条："保险人将法律、行政法规中的禁止性规定情形作为保险合同免责条款的免责事由，保险人对该条款作出提示后，投保人、被保险人或者受益人以保险人未履行明确说明义务为由主张该条款不生效的，人民法院不予支持。"

③ 第11条："保险合同订立时，保险人在投保单或者保险单等其他保险凭证上，对保险合同中免除保险人责任的条款，以足以引起投保人注意的文字、字体、符号或者其他明显标志作出提示的，人民法院应当认定其履行了保险法第十七条第二款规定的提示义务。保险人对保险合同中有关免除保险人责任条款的概念、内容及其法律后果以书面形式或者口头形式向投保人作出常人能够理解的解释说明的，人民法院应当认定保险人履行了保险法第十七条第二款规定的明确说明义务。"

④ 第12条："通过网络、电话等方式订立的保险合同，保险人以网页、音频、视频等形式对免除保险人责任条款予以提示和明确说明的，人民法院可以认定其履行了提示和明确说明义务。"

⑤ 奚晓明主编：《最高人民法院关于保险法司法解释（二）理解与适用》，人民法院出版社2013年版，第218—300页。

⑥ 第20条："经营者向消费者提供有关商品或者服务的质量、性能、用途、有效期限等信息，应当真实、全面，不得作虚假或者引人误解的宣传。经营者对消费者就其提供的商品或者服务的质量和使用方法等问题提出的询问，应当作出真实、明确的答复。"

⑦ 第26条："经营者在经营活动中使用格式条款的，应当以显著方式提请消费者注意商品或者服务的数量和质量、价款或者费用、履行期限和方式、安全注意事项和风险警示、售后服务、民事责任等与消费者有重大利害关系的内容，并按照消费者的要求予以说明。经营者不得以格式条款、通知、声明、店堂告示等方式，作出排除或者限制消费者权利、减轻或者免除经营者责任、加重消费者责任等对消费者不公平、不合理的规定，不得利用格式条款并借助技术手段强制交易。"

⑧ 第28条："采用网络、电视、电话、邮购等方式提供商品或者服务的经营者，以及提供证券、保险、银行等金融服务的经营者，应当向消费者提供经营地址、联系方式、商品或者服务的数量和质量、价款或者费用、履行期限和方式、安全注意事项和风险警示、售后服务、民事责任等信息。"

规定，即为保险人信息提供义务之法律依据，对于保险消费者权益之维护，具有积极价值。

另外，相较于大陆《保险法》之规定，我国台湾地区“保险法”不论是在保险契约章或是保险业章中，均无保障投保人缔约前之商品信息需求的明文规定。其仅我国台湾地区主管机关依据“保险法”第146条第6款之授权。此一规定适用范围仅及于投资型保险，不及于其他险种。又该办法仅具公法性质，违反者尚缺乏处罚规定；在未明订保险人具有私法上说明义务之前，投保人亦难依缔约上过失、不完全给付或侵权行为之规定对保险人主张权利。①

我国台湾地区其他法律中与审阅商品信息有关者，应属“消费者保护法”第11条之1② 所规定的定型化契约条款审阅期。唯该规范方式系强制于订约前置入契约审阅期，其违反效果则为消费者得主张条款不构成契约之内容，此项设计是否符合保险契约之特性及投保人的需求，尚有许多不妥之处。我国台湾地区于2011年6月29日公布“金融消费者保护法”，其中第10条③规定金融服务业于订立契约之前，应向金融消费者说明契约重要内容并揭露风险，否则应依同法第11条④负损害赔偿责任。本条“立法”理由表示：“一、第一款规定金融服务业与金融消费者订立提供金融商品或服务之契约前，应向金融消费者充分说明该金融商品、服务及契约之重要内容，并充分揭露其风险。二、各类金融商品或服务之特性不同，其契约重要内容及相关风险亦不尽相同，援就第一款所定应说明及揭露之重要内容，授权由主管机关定之。又本款授权所定之内

---

① 饶瑞正：《保险法先契约据实说明义务之再建构（上）》，《台湾本土法学杂志》2006年第6期。

② 第11条之1：“企业经营者与消费者订立定型化契约前，应有三十日以内之合理期间，供消费者审阅全部条款内容。”

③ 第10条：“金融服务业与金融消费者订立提供金融商品或者服务之契约前，应向金融消费者充分说明该金融商品、服务及契约之重要内容，并充分揭露其风险。前项金融服务业对金融消费者进行之说明及揭露，应以金融消费者能充分了解方式为之，其内容应包括但不限交易成本、可能之收益及风险等有关金融消费者权益之重要内容；其相关应遵循事项之办法，由主管机关定之。”

④ 第11条：“金融服务业违反前二条规定，致金融消费者受有损害者，应负损害赔偿责任。但金融服务业能证明损害之发生非因其未充分了解金融消费者之商品或服务适合度或非因其未说明、说明不实、错误或未充分揭露风险之事项所致者，不在此限。”

容，仅系金融服务业应向金融消费者说明之重要内容，旨在要求金融服务业说明拟签契约之重要权利义务关系及揭露相关风险，与消保法有关定型化契约之规定有别，并予叙明。”[①] 上述“立法”理由实质上仅重复法条所规范内容，并没有真正说明“立法”要求金融服务业负有说明义务的基础。若能在“立法”理由内明确将金融消费者订约前的信息不对称，或强化金融消费者订约前的信息权保护，以使其更能购得更符合其需求的金融商品或服务，进而事先减少将来履约上的纠纷等说明，对于本条将来解释上可能产生的疑虑，应有相当的助益。

（二）我国法之检视

如何评价新的保险法？英国剑桥大学法律系保险法教授克拉克指出：关于新的保险法或新的保单条款的任何建议，不论是海上的还是非海上的，只要被提出，都应结合下列要素进行评估：（a）确定性。购买保险的主要理由是追求确定性，费用的确定、保险范围的确定，甚至是老练的商人内心的平静。只有从这种情况出发才能提前做出商业计划。（b）有效补偿和分散损失。这些是为了鼓励潜在有用的人类活动。（c）管理风险和避免损失。它暗示着一个规则，即它至少允许保险人在保险期间和保险合同订立之前，对保单持有人的行为进行一定程度的干预和控制。[②] 我们不妨以此作为参考，来检视我国保险人缔约信息提供义务制度。

此次修订，从静态看，新《保险法》及司法解释（二）修订了保险人之说明义务及增加提示义务，并减轻了被保险方的义务和责任。从动态看，新保险法及司法解释（二）着重于明确和稳定保险合同的效力，限制保险人脱离保险责任的权利，确保被保险方能够及时获取应得的赔偿及实现其期待价值。总之，一定程度上保险人说明义务制度之修缮，保障被保险方的合理期待，实现保险的宗旨和功能，避免和化解保险纠纷，有力提振人们对于保险市场的信心，促进了保险业的发展。

说明义务制度颇值肯定，然而，还是存在一些缺憾。（a）新《保险

---

① 叶启洲：《台湾保险消费者之资讯权保护》，《月旦法学杂志》2013 年第 3 期。

② 邱锦添、邢海宝、王怡然、邱慈惠：《最新两岸保险法之比较》，文史哲出版社 2010 年版，第 235 页。

法》及司法解释（二）没有规定保险人违反说明义务的后果。按照德国保险契约法，投保人可以保险人没有提供信息为由解除保险契约。未有法律责任之惩戒，难以敦促保险人履行信息提供义务。(b)《保险法》第19条规定了保险格式条款的内容控制规则，该规则在实践中存在滥用、误用、漏用等乱象，各地法院裁判标准也存在冲突。(c)《〈保险法〉司法解释（二）》第11条规定了说明义务履行之方式，但尚未规定履行之标准，造成司法实务中认定困难。并且实践中，对于保险人如何证明保险人的明确说明达到投保人理解的程度存在不同认识，不符确定性之标准。(d)《〈保险法〉司法解释（二）》第9条、第10条，虽对“免除保险人责任的条款”进行了认定，及禁止性规定作为免责事由的提示履行，但其具体之范围有待商榷，亦存在较大的争议。另外，本书认为，责任免除条款不能仅限于除外危险条款，应作扩大之解释。(e) 新《消费者权益保护法》亦规定了经营者的信息提供义务，以及消费者撤回权制度；其与《保险法》所规定内容适用之关系或适用冲突之解决等问题，尚无清醒的认识，存在适用困境。(f) 我国台湾地区“金融消费者保护法”第10条规定了金融服务业之说明义务。由于保险业及保险中介人亦为本法的适用对象，此项规定对于提升投保人的信息权保障将有相当正面的帮助。但也因为本法上述规定并非专为投保人的信息保障所设，因此在将金融服务业信息提供义务的规定适用于保险关系时，究竟应该如何解释，始能兼顾其规范目的与保险契约之特性及投保人的需求，有加以进一步研究、明确的必要。其亦反映于保险消费者之界定、信息提供义务主体、对象等具体细节之确定。否则，将造成实务运作上的困难。

综上可知，有关保险人说明义务之规定虽有所修缮，但仍然比较粗糙和混乱，使得这一问题的深入研究实属必要，此即为本书研究所在。

## 第三节　信息提供义务与信息问题解决

### 一　保护模式：契约内容控制及其局限

定型化契约适用于提供大量生产的产品或提供大量之服务，发挥最高之效率。使每一销售的交易成本降低，使企业经营者可以经由此费用之节省而增加收入。当然此种节省也会导致经营者定价的降低，不过对于消费者此种降价却不是没有代价的。[①] 换言之，一般的消费者只有是否缔约的自由及与谁缔约的自由，而丧失了决定契约内容的自由。消费者依据大企业决定之条款与条件，参与市场交易，以取得其生存所需之产品。消费者虽然可以选择不参与市场交易，但一旦选择参与，由于契约中关于权利与责任的条款均由供应方控制，所以会做出仅有利于卖方的分配。法律于执行契约条款时，实际上容许了出卖人为其利益重新塑造法律、任由企业自律，就形成了此种企业对客户滥用其优势市场地位、罔顾消费者权益的情况。然而，个别的消费者可能在个案中，对于不平等的定型化契约条款获得胜诉的判决，此一胜利对于处于相同地位的他人却少有帮助。[②] 为了避免消费者丧失决定契约内容的自由后，与企业间权利义务的失衡，提供普遍化的帮助，法律直接介入或授权以行政方式介入，确保消费者权益，就成了必然的趋势。

契约内容控制系针对定型化条款而出现的法律规则，为防止定型化条款对接受一方造成不公而对一般契约自由原则所做的一种调整当事人间实质正义的手段。根据该规则，对于定型化条款，即使没有违反法律强制性规定，仍然基于诚信原则或利益衡量加以控制，从而避免根本没有表达意愿的相对人受到不公平条款所害。保险契约条款内容控制之手段，可分为立法上控制、司法上控制、行政上控制、商业团体之自律等。[③] 立法上控制，系直接于制定法上在立法、修法之时综合比较衡量契约当事人所涉及利益，对当事人权义所为之适当调整，而于法律条文展现其基本价值判断。司法上控制主要为英美法系非成文法国家藉由法官职权之行使，对当事人权义予以再分配、控制之方法，功能同立法上控制。或系成文法国家，法院居于法律规定或法律条文之解释空间，依其职权解释法律或契约条款，进而以裁判对契约条款之效力予以宣告。行政上控制者，系行政机关依制定法之授权，以行政命令或行政权对当事

---

① 黄立：《契约自由的限制》，《月旦法学杂志》2005 年第 10 期。

② Larry Bates，Administrative Regulation of Terms in Form Contracts：A Comparative Analysis of Consumer Protection，16 *Emory Int'l L. Rev* 1，2002.

③ 饶瑞正：《论保险契约之特约条款及其内容之控制》，《月旦法学杂志》2003 年第 3 期。

人权义予以控管，唯此行政管制就契约条款言仅限于定型化条款。商业团体之自律者，系依法律之经济分析原则，为避免因立法、修法而耗费庞大社会经济与时间成本，与避免争端解决如诉讼之时间与金钱上消耗，遂由商业团体自行制定自律规章而要求同业遵循。

因我国乃成文法系国家，立法上控制为最直接、有效之手段，我国《保险法》第 19 条[①]即规定了契约内容控制。保险契约与一般契约不同，这是因为，保险制度是以大数定律为基础，以大量契约为前提的，事实上每个契约内容各不相同也是无法实现的。因此，投保人是按照保险人单方面制定的保险条款来签订契约的。[②] 保险定型化契约属于契约之一种，保险契约的当事人一方为强势之保险人，另一方多为弱势之保险消费者。保险契约的诸多特征使其既受保险法的规制，又受合同法和消费者权益保护法的规制。在立法上，合同法及消费者权益保护法的相关规定应为保险法之法源，保险法之规定不得与两法的精神相违背。我国保险法规定的内容控制，正是以上述两法的相关规定为依据。根据我国《消费者权益保护法》第 26 条[③]、《合同法》第 40 条[④]的规定，可以说，《保险法》第 19 条乃前述两条在保险法领域的具体化。契约内容控制方式最为直接，其效力也最为严厉，法院可直接宣告部分契约条款无效。然而，契约内容控制亦有较大的缺陷。

### （一）内容控制基本问题

欧洲大陆及其他地区在 19 世纪进入 20 世纪的发展过程中，由于社会、经济环境的变更，经济宪法的典范逐渐由自由主义形式转换为社会

---

① 第 19 条："采用保险人提供的格式条款订立的保险合同中的下列条款无效：（一）免除保险人依法应承担的义务或者加重投保人、被保险人责任的；（二）排除投保人、被保险人或者受益人依法享有的权利的。"

② ［日］上山道生：《保险购买技巧》，刘淑梅等译，科学出版社 2008 年版，第 122 页。

③ 第 26 条："经营者在经营活动中使用格式条款的，应当以显著方式提请消费者注意商品或者服务的数量和质量、价款或者费用、履行期限和方式、安全注意事项和风险警示、售后服务、民事责任等与消费者有重大利害关系的内容，并按照消费者的要求予以说明。经营者不得以格式条款、通知、声明、店堂告示等方式，作出排除或者限制消费者权利、减轻或者免除经营者责任、加重消费者责任等对消费者不公平、不合理的规定，不得利用格式条款并借助技术手段强制交易。格式条款、通知、声明、店堂告示等含有前款所列内容的，其内容无效。"

④ 第 40 条："格式条款具有本法第五十二条和第五十三条规定情形的，或者提供格式条款一方免除其责任、加重对方责任、排除对方主要权利的，该条款无效。"

主义形式，国家立法不断介入经济社会活动，不管部分人士是否乐意，传统私法秩序受到公法规范的调整，其“社会法”性格日渐明显。而定型化契约条款的出现，对源自19世纪市民社会交易图像的私法秩序产生重大冲击，契约法典范的基本前提或预设价值，也因此受到严重质疑。上述公法规范调控的趋势反映在立法政策或司法实务上时，对于透过定型化契约滥用契约自由加以节制的主张日益高涨。① 虽然仍有学者认为无从对契约进行准确妥适的内容控制，但自从德国联邦法院（BGH）在第二次世界大战以后，于1956年所作成的指标性判断中，② 以诚信原则为依据，公开对于定型化契约条款进行内容控制，引领日后实务上大量进行司法控制的潮流，并导致立法者以制定法回应这种强烈的社会需求。

对于定型化契约条款所为司法控制，依其审查逻辑，一般区分为定型化契约条款的认定、订入契约、解释原则及内容控制等不同层次，其中内容控制问题最受重视。由于它涉及抽象原则的具体化问题，充满不确定性，遂成为当代契约法最具挑战性问题之一，相关文献早已汗牛充栋、无法遍览。其中最具争议的重点之一，在于涉及概括或不确定法律概念时，法官仅凭法律或立法者的价值决定，往往无法作成判决，学者因此对适用概括条款的不确定，深具忧虑。以我国《合同法》第40条为例，其所宣示内容控制的主要原则之一乃诚实信用原则，③ 原属不确定法律概念，且所谓公平原则同属不确定法律概念，内容往往难以掌握。同样在《保险法》第19条所规定之无效格式条款，根据国外立法例与前述合同法一般原理，为了更好地保护投保人利益，在判断格式化条款的效力时，还应考量是否符合公平原则与诚实信用原则。④ 因此，对于上述概括性条款究竟如何具体化的问题，向来为学理上最具争议性问题之一。

（二）传统解释方法的困境

自德国继受罗马法以来，对于丰富的法律适用素材，历经百年的分析与萃取，在19世纪达到高峰。萨维尼（Savigny）所汇整的解释方

---

① Franz Wieacker：《近代私法史》，陈爱娥、黄建辉译，五南图书出版有限公司2004年版，第501—502页。

② BGHZ 22，90ff.

③ 蔡睿：《对〈合同法〉第40条的法解释学解读》，《铜陵学院学报》2014年第2期。

④ 张颖：《论〈合同法〉对格式条款效力的规制问题》，《法制与社会》2008年第1期。

法，迄今仍是德国法学传统的重要资产。但法学是人类社会生活的产物，随着政治、经济、科技等条件的变更，支配法学发展的理论，由19世纪形成概念的高度自信，到20世纪初利益法学的发达，转向到价值法学的兴起，直到20世纪中叶以后，在价值法学方兴未艾之际，不少对于法学方法或法官适用法律过程的深刻反思，逐渐显现。各种见解虽然立论不一，但大抵都是针对传统法律适用方法的基本前提、操作模式弱点有所针砭，包括解释方法及涵摄模式都受到重大挑战。以解释方法为例，传统见解大多运用文义、体系、历史及目的解释四种典型，但考夫曼（Kaufmann）一针见血指出：除传统的方法之外，实际上还有其他论证类型，例如，横平、法安定性、正义、裁判结果、实用性、法一致性及其他类型。[①] 而对于基本问题的反思结果，有采激进立场者，主张以新典范取代旧典范；有采较温和立场者，主张在既有方法基础上扩张范围；也有采较温和立场者，主张部分修正既有方法即足以应对。无论如何，传统解释方法确实遭遇某种瓶颈、危机或困境，则是不争事实。

以目的解释为例，如果期待透过目的解释方法来寻求解答，必须先探求立法意旨为何。依《合同法》第40条立法理由说明，其中仅记载条款无效事由，事实上等于无任何立法目的说明，据此以观，在适用其条文时，传统解释法律的重要方法似乎面临瓶颈，未能发挥功效，实应另开途径。另外，根据《合同法》第52、53条规定之情形，国家利益、公共利益、非法目的等用语，仍然是以抽象文字或不确定概念补充原则，如未于具体个案中进行评价，并不能发挥实质规制之功能，且由于欠缺精准的界限，存在模糊的中间地带及判断空间，往往容许法官作成不同结论的判决。如此一来，对习惯于相对统一、稳定体系思维的我国法律人而言，实面临难以精准掌握条款内涵的困境。

（三）内容控制的特殊难题

一般认为，定型化契约条款的内容控制，属于法的控制一环，理想

① Arthur Kaufmann：《法律哲学》，刘幸义等译，五南图书出版有限公司2000年版，第93页。

上应透过将定型化契约条款涵摄在既存规范的过程实现，也就是在法规范所设定的框架范围内进行评价，因此从方法论的角度而言，涉及法律适用及法律续造。由知识社会学的角度观察，在当前法学主流理论的脉络中，这种陈述当然有其合理性。不管基于学科自主性思维，或企图独占对于有关法律事务的话语权，不少法学者有意或无意间已宣称法学的固有疆域，主张本身自给自足的能力，与社会科学或其他科学间有所区隔。或基于研究、应用上的实务考量，不得不在所划定的一定界限范围内，建构特定理论、方法，用以处理、解决具体问题，借此养成专业能力，同时形塑专业形象。无论基于何种动机或历史发展因素，法律人主张法律规定的适用属于法律问题，因此宣称相关判决属于法的控制层次，似乎是自然的倾向。如此一来，有关形成法的控制之门栏如何界定，究竟有无确定范围，是否因个案事实而形成变动等问题，恐怕难有明确答案。进一步而言，此疑义最大问题在于，以传统方法论的角度，法律适用过程所常用的涵摄模式，其适用条件、范围等问题早受质疑，并非毫无争议的稳定模式，更何况如前所述，当法规范前提涉及概括条款或不确定概念时，涵摄模式无法有所贡献，更使问题雪上加霜。此外，法律适用过程实无法与社会事实、环境条件完全切割，法律体系本身即规定不少须参酌法律以外而加以评价的概念，例如，公序良俗、违约金酌减等，均含有价值判断成分。[①]

另外，内容控制既属于法的控制一环，一般认为应以法律标准进行审查。因此，为以特定法律标准进行审查控制，以及为维护市场经济原则，只有定型化契约条款内容成为法律规定标准，才应受内容控制。至于涉及纯粹事实和经济上因素的给付或价格合意问题，由于欠缺法律控制标准，就不在审查之列，其适用条件非常严格。该法条只适用于一些非常明显的极端不合理的契约条款，若投保人想借助《合同法》第 40 条或《保险法》第 19 条来主张保险契约中的免责条款无效，将面临着较重的举证责任。

---

① 许政贤：《定型化契约条款内容控制的问题导向论证》，《东吴法律学报》2013 年第 2 期。

## 二 信息模式：信息提供义务及其优势

### （一）信息义务之法律界定

缔约信息提供义务关乎保险本质之实现，涉及保险立法主旨之选择、保险法规范之完善、投保人权利之救济及利益之实现等，乃投保人信息取得之重要机制。国内学者关于信息提供义务之研究，局限于保险法所规定的狭义信息提供义务即说明义务，而对于广义信息提供义务鲜有讨论与研究。

1. 信息提供义务之内涵

按照关系契约法的观点，现实的契约乃是一系列的过程。既有像在小卖店里买东西那样，一瞬间就结束的，也有犹如生命体那样要经历漫长生涯的。现实的契约过程，并非从契约成立时方才开始，它往往早在契约基于要约和承诺而成立之前就已经开始了。而且有时在履行完毕或有效期间结束之后，仍然存续。契约法必须将这一全部过程纳入视野。① 本书所研究的保险人缔约信息提供义务，即是发展中之契约关系。

在德国，最新保险契约法第 7 条即表示为“信息提供义务”（Information Provided to the Policyholder，德文 Information des Versidnerungsnehmesr）；在法国，学者们对于合同缔结阶段上的信息提供义务早已进行了深入的研究。按照法国判例和学说上的通说，信息提供义务有广义与狭义之分。② 广义的信息提供义务解释上分为以客观的信息为对象的狭义的信息提供义务、以物理的或法上的风险为对象的警告义务以及不仅要提供关于客观事实的信息还要提供意见的建议义务。③ 本书所要研究的保险人缔约信息提供义务，即为契约前的信息提供义务，且为广义的信息提供义务。

法国学者将作为信息提供义务之对象的信息，分为 information

① ［日］内田贵：《民法Ⅱ·债编各论》，东京大学出版社 1997 年版，第 23—24 页。

② 牟宪魁：《民法上的说明义务之研究》，梁慧星主编：《民商法论丛》（第 31 卷），法律出版社 2004 年版，第 514—515 页。

③ ［日］马场圭太：《法国法上信息提供义务论的生成与展开》（一），《早稻田法学》1997 年第 73 卷第 2 号。转引自牟宪魁《民法上的说明义务之研究》，梁慧星主编：《民商法论丛》（第 31 卷），法律出版社 2004 年版，第 514—515 页。

renseignement 和 conseil，前者是指与不加任何评价的事实有关的信息，而后者是指对该种事实加以评价，影响人的行动和意思之决定方向，含有这些要素的信息。人在缔结契约时会经历以下心理过程：（1）产生想得到某物（并非指所有类型的契约）的欲望；（2）为满足这一欲望而策划一个或多个契约；（3）对这其中的哪一个契约最能使这一欲望得到满足进行判断，最终缔结契约。各个阶段上所必需的信息，在（2）中是关于有缔结可能性的某一契约之内容的信息，在（3）中则是关于判断这些契约能在何种程度上满足欲望的信息。在阶段（2）所必需的信息即 information renseignement，而在阶段（3）则为 conseil。学说上一致认为，作为说明义务（狭义信息提供义务）之对象的信息，乃是指前者即不含评价的事实而言。① 而本书所要研究的保险人缔约信息提供义务之对象的信息，乃是指事实与评价信息之统合。

综合上述，保险人缔约信息提供义务，为广义之信息提供义务，指保险契约缔约过程中，保险人就影响投保人决定之客观事实、契约选择风险、成本与收益以及商品适合度等有关信息，以投保人能充分了解方式予以说明、告知、提醒、建议及回答，并确保信息内容真实、全面、准确与及时的义务。

2. 信息提供义务之性质

保险人缔约信息提供义务，其性质如何，历来具有附随义务、不真正义务及先契约义务之争。② 为此，本书将进一步分析，确定其性质。

（1）附随义务说

债之关系的义务群中，除主给付义务与从给付义务外，尚有附随义务的存在。附随义务并非自始确定，而是随着债之关系的进展，在个别情况下，要求一方当事人为一定作为或不作为，以维护相对人的利益。附随义务的发生系基于诚信原则的要求而来，即在债之关系的准备、履

---

① ［日］柳本佑加子：《法国关于信息提供义务的讨论》，早稻田大学大学院《法研论集》1989 年第 49 号。转引自牟宪魁《民法上的说明义务之研究》，梁慧星主编：《民商法论丛》（第 31 卷），法律出版社 2004 年版，第 514—515 页。

② 姚志明：《诚信原则与附随义务之研究》，元照出版有限公司 2003 年版，第 73—74 页。蔡意文：《论诚信原则于保险法之适用》，硕士学位论文，东吴大学法律学研究所，1994 年。于海纯：《保险人缔约说明义务制度研究》，博士学位论文，中国政法大学，2007 年。

行及结束时，依据诚信原则，当事人应为他方所合理期待之特定行为，以确保他方的权利及利益。此义务，在缔约过程中发生者，为先契约义务，可依缔约上过失处理；发生于履行阶段者，可构成积极侵害债权；发生于契约关系结束者，为后契约义务，可依债务不履行规定处理之。[①]附随义务的不履行，不能以诉请求履行，其不构成债务不履行的解除事由，但得依缔约上过失或积极侵害债权请求损害赔偿；因附随义务非对待给付，故无同时履行抗辩权的适用。[②]

附随义务依其功能，可分为两大类型：①注意义务，②保护义务。注意义务在于辅助实现债权人的给付利益，如瓷器出卖人应妥为包装、受雇人不得泄露公司的营业秘密、土地出让人应告知使用者关于该地使用期限的规定；保护义务在于维护他方当事人人身或财产等固有利益的完整性，如油漆工人应注意不要污损定做人的地毯、店家应注意地板不会滑倒。附随义务依其不同内容，可分为忠诚义务、保护义务、说明义务、保密义务、竞业禁止义务、协力义务、提出及供查阅义务、检查义务等。[③] 按保险人之说明义务，其应为契约之附随义务。

（2）不真正义务说

一般而言，私法上所谓“义务”，无论给付义务，或保护义务，均为对他人的行为要求。在给付义务，要求债务人为一定给付行为；在保护义务，要求契约他造应保守秘密、应据实告知说明、应为一定防范措施，以避免发生危险等。除此类法律上义务外，契约关系也可能发生不真正义务（又称间接义务或对己义务）。[④]

不真正义务虽然也是对义务人的行为要求，义务人履行此义务，对他方当事人也有利，但义务人即使不遵守，他方既不能请求强制履行，也不能请求损害赔偿，但义务人将因而受到一定的不利益。不真正义务属于一种强度较弱之义务，[⑤] 我国台湾地区法令承认之不真正义务，如

① 王泽鉴：《民法学说与判例研究》（第四册），北京大学出版社 2009 年版，第 95—96 页。

② 黄茂荣：《债法总论》（第二册），中国政法大学出版社 2003 年版，第 394—395 页。

③ 姚志明：《诚信原则与附随义务》，《法学丛刊》2001 年第 4 期。

④ 陈自强：《民法讲义Ⅱ》，法律出版社 2004 年版，第 82 页。

⑤ 汪信君：《保险法告知义务之义务性质与不真正义务》，《台大法学论丛》2007 年第 1 期。

“民法”第217条之规定，即为被害人对于自己利益照顾之不真正义务的规定。[①]

至于保险法上信息提供义务之性质，依我国《保险法》第17条之规定，保险人尚未履行说明义务的，仅“该条款不产生效力”之后果。换言之，因保险人不履行说明义务，投保人并无损害赔偿请求权及以诉请求的强制履行，仅有解除契约之权。质言之，依其规定，乃不真正义务。对此，本书持否定之态度，认为投保人虽无诉求其强制履行及同时履行抗辩之适用，但得就其损害主张损害赔偿。

（3）先契约义务说

契约在某种意义上，是由一堆“义务群”组成的法律关系网。[②] 义务群是契约法乃至债法的核心问题。现代契约法以主给付义务为规制对象，基于诚信原则，由近而远，逐渐发生契约成立前的先契约义务；契约成立后的从给付义务，以及其他辅助实现给付利益及维护对方人身或财产上利益为目的之附随义务；契约终止后的后契约义务，组成了义务体系。现代契约法的发展，在一定意义上可以说是契约关系上义务群的发展。保险契约亦是如此。在保险契约关系中，投保人的给付义务为交付保险费；保险人的给付义务为危险负担，二者互为对价关系；除此之外，还有基于法律规定抑或当事人约定而产生的其他义务。例如，就保险人而言，还有契约说明义务、建议义务、合理提醒义务，等等。

就信息提供义务而言，其性质为先契约义务。所谓先契约义务，是指当事人为缔约而接触时，基于诚信原则而发生的各种说明、告知、注意及保护等义务。因此，先契约义务制度区别于其他义务制度的一个根本特征为义务之履行期间：缔约之际或者契约成立之前。从我国《保险法》第17条规定可知，订立保险契约之时，保险人应履行说明义务，显属先契约义务无疑。

3. 信息提供义务之特殊性

依据自我负责原则，每个当事人都应当自己去寻找充分的信息，以便能够缔结符合个人实质意思的契约。因此，商品或服务的买受人应当

---

① 李志峰：《论被保险人于危险事故后之通知义务》，《东吴法律学报》2012年第1期。

② 樊启荣：《保险契约告知义务制度论》，中国政法大学出版社2004年版，第34页。

自己去获取关于商品或服务的特性、品质及合目的性，或者向相对人询问相关信息，故买受人自我负责为基本原则，这样的原则系建立在形式私法自治的基础上。依此，信息风险的分配，原则上系依契约准备阶段的当事人利益对立及形式自主决定能力而定，每个交易当事人都具有同等的能力，应为自己之实质意思的实现负责，应自己从事所有信息上的努力，以维护自己利益；同时也应为自己的不努力承担不利益，即受不合利益之契约的约束。因此，缔约前一般性、普遍性的信息提供义务，基本上并不符合当事人间固有的利益对立。

法律在某些例外情况对于依利益对立所为的信息负担分配，作了调整。当契约双方对于契约成立具有共同利益，亦即双方当事人期待契约不会因违反法律强制规定或自始客观不能等客观有效性障碍条件而无效时，每个当事人必须承担无效的结果及无效所产生的财产上影响。但若一方当事人对于有效性障碍条件明知或可得而知时，而另一方不知时，不知一方将可免除其信息风险，其结果为信息优势之一方当事人将负担起信赖利益的赔偿责任。此外，自我负责原则在故意欺诈的情况，也有其界限。此时，被欺诈一方，法律一方面赋予其契约撤销权，使其得以摆脱契约的拘束力；另一方面，其亦可经由侵权行为的规定维护其财产利益。另外，涉及物之瑕疵担保责任者，亦有解除契约、减少价金或履行利益损害赔偿的救济。

保险人缔约信息提供义务的法律创造，从私法自治的观点看，基本上与自治相容，对于私法自治的规范权限，并未受到重大限制；但其对于法律创造的实质化，却具有特殊地位。信息提供义务的作为与不作为，具有不同的意义，对于信息的不实陈述，可以透过真实义务来建构其责任；但信息的不告知，其责任无法从真实义务中导出，因而需要特别的法律评价，使其在法律上得以和不实陈述作同等评价，即保险人为何负有义务为他方之利益，忽略自己的利益，贡献其信息或知识。为此，综合保险人缔约信息提供义务的价值、功能、双方当事人利益、社会福祉等因素，信息提供义务的详情，后文将进一步探讨。

### （二）信息模式之功能

#### 1. 符合自主决定的维护

在私法交易中，原则上应该优先尊重私法自治与当事人的自主决定。

自主决定的可能性跟个人的法律行为决定自由有着依存关系，法律亦提供行为能力、欺诈撤销、暴力行为与公序良俗等规定作为保护基础。法律行为决定自由的理想状态为缔结当事人处于对等状态，因此，对于偏离法律行为决定自由理想状态之契约，法律是否要将法律行为有效前提要件的标准，延伸扩展到事实上决定自由的层面，将个体经济能力和智识能力的不对等情况考虑在内，而将事实上或经济上的行为能力提升为法律行为的生效要件，使信息不对等下的契约缔结，予以无效化或进行内容控制，还是说可以透过信息提供义务的方式，予以补救。

不同于信息模式，内容强制规定会减少内容形式的多样性，并使不同需求者的偏好无法获得较好的满足，个人的偏好差异是市场经济的出发点，因此，内容控制系一最后手段，只是在信息模式或其他方式尚不能除去失灵状态时，才成为政策选项。①

信息提供义务能够让当事人拥有充分而正确的信息以作为决定的基础，提供私法自治的决定自由，并尊重个别偏好及形成多样性。而要以信息模式来促进私法自治，除了信息取得外，信息受访也要具备理解与决定的可能性才能发挥作用。市场需求者若想从竞争中获得利益，也必须处于能获得重要交易信息差异的地位，并基于该信息基础而作出理性决定。信息模式之优点，在于市场机制、行为自由与私法自治皆能获得维持，而无须以国家决定来代替个人偏好，是属于干预程度较轻微的措施，也比较符合比例原则的要求。另外，信息模式也较能够达成当事人的共识，毕竟内容控制仍存在许多争议。

2. 信息模式的基础

信息模式系从两个基本论点出发，即：（1）竞争确保市场以消费者利益为导向；（2）消费者原则上具备利用市场机会的能力。竞争使消费者得以选择对其最有利的要约，消费者作决定，供给者作回应，市场由

---

① 在消费者保护政策领域，对于消费者保护，诸如食品安全的管制，有不同的消费者保护模式可供选择。如信息模式，由公共机构提供信息及意见，以修正信息不对称和市场失灵，德国采此方式；保护模式，由利益团体施加压力以促成消费者保护标准的建立，如美国及法国；协商模式，由中立机构介入冲突的解决，如瑞典。See Christoph Strünck，Mix-Up：Model of Governance and Framing Opportunities in U. S. and EU Consumer Policy，28 *Journal of Consumer Policy* 203，210（2005）.

消费者主权支配。因此，消费者主权可谓信息模式的指导形象，依此，商品及服务的需求者，对于供给者的成功与失败具有最终决定权，消费者作为自由选择与不受他人权利影响的独立决定个体，是重要的价值。因此，信息模式将消费者视为有能力自我负责的个体，能够在理性基础上作出经济决定。在此模式之下，信息提供义务便成为补救当事人或消费者信息欠缺的手段。

不过，对于信息模式的两大基础——有效竞争与理性决定，也有人认为与社会现实不符，市场秩序常面临与市场结构独占化、寡占化的权力化倾向，当事人或消费者的决定自由实际上常受生产者的影响。生产者为了达到创造需求的目的，经常利用广告来影响、操纵消费者决定，所以，消费者主权便不再真实，决定也不再是理性的。此外，对于所揭露的信息，当事人或消费者也不一定都具备理解能力。

3. 市场面的信息提供义务

信息不对称问题的处理，除了个别交易关系中的直接补救措施之外，市场有效竞争的维护，也可以在环境面上补强个案中的信息不对称。市场信息的透明化与信息公开的正确性，可增加产品跟价格的比较可能性，强化有效竞争，使市场参与者得以在不同的诸多市场要约之间，择取最符合自己需求与期待的产品及最适当的交易相对人，以满足自己的需要。

在交易决定常常是被动地被生产者操纵影响的情况下，交易信息或广告内容的误导与不实，会在交易动机诱发之初，就不当地影响市场参与者的交易决定，而且其影响亦会持续延伸至契约缔结之后，并对个别的交易关系产生负面作用。因此，最低必要程度的市场信息公开与信息揭露或广告的正确充分，是维持有效竞争的重要因素之一。虽然避免交易误导所针对的是一般普通抽象的消费者利益保护，并非针对特定的个案，但是，经由竞争机制的运作，也可间接反馈在个别交易关系的具体保护上。是故，市场面的信息提供义务规范，实具有互补作用，借用“结构—行为—绩效”的论点，竞争法上信息提供义务的规范，具有一般性管制的性质，而契约法上信息提供义务的规范，则具有个别性管制的性质，二者的规范目的，都是为了最终之实质决定自由的绩效结果。此外，市场面的信息提供义务，主要维护的是一般利益；个别利益的保护，则属其次。虽然个别主体的信息吸收与加工能力存在事实上的差异，但在市场面一般利益的维护观点下，无法个别考量，只能一般化处理。预想个别主体基本上均有信息吸收与加工能力，而作一般化的处理，其结构必须以一定客观相当程度能力之市场参与者形象或消费者指导形象作为基础，对于个别的交易关系，仍然需要有个案式的补救措施。

在市场上，广告信息对于经济主体决定行为的影响力不断增强，就功能面而言，对于应在私法层次解决的争议，不宜由竞争法承担过多的功能，但竞争法内的规则发展，也要与一般私法保持一致。此一紧张关系的缓和，不能单靠竞争法，也要依靠私法相关规定的发展。对于广告表示的规范，除了竞争法领域加强规范之外，民法也需对广告信息强化责任。缔约上过失的适用发展，补强了这部分的规范，损害赔偿责任的要求，可对不实信息在缔约接触过程中的使用产生遏制及预防作用，并合理化私法的介入性。除了竞争的维护之外，保护市场相对人免于误导，也是市场经济中财物交换过程的必要功能条件，在此条件之下，私法契约才可认为是实质交换正义存在的担保。虽然违反竞争的说明义务比违反契约的说明义务更难建构，不过，竞争法上的信息义务，并不是以竞争上的均等理论为出发点，而仍是以保护缔约当事人之实质意思为出发点，并以市场整体作为观察点。

## 本章小结

缔约地位不对等所造成的契约不公，一直都是契约法欲解决的问题，而信息地位的不对等，如同经济地位的不对等，都会产生契约偏颇于优势一方的结果，而有待法律加以平衡。在产品复杂化、专业分工与知识专业化的现代生活中，信息落差所导致的契约纷争，日益增加。对于特别复杂之保险契约，信息的需求更是投保人作出意思决定的重要基础，也因此产生了较高的保护需求。目前，我国保险法虽对信息问题有所规制或救济，但仍存在诸多问题，如适用局限及混乱、法律责任、产品适合度、撤回权、建议或注意义务等，皆涉及保险消费者权益之具体落实与保障，有待进一步研究及制度的引入。保险人缔约信息提供义务，为广义之信息提供义务，指保险契约缔约过程中，保险人就影响投保人决定之客观事实、契约选择之风险、成本与收益以及商品适合度等有关信息，以投保人能充分理解方式予以说明、告知、提醒、建议及回答，并确保信息内容真实、全面、准确与及时的先契约附随义务。在缔约阶段所发生的信息提供义务，其目的主要在于确保及改善投保人在契约缔结时的信息地位，使其能在一个较佳的信息基础上作出决定，从而能够达成利益正当契约的缔结。信息的完整是投保人自主决定的基础，保险人缔约信息提供义务是一种信息模式与事前信息救济机制，对于契约双方当事人利益冲突的调和及法律关系的调整，更符合比例原则与具体调和原则的法律要求，亦更显现契约法的实质化趋势。

# 第二章

# 缔约信息提供义务之历史演进

我国《保险法》对于信息提供义务尚无明确的规定，其第17条仅限于说明义务；在保险法教材或相关著作、论文中，大多仅止于简单的说明或名词的借用，在学理上缺乏系统而全面的研究。信息提供义务源于亦区别于说明义务，其究竟于何时发生变化，以及如何演变与扩张？理清信息提供义务在保险制度发展及保险立法中的这一历史脉络，可以从中窥探其发展规律，从而有助于我国法的完善及实务中的运用。本章将围绕信息提供义务的确立、转变以及强化与扩张展开论述。

## 第一节　信息提供义务之形成

### 一　最大诚信原则之起源及适用

英国自1776年Carter v. Boehm案确立诚信原则，已有将近240年之历史，并成为英国海上保险法告知说明义务之基础。[①] Carter v. Boehm案为英国保险法发展之指标性案件，该案中被保险人（投保人）向保险人就某要塞投保，约定如该要塞遭敌军攻破，保险人应负补偿责任。其后，该要塞被法军攻破，保险人以被保险人未就重要事项作告知而拒赔。后经被保险人起诉，法院判决被保险人胜诉。[②] 本案判决法院指出保险契约为射倖契约，赖以估算危险发生概率之特定事项，唯有赖被保险人之主

---

① Semin Park, The Duty of Disclosure in Insurance Contract Law, *Dartmouth Publishing*, 1998, p. 20.

② 饶瑞正：《保险法最大善意原则之辨正》，《月旦法学杂志》2002年第10期。

动告知，其双方当事人间具有信赖关系。然如保险人已知悉或应知悉之事项，或该事项将降低保险标的之风险时，保险人不得以被保险人未尽告知义务，进而主张保险契约无效。又，被保险人所应告知之事项，为危险可能发生之事实。

在 Carter v. Boehm 案中，法院认为某事项不作告知或可能出于错误，保险契约于此情形不认为有效。又，违反告知义务与损失发生之间，无须具有因果关系之牵涉。据此，曼斯菲尔德大法官认为诚信原则对所有契约均适用。在此原则下，保险契约当事人任何一方不容许对他方有所隐匿。曼斯菲尔德大法官于本案认为告知义务之依据为诚信原则，告知义务为保险契约成立之先契约义务，且被保险人应将其所认知的一切重要事项为告知。

在 19 世纪，英国法院仍追随前揭曼斯菲尔德就告知义务之判决，但却逐渐偏向于保险人，并将告知义务扩大。Lindenau v. Desborough① 案为人寿保险案件，法院将诚信原则扩展其适用范围，认为所有保险无论是财产保险抑或人身保险，被保险人均应将其所知悉之事项告知保险人。其应告知之事实非被保险人认为是否重要之事实，而是对于危险之发生是否具有重要性之事实，并认为诚信原则对保险契约当事人均有拘束力，但主要系对被保险人而定。诚信原则为保险契约缔结前之义务，但对保险人知悉或应知悉之事实，被保险人无须告知。因此，本案之判决认为所有就危险发生有重要关系之事实，被保险人均应为告知，保险人将可更完全且公平知悉所有一切事实。虽然在 Carter v. Boehm 案中，法院认为诚信原则对保险契约当事人均有拘束力，但于本案法院将告知义务扩展至一切重要事项，无论被保险人是否知悉，因而保险人完全不负担任何调查之义务，且被保险人无过失而未告知，亦违反诚信原则。

1867 年 Bates v. Hewitt② 案中，法院表示海上保险契约为最大限度完美之诚信（full and perfect faith）。本案法院对于保险人虽知悉被保险人所未告知之事项，然被保险人未将其告知保险人，则保险人将不会认识此

---

① （1828）8 B. &C. 586. 108 Eng. Rep. 1160.

② （1867）LR 2QB 595.

特定事实将影响保险之危险评估。1870 年 Harrower v. Hutchnson[①] 案件即使用 uberrima fidei（最大的义信）一词。1880 年 Brownlie v. Campbell[②] 案，法院认为所有保险均为最大诚信契约。如所知悉之事项，影响保险人决定是否承保或厘定保险费，其须说明此项事实并有告知之义务。如隐匿所知悉之重要事实，无论被保险人是否认为重要，他方均可解除契约。19 世纪末，当时保险契约在英国之发展已非单纯诚信契约而为最大诚信契约，1899 年 Seaton v. heath[③] 案，法院即明确表明保险契约为最大诚信契约。

## 二 信息提供义务于判例中之确立

按前揭英国法之说明，保险人负有与被保险人告知义务相同之最大诚信义务。1766 年 Carter v. Boehm 案，法院即认为被保险人向保险人投保船舶保险，保险人知悉该船舶已经安全到达而被保险人不知者，被保险人可解除契约并要求退还保险费。在 Duffell v. Wilson[④] 一案中，被保险人为避免征召入伍，而向保险人投保。保险人为了承保被保险人在一定期间内不被征召入伍之保险，而向被保险人宣称征召令将在期满后失效。但该法令期满 9 天后，被保险人仍然在到期日后被征召入伍，并且遭受 18guineas（几尼，英国的旧金币）的罚款。被保险人即以保险人为不实说明，向保险人诉请返还作为保费的 4guineas，以及赔偿 18guineas 的罚款，法院宣告保单因保险人不实陈述而无效，但被保险人只能请求返还保费，而不得请求罚款之损失。

相较于被保险人告知义务之无限扩大与强调，保险人信息提供义务乃处于弱势与简单的立场。现代保险源自海上保险，因此有学者将海上保险亲切地称为“贯穿保险业发展的‘母亲之河’”[⑤]。所以在思考保险法相关问题时，如果不重视四处渗透的“海上保险的触角”，那确实是荒

---

① （1870）LR 5QB 595.

② （1880）5 App. Cas. 925.

③ （1899）1 QB 782.

④ （1808）1 Camp 401；170 ER 999.

⑤ ［英］奥梅、希尔：《OMAY 海上保险——法律与保险单》，郭国汀等译，法律出版社 2002 年版，序言第 1 页。

谬可笑的。欲分析早期保险人信息提供义务之状况，更离不开海上保险之经营环境。保险业自海上保险发展时起，即受信息不对称之影响。信息不对称发生之期间可区分为两个阶段，一为契约成立前，一为契约履行期间。在早期海上保险作业，保险人欲获得足够信息借以决定是否承保与厘定保险费率，进而预测经营成本，然于实际中难以达成。其乃因当时科技通信设备不足，船舶所有人难以掌握保险标的之相关信息，纵其掌握相关信息，但信息亦未必确实，因此无法有效管理保险标的之风险，进而毋庸论及保险人对于信息之掌握。被保险人掌握保险标的之各项信息，如对影响保险人承保或厘定保险费之信息加以隐瞒而未据实以告，则保险人将因而误判风险，以致造成损失。在保险契约履行期间，或有被保险人因投保保险而怠于对标的之风险加以防范，保险人亦因信息不足难以有效控管，以致放任损失发生，因而致保险人受到相当损失，此即为所谓道德风险。

综上，保险标的之信息为被保险人所独有时，因保险人难以验证或检查成本过高，保险人基于成本之考量无法为全面且完整的调查，因而被保险人有足够动力隐匿相关信息，并借以获得利益。信息不对称对被保险人产生逆选择与道德风险等危害。为解决前揭问题，海上保险人即建立识别风险之机制，要求被保险人就保险标的之信息依据诚信原则作告知与说明等方式控制风险。为此，在海上保险时代，人们在观念上推定被保险人更为知悉重要之事实，要求被保险人严格遵守最大善意原则，需要被保险人告知保险标的之一切信息，其乃推定被保险人知悉保险标的之一切情况。被保险人之告知义务，可谓为英国海上保险法之核心。

## 第二节　信息提供义务从判例法到成文法

### 一　判例法之发展

#### （一）英国法之发展

1. 最大诚信原则之法律规定

1906 年英国海上保险法第 17 条规定了最大诚信原则，即规定海上保险契约以最大诚信为基础，契约当事人任何一方不予以遵守，他方即得解除契约。第18条规定被保险人之告知义务，第19条规定缔约代理人之告知义务，第20条规定契约洽订时之说明义务。

在Joel v. Law Union and Crown Insurance Company[①]案，法院认为被保险人应按最大诚信将其所知悉之事项告知保险人，且其应将谨慎之人所认为重要之事项告知保险人。London General Omnibus Company, Limited v. Holloway[②]案，法院认为被保险人应告知其所知悉之所有事项。Yorke v. Yorkshire Insurance Co. Ltd[③]案，法院认为应以专家证据认定重要事实。Looker v. Law Union and Rock Insurance Co. Ltd[④]案，法院认为被保险人告知义务应至第一期保费支付之日均应履行。Stebbing v. Liverpool & London & Globe Insurance Co. 案[⑤]法院认为应由保险人证明被保险人未为告知及为虚伪说明。Dawsons Ltd v. Bonnin[⑥]案，法院确认投保书为保险契约之一部分，虽非重要事项如有虚伪之说明，保险人亦得解除契约。Austin v. Zurich General Accident & Liability Insurance Co. Ltd[⑦]案，法院对投保书所载问题与回答，应依合理标准加以解释。Roberts v. Avon Insurance Co. Ltd[⑧]案，法院认为如未对于投保书问题答复者，视为否定答复。Keeling v. Pearl Assurance Co. [⑨]案，法院认为保险人对前后未尽一致或不足之回答，未进一步询问即签发保单者，其后不得以未为告知而解除契约，因保险人之行为将视为弃权。

在此阶段，英国法院确认最大诚信原则为保险契约法之基本原则，且适用于所有保险契约。[⑩] 最大诚信原则对双方当事人均有拘束力，然于英国海上保险法规定之主要义务仅就被保险人为规范。最大诚信原则之

① (1908) 2 K. B. 863 CA.

② (1912) 2 K. B. 72.

③ (1918) 1 K. B. 662.

④ (1928) 1 K. B. 554.

⑤ (1917) 2 K. B. 433.

⑥ (1922) 12 Ll. L. Rep. 237.

⑦ (1945) K. B. 250.

⑧ (1956) 2 Lloyd's Rep. 240.

⑨ 129 L. T. 573.

⑩ 汪信君：《保险法告知义务之义务性质与不真正义务》，《台大法学论丛》2007年第1期。

主要内容为告知及说明义务，告知及说明之内容为重要事项。重要事项之标准，为谨慎保险人决定是否承保，或以何种费率承保之事项。告知之时间为保险契约成立前，违反告知及说明义务之法律效果为解除契约，而不得主张损害赔偿。对告知义务之时间，可延续至第一期保险费交付之日。

2. 新近规范

首先，确认理性被保险人标准。在英国海上保险法，对告知事项采谨慎保险人或客观保险人判断标准，因此被保险人虽依最大诚信原则履行告知义务，保险人仍得以其他理由解除保险契约。保险人滥用最大诚信原则之结果，致有提出废除告知制度之意见。英国法律委员会于1957年表示，仅于理性被保险人认为重要者，才可视为重要事实。1980年该委员会再次确认理性被保险人标准，且将告知义务限制在重要事实，即以一个理性之被保险人考虑订立契约之性质、范围及所处地位，告知保险人相关之重要事实。该报告虽未改变1906年英国海上保险法告知义务之规定，但对法院在审理保险案件产生重大影响。理性被保险人标准减轻被保险人告知义务之责任，并可避免保险人滥用最大诚信原则，以之为由而解除契约。

其次，确认保险人之最大诚信义务。1776年Carter v. Boehm案，确认诚信原则对保险契约双方当事人均有拘束力，1906年海上保险法亦规定当事人如不遵守最大诚信原则，他方当事人即可解除契约，然于该法中仅对被保险人之告知义务加以规范。且早期鲜少案例，对被保险人之诚信义务加以说明。[①] 按英国海上保险法规定，实务上最大诚信原则成为保险人拘束被保险人之最佳利器。1980年英国法律委员会于第104号报告，对保险人之信息提供义务及效果提出如下建议：保险人应在保险契约订立后之合理期间，对被保险人提供书面文件即契约条款，尤其对担保条款及其效果应特别提醒被保险人注意。如保险人不予告知并请被保险人注意，被保险人得以违反担保为由解除契约。在Banque Keyser Ull-

① 汪信君：《保险法告知义务之义务性质与不真正义务》，《台大法学论丛》2007年第1期。

mann SA v. Skandia（UK）Insurance Co. Ltd[①]案，法院认为保险人应遵循最大诚信原则并将重大事实对被保险人告知，然违反告知义务仅使被保险人解除契约并请求返还保险费，而不能要求损害赔偿。在 The Good Luck[②]案，法院认定保险人未履行告知义务时，无须负担损害赔偿。上述案件判决确定保险人之诚信义务，使双方权利呈现较为对等之情形。

再次，确认最大诚信原则适用时间。最大诚信原则适用之时间，在英国海上保险法之发展经历了两个阶段：

第一，契约订立前之义务。Carter v. Boehm 案认为保险契约为射倖契约，对于风险发生之事实系由被保险人掌握，如有不实告知，即为欺诈之行为，保险契约因而无效。本案仅涉及契约订立前之告知义务，[③]契约订立后当事人是否应继续遵守，本案判决法院并未论及。18 世纪末，诚信原则在海上保险领域被普遍接受，英国海上保险法生效前，英国法院认为诚信原则仅适用于契约订立前。英国海上保险告知、说明义务为最大诚信原则之重要内容，仅限于契约洽订前适用，因此有认为最大诚信原则仅适用于契约订立前。英国海上保险法生效前，实务中并未有判例表明诚信原则适用于契约订立后之阶段。[④]英国海上保险法第 18—20 条虽为最大诚信原则之重要内容，且只限于契约订立前适用，但此应非指最大诚信原则之内容仅限于告知与说明。英国海上保险法第 17 条并无时间上之限制，且其范围亦无限制。1985 年 Black King Shipping Corp v. Massie[⑤]案，法院即认为被保险人在索赔时，亦有最大诚信原则之适用，因此最大诚信原则在契约订立前、后均可加以适用。然于 1995 年 Pan Atlantic Ins. Co. Ltd. v. Pine Top Ins. Co. Ltd.[⑥]案，英国法院仍认为最大诚信原则仅为契约订立前之义务。

---

① （1990）2 Lloyd's Rep. 377.

② Bank of Nova Scotia v. Hellenic Mutual War Risks Association（Bermuda）Ltd，3 All ER 1，1991.

③ J. Lowry and P. Rawlings，Insurance Law：Doctrines and Principles，*Oxford*，pp. 73 – 103，1999.

④ Cory v. Patton（1872）1. r. 7q. b. 304，309 案，认为最大诚信原则不适用于契约成立后之阶段。

⑤ （1985）1 *Lloyd's Rep.* 437.

⑥ （1995）1 A. C. 501，549.

第二，全面适用。适用于保险契约订立之前后阶段，在 The Star Sea① 与 The Mercandian Continent② 两案判决后确定的。在 The Star Sea 案，英国法院认为最大诚信原则，契约成立后仍然存在。其指出，最大诚信原则在所有保险均有适用，契约当事人均应遵守最大诚信原则。最大诚信原则为法律原则，并不随契约之成立而终止适用。一方违反时，他方可解除契约，然不能要求损害赔偿。在定期保险契约，发生损失后保险人虽已为部分赔付，在剩余之契约期间，被保险人如违反最大诚信原则，保险人亦得解除契约，并请求返还已支付之赔偿。The Mercandian Continent 案，法院认为最大诚信原则为持续性义务，被保险人不得提出具欺诈性之索赔，任何欺诈行为均有第 17 条之适用。法院认定保险人对于被保险人在契约订立前未尽告知义务或有不实说明，可予以撤销契约。对于英国海上保险法第 17 条之规定，可适用于被保险人之重大欺诈行为，即其对保险人之最终责任产生影响时，保险人即可以因被保险人违反最大诚信原则而解除契约。重要性之条件，在英国海上保险法已明确规定，诱导性之条件即因果关系之存在，系于 Pan Atlantic Ins. Co, Ltd. v. Pine Top Ins. Co. Ltd. ③ 案确立。保险人主张被保险人于契约成立后，因违反最大诚信原则而撤销契约时，此两项条件均应同时具备。

最后，小结。英国自 1776 年 Carter v. Boehm 案确立保险契约之诚信原则，1906 年之海上保险法第 17 条规定海上保险契约以最大诚信为基础，即保险契约除应遵守一般契约之诚信原则外，更需额外遵守之特殊规范。海上保险之最大诚信原则有特殊历史因素，且其受早期信息不对称之影响，如被保险人违反时，则将被课以严厉之法律效果。英国海上保险法之最大诚信原则最受质疑者在于，法律上对被保险人课以沉重之负担，实务中保险人在事故发生后，动辄以违反最大诚信为由拒赔，此等情事于人身保险更为常见。联合国贸易与发展委员会于 1982 年发布之 *Legal and Documentary Aspects of Marine Insurance Contract* 报告，对于英国

① Manifest Shipping & Co. Ltd. v. Uni-Polaris Insurance Co. Ltd & La R Reunion Europeene (2001) 1 *Lloyd's Rep.* 389.

② Merc-Scandia X X X XI v. Lloyd's Underwriters (2001) EWCA CIV 1275, Court of Appeal.

③ (1995) 1 A. C. 501.

海上保险法之最大诚信原则之未告知及不实说明制度，认为以谨慎保险人作为测定某信息是否具重要性之观点难以实现。其乃因被保险人并未全然了解其所拥有有关处于风险中之保险标的之所有信息。而被保险人并未如保险人按保险之目的作风险估测，因而被保险人难以判定何为重要性。又，在国际贸易将货物出卖转移于买受人，同时将海上保险单转让，无辜善意之受让人如提出保险求偿，保险人仍可能以未尽告知及不实说明为由解除契约而免除其理赔责任，此将严重伤害无辜当事人之利益。又，欺诈并非解除契约之必要因素，然按英国判例法在因错误、过失或事变原因所致未尽告知或任何不实说明，均得解除契约。且与损失发生完全无关或非因恶意所致之错误亦得解除契约，其无归责原则及因果关系之适用显失公平。

然无论英国法之缺失，18世纪中叶保险业在英国尚属形成阶段，曼斯菲尔德大法官对保险契约深入之认知，令人敬佩其学识之渊博及对保险意义之完整掌握。现今英国法最大诚信原则为保险契约双方当事人均应遵守者，亦适用于所有保险险种。而在契约履行阶段，亦不得有欺诈行为，被保险人不得提出欺诈性之索赔。在提出索赔时，被保险人有义务将所有重要事实告知保险人或其代理人。当保险争议进入诉讼阶段后，法院在审理保险争议案件时，亦应遵守最大诚信原则。

3. 信息提供义务的具体适用

（1）案例发展

Kettlewell v. Refuge Assurance Co Ltd① 一案，涉及人寿保险，该保险契约每四年续约一次，保险人之代理人对被保险人说明，如果一次支付四年之保险费，则四年后无须再行支付保险费，即可免费终身获得保险。被保险人已支付一年期寿险的保费，之后通知保险代理人，希望终止该保单，代理人劝说被保险人继续投保，再次宣称只要缴足四年保费即可获得终身免费保障。在被保险人支付四年保险费后，保险人拒绝提供终身保障。上诉法院认为保险人必须返还被保险人所缴纳之保费，高瑞耳·巴恩斯（Gorell Barnes）法官认为，保险人不得主张该段期间已承担事故风险而不予退还保险费，并且强调被保险人因受欺诈而得主张的撤

① （1908）1 KB 545；affirmed（1909）AC 243.

销权仍然存在，换句话而言，保险人并无履约行为，其所承担之风险并非被保险人撤销权之阻却事由。此外，阿尔福斯顿（Alverstone CJ）法官补充说明认为，亦可借由欺诈之损害赔偿诉讼向保险人请求该金额。[①]

在 Re Bradley，Essex & Suffolk Accident Indemnity Society[②] 一案中，法院认为保险人应准备投保书与保险契约，而保险契约内容不得逾越投保书之内容，且应以清晰之文义表达。保险人有义务向被保险人说明保险金给付之前提条件，且于投保书告知被保险人依契约应履行之义务，并于保险单载明被保险人未能履行义务将导致权力丧失。如于被保险人投保时，保险人未说明保险契约利益丧失之条款，而其后方在保险契约中载明，或仅以含混之文句表示，为违反最大诚信原则。

保险人之说明义务于英国早已受到注意，但实际中并未如被保险人告知说明义务受到相同重视。1906 年英国海上保险法规定，最大诚信原则于保险契约双方当事人均有适用，然该法中仅对被保险人告知说明义务规定，而未对保险人部分规定。1980 年英国法律委员会第 104 号报告，建议保险人应于保险契约订立后之合理期间，对被保险人提供保险契约之条款。尤其对保险条款之意义及法律后果，应加以明确说明并请被保险人注意。如保险人未告知，亦未提醒被保险人注意，保险人不得以违反保证条款为由主张解除契约。而于投保书应载明告知条款，告知被保险人下列事项：（a）须尽其所知与所信回答所有问题；（b）对于投保书提出之问题，如被保险人有理由认为其系一谨慎保险人决定承保与否或厘定保险费有重要影响之事项，且被保险人得以必要查明与确定，被保险人即须为告知说明；（c）被保险人未履行告知义务，保险人得解除契约与拒绝保险金之赔付；（d）被保险人填写完成投保书后，保险人有义务向被保险人提供一份已填写完成之投保书副本，并告知被保险人保存备查。保险人未以醒目方式履行告知与警示义务，致被保险人对危险判断之重要事实未予以说明与告知，保险人不得提出抗辩与解除契约。

---

① John Lowry and Philip Rawlings，Insurance Law：Doctrines and Principles，*Hart Publishing*，p. 88，2011.

② （1912）1 KB 415.

Banque Financière de la Citè v. Westgate Insurance Co Ltd① 一案，认为保险人同样受诚信原则之拘束。借款人基于欺诈意图提供报价不实的担保品向银行借贷，而银行由多家保险公司共保的信用保险之中有欺诈除外条款，保险经纪人与借款人串通，使银行信赖借款人是有足够清偿能力的，保险人是否须就其知情而未能制止保险经纪人与借款者串谋行为负责？本案斯坦因（Steyn）法官认为保险人应披露自身所知而被保险人不知的重要事项；最高法院虽赞同其见解，但是认为保险人违反信息提供义务之效果为解除契约、返还保费，而非欺诈之损害赔偿。依据斯坦因法官的见解，保险人该项义务之范围为基于诚信及公平所需揭露之事项；然而上诉法院斯莱德（Slade）法官批评该项标准范围过大而模糊，会让欠缺不诚实或不公平意图之保险人构成义务之违反，因此认为揭露之范围应限于关于承保危险之性质或保险给付请求而成为一个谨慎的被保险人考虑是否投保的重要事项。②

最高法院同意上述法院该项标准，但是却得出不同结论。上述法院认为保险人在知悉保险经纪人有欺诈行为时，保险人应向该被保险人说明该行为对于被保险人将来保险给付请求诉讼所发生之影响，无论是基于被保险人不实陈述或是保单之中的欺诈除外条款，均是如此；但最高法院法官布瑞杰（Bridge）却认为，欺诈除外条款并不包括保险经纪人欺诈之情况，因此，经纪人所为之欺诈并非保险给付请求的重要因素。布瑞杰法官此项见解有所错误：他认为保险经纪人早先的欺诈行为对于将来发生之诉讼并无直接影响，因而忽略了先前欺诈行为所带来的附随影响，该项事实应该是重要的，因为它可能使被保险人因而取得不同条款的保险契约。③

（2）信息提供义务范围效果之分析

第一，基于欺诈意图违反信息提供义务。由 Duffell v. Wilson 案开始，先确立保险人欺诈的情况下，得宣告保险契约无效并退还保险费，但须

① （1990）2 Lloyd's Rep. 377.

② Robert Merkin，Insurance Law An Introduction，*London*：*Informa*，pp. 70 – 71，2007.

③ Peter Macdonald Eggers and Patrick Foss，Good Faith and Insurance Contracts，*London*：*LLP*，p. 268，1998.

注意的是，法院是基于受欺诈者本身即有的撤销权来宣告契约失效，但并未针对保险人非欺诈而未尽信息提供义务作探讨。同样地，在 Kettlewell v. Refuge Assurance Co Ltd 案中，也采用相同见解，但认为对欺诈行为提起侵权损害赔偿之诉亦有相同效果。由上述两案可知，英国法院对于保险人欺诈性之未尽信息提供义务行为，肯定其解除契约、请求返还保险费或提起损害赔偿之诉，但对于保险人之非欺诈行为却未与被保险人告知义务一般等同适用最大善意原则，因此导致相较之下被保险人所负之责任较重。

第二，一般违反信息提供义务。传统上对于保险人未尽信息提供义务，大多认为法律效果为保险人丧失解除契约之权利，例如摩尔·比克（Moore-Bick）法官在 Glencore International AG v. Alpina Insurance Co. Ltd[①] 一案中认为：要求被保险人负告知义务的同时，保险人对于告知义务之内容也须负注意义务，若未注意，则丧失原本得对被保险人所为之请求。上诉法院则是在 Drake Insurance Plc v. Provident Insurance Plc[②] 一案中采取对被保险人较有利的解释，保险人未尽信息提供义务时，被保险人未为告知并未诱导保险人承担风险，因此保险人无权解除契约，Rix 法官更指出，在保险人解除契约前，未给予被保险人主张抗辩的机会是不合乎诚信原则的。

第三，信息提供义务之范围。保险人之信息提供义务在英国早已受到注意，但实际中并未如被保险人告知说明义务受到相同重视。1906 年英国海上保险法规定，最大诚信原则于保险契约之双方当事人均有其适用，然在该法中亦仅对被保险人之告知说明义务加以规定，而未对保险人部分加以规定。1980 年英国法律委员会第 104 号报告，建议保险人在保险契约订立后之合理期间，对被保险人提供保险契约之条款，尤其对于担保条款之意义及其法律后果，应加以明确说明并请被保险人注意。如保险人未告知，亦未提醒被保险人注意，保险人不得以违反担保条款为由主张解除契约。而在投保书中应载明告知条款，告知被保险人下列事项：a. 须尽其所知与所信回答所有提问；b. 对于投保书所提之问题，

---

① （2004）1 Lloyd's Rep. 111.

② （2003）EWCA CIV 1834.

如被保险人有理由认为其系以谨慎保险人决定承保与否或厘定保险费有重要影响之事项，且被保险人得以必要调查查明与确定，被保险人即须作告知说明；c. 被保险人未履行告知义务，保险人得解除契约与拒绝保险金之赔付；d. 被保险人填写完成投保书后，保险人有义务向投保人提供一份已填写完成之投保书副本，并告知被保险人保存备查。保险人未以醒目方式履行告知与警示义务，致被保险人对危险判断之重要事实未予以说明与告知，保险人不得提出抗辩与解除契约。

在 Banque Financière 案中，法院开始尝试界定保险人信息提供义务之范围，属于与承保危险之性质或保险给付请求相关之重要事项，可以归纳为以下几种：[①] a. 保单可能的损失风险或是保险标的之安全性或状况；b. 保险契约之效果及其可取得之利益；c. 保险人销售保险商品的许可；d. 与风险相关，现存的欺诈事由；e. 可能影响风险或保险契约之外来不法行为；f. 与保险费相关之财务影响，而对于风险而言是重要的；g. 保险契约下，保险人可能对被保险人提起之抗辩。关于保险人所拥有信息的揭露义务，被保险人若意识到该信息的存在，可以依 1984 年信息保护法（Data Protection Act，1984）向保险人请求公开，若是符合上述重要性的定义，则保险人不得拒绝公开。

第四，保单条款说明义务。当消费者对于保险不甚熟悉而又无专家代理时，须作特别考量。普通法的观点是将所有契约当事人一律视为平等，无论是跨国公司或是无经验、欠缺常识的一般员工。衡平法则是不允许存在信赖关系的一方对他方施加不当影响。为了弥补普通法未考虑当事人经济、社会地位及缔约能力的缺憾，立法特别针对消费者作出保障，其中 1977 年不公平契约法（Unfair Constracts Act 1977）规定，可排除某些对消费者而言不公平的违约责任。实务上的困境在于保单条款上通常施加被保险人重于最大善意原则下所需负之责任，因此法院认为保险人有义务向被保险人解释保单条款。例如法韦尔（Farwell）法官认为清楚解释保险单条款是保险人的义务，无论是借由明确拟定的条款或是在契约中作补充说明均可，保单条款必须以诚实公正之方式拟定，并且

---

① Peter Macdonald Eggers and Patrick Foss，Good Faith and Insurance Contracts，*London*：*LLP*，p. 269，1998.

得以此对抗保险人。

(二) 美国法之发展

1. 美国法案例

相对于英国法，美国法在保险人缔约信息提供义务的发展上较为完整。美国在 Bowler V. Fidelity and Casualty Co. Of New York① 案，确认保险人之说明义务。本案 Bowler 购买一张失能保险单，保险单载明在事故发生后，被保险人可获得二百星期之补偿。而如果被保险人于二百星期内持续完全失能，其将再获得六百星期之补偿。在前二百星期时间结束前，保险人所属医生出具一份报告，载明被保险人已可工作且非完全失能，然医生亦表明被保险人腿之状况仍相当不佳，该契约有六年诉讼期间之限制。被保险人于六年后方对于保险人起诉，保险人即以诉讼期间经过而拒赔。法院认为保险人有告知被保险人提起诉讼六年期间限制之义务，认为保险契约基于最大诚信契约，保险人应遵守最大诚信原则，履行说明义务。②

除了保险人之信息提供义务外，如保险人任意拒绝履行保险金给付义务时，加州法院在 Gruenberg v. Aetna Insurance Co. ③ 一案中，判认保险人不仅应负契约上之赔偿责任，也应负侵权行为损害赔偿责任。赔偿范围除契约上之损害赔偿外，亦包括其他非财产上之损害赔偿（如精神创伤）以及惩罚性损害赔偿。美国关于保险金给付义务，是着重在义务之履行及当事人地位之平衡；至于信息提供义务则多涉及保险人关于保险契约所承保之范围与保险给付等应作说明之事项，另外保险人与被保险人之间因保险契约所生相互间之信赖义务，而以该义务为基础，发展出保险人契约上之损害赔偿责任。④

在美国所有保险契约，承保条件所使用文字，应使一般人得以了解。如其欺骗被保险人，为违反诚信原则与公平交易之默示契约条款，保险人亦不得损害被保险人依保险契约可取得之利益。保险人应有告知或说

① 250 A. 2d. 580 (1969).

② Semin Park, The duty of disclosure in Insurance Contract Law, *Darmouth*, 1996, p. 84.

③ 510 P. 2d 1032 (Cal. 1973).

④ 汪信君：《保险法告知义务之义务性质与不真正义务》，《台大法学论丛》2007 年第 1 期。

明义务，并依契约条款规定履行义务。当危险发生时，保险人以其专业知识应了解其为所承保之范围，被保险人亦应以诚实、公平与公正之态度通知保险人借以获取保险补偿。美国大部分州对于保险单之内容与形式，规定其应使被保险人易于阅读及了解。如纽约州保险法第 3102 条 c 项对于保险契约之易读性与可了解性加以规定，其规定：a. 以清晰及连续方式书写；b. 在任何情况下，保险契约须使用普通与通常用语，以利于被保险人了解保险契约承保范围；c. 保险单经监理机构获得批准……；e. 除说明书、计划书或表格外，保险单之字体不得小于十号字体；f. 保险单应合理分段并加注标题顺序排列；每一部分应包含具有底线、粗体或以其他方式显著表示标题，表明该部分内容或性质；g. 保险单超过三千字或保险单条款超过三页，应做成目录或内容索引；h. 有足够之空白以利于阅读；i. 用不同颜色墨水或纸张印刷以便于阅读。美国法对于保险人就续期保险费支付与其法律效果，亦有通知义务。其主要原因在于如长期人寿保险，保险费通常为分期给付，然投保人或未能时刻关注此长期交付保险费之义务，虽有宽限期或复效制度，但仍可能使被保险人因此丧失保险契约效力。因此保险人应依据诚信原则，通知投保人交付保险费，并告知其如未交付保险费时所致法律效果为何。

2. 合理期待原则

20 世纪 60 年代末，哈佛大学法学院教授基顿（Keeton）在英国海上保险法之最大诚信原则同一理念之基础上，提出两种重要见解：一为人寿保险人在核保过程中，对投保人所提供之信息或从部分查询中获得之信息，多少显示投保人之陈述存有善意误解之可能性时，应负有调查义务；一为被保险人及受益人之合理期待应受保护。基顿教授认为保险契约当然蕴含善意与公平交易之默示约定，保险人不得于交易行为中牟取不当利益。曼斯菲尔德大法官与基顿教授之所以先后有如此呼应，实系保险契约有如下之特性：

（1）保险契约所承保者为危险，危险之性质为何？在信息不发达之年代，非由被保险人祥为告知，保险人实无以作正确之评估。（2）危险之高低及在保险契约成立后能否将危险控制在预测范围内，与被保险人维护保险标的之现状及事故发生后防灾避损之意愿有密切关联。美国学者亦强调保险契约非存在保险标的之上，而系存在于当事人之间，应着重当事人之习性、品德与信誉，即因保险契约具有此种高度之属人性。[①]（3）危险与保险费间须维持其对价平衡，若保险人所实质承担之危险不同于其被保险人之告知赖以计算保险费之危险，此项平衡性即告丧失，自将影响保险人之清偿能力及存在。（4）保险人所销售者为无形之商品，须至承保事故发生，始将其依约所为之允诺变成实质之赔付；亦唯于此际，被保险人或受益人方能获知保险人是否确能提供其所预期之保障。（5）现代风险社会，保险为日常生活所不可或缺，其标的已不仅在填补损害或定额给付，对被保险人或受益人而言，则属一种精神上之依赖，保险人于承保事故发生后能本乎最大诚信及时理赔，始足以确保其心境安宁、财务稳定。

保险契约是否应依被保险人的合理期待进行解释？在英国，法院则认为依据被保险人的合理期待进行造成不确定。合理期待原则的缺点，在于如何确定“合理”之概念，因为具理性的人似乎难以寻找，事实上具理性的人根本不存在。在法律中，契约双方当事人之权利义务为法律关心之重点，契约当事人要求对方从事无法律义务事务之期待，无论其如何合理，均非为法律所关注者。按被保险人的合理期待进行解释保险契约，在美国获得广泛之认可。然我国实务界似未认可该原则之适用。[②]在美国依据这个原则作出许多判例，广泛用于保险契约的保障范围的解释，只要保险契约条款中文义有所疑义，即有合理期待原则的适用可能。美国各州法院采用合理期待原则之理由，大致有以下几点：[③]

第一，保险契约通常为冗长、复杂之文字，保险人知道保险契约持有人不会仔细阅读与研究。第二，多数保险契约协商过程中，购买人无从审阅保险契约之内容。第三，当有必要保障被保险人之合理期待时，如仍容许保险人主张保险契约之限制事项，将构成违反良知（unconscious）或不公平（unfair）。第四，因保险人行销方式所造成之合理期待，尤应加以保护。合理期待的内容虽与保险契约条款之规定相违背，

---

① Robert E. Keeton, Insurance Law Rights at Variance with Policy Provisions, 83 *Harvard Law review* 961 (1970).

② 王冠华：《保险格式条款合理期待解释原则研究》，博士学位论文，中南财经政法大学，2013年。

③ 林建智：《论合理期待原则》，《保险专刊》1993年第3期。

但其归因于保险人或其代理人行销之方式，或是保险人之管理方式本身所致，此种情况下造成被保险人之合理期待，须加以保护。若因保险业之整体行为造成之合理期待，亦生相同之效果。第五，保险人以特殊方式承保被保险人之危险，如概括保险（Blanket Coverage）或综合保障计划（Comprehensive Coverage Plan），因而产生合理期待，须加以保护。

不过，这并非为美国联邦普通法的原则。合理期待原则之益处在于：第一，促使保险人给予准被保险人以更多有关资料，被保险人可更有效利用资源。第二，如保险人对保险的期待进行引导，可促使公平。第三，促进风险有效分配。但是过度适用合理期待原则也可导致：第一，保险契约不确定，尤其在司法实务中产生冲突，从而增加保险成本，并拖延索赔争议的解决。第二，保险业反映此原则导致业务容量收缩，保险业需要重新拟定保险险种和承保范围。被保险人亦处于两难境地，面对更加严谨拟定、少有解释余地的契约，其从法院对过时条款进行广泛解释所得之利益，不过是付出大代价而获得胜利，因此得不偿失。第三，忽略保险契约当事人真正意图，经由谈判和协商所达成之协议。

在美国，合理期待的案件可分为两类。第一类，期待是由保险人误导被保险人产生者。在订立契约时，这种期待就会产生，然其也适用以后所生之期待。例如在 Kievet v. Loyal Protective Life Insurance Company① 案，法院不顾保单使用之相当平易之文句，判认保险公司应负保险责任，其判决理由为："当社会大众购买保险时，即有权获得足以满足其合理期待之广泛保障。"第二类，与其说是当事人的期待，不如说是法院的期待，法院并未预料，亦不想于保险契约见到此类条款，其可说是司法之

---

① 在 Kievet v. Loyal Protective Life Ins. Co. 170 A 2d 22（1961）案，一个 48 岁的被保险人购买意外保险，其头部受到意外伤害，引发潜在的帕金森氏病。保险人主张由于或可归于疾病而导致的残疾或其他损失不属承保范围。法院则认为人们有理由期待这种意外属承保范围，如果不属承保范围，这种保险对一个 48 岁的成年人无任何价值。法院认为如从字义解释除外条款，这个保险契约对被保险人而言将无价值，因为由意外伤害导致残疾或死亡，都可能被归于年老体衰。法院认为这个意外属于保险契约承保的范围。适用此原则时，法院考虑被保险人是否受说明重要而难以理解的条款，以及该条款是否为社会公众所知。例如全险条款，其显然是指险种之性质，而非对所有事故提供保险，因此被保险人仍应受保险契约除外条款限制。且被保险人有审阅保险契约之义务，合理期待原则只在被保险人没有发现保险契约与其期待不符方予以保护，如使被保险人审阅保险契约亦难以了解真相，或未收到保险契约。

立法权。在保险索赔案件中，法院面对的是具体的人类遭遇，有时也会表现出他们之同情。[①] 而法官天然同情被保险人，而非保险人，即在感情的天平上法官往往不自觉地向被保险人倾斜。一方面，法官满足人们之期待；[②] 另一方面，在个案中，法官和陪审团倾向于支持被保险人对抗强大的保险公司。[③] 进入21世纪，合理期待原则在美国以得到广泛适用，并影响英国、加拿大等国家和地区，其对于保险人信息提供义务之履行、被保险人权益之保护具有良善之功能，使美国保险业之发展引领着世界之潮流。

3. 英、美两国制度之比较

美国法之发展与英国法之不同之处，在于美国法对于保险人之信息提供义务，除依据最大诚信原则外，尚有其独立形态之发展。以下就两国保险人信息提供义务体系作一比较：

第一，基础不同。英国法保险人之信息提供义务与被保险人之信息提供义务相同，均源自于最大诚信原则，在其他契约有不同之适用；美国法保险人信息提供义务则源自于诚信原则及公平交易理论，在其他契约亦有适用。第二，范围不同。英国法院实务对于保险人信息提供义务，采取较为保守而狭义之定义，法律上义务范围虽然广泛，但在实务上保险人信息提供义务相当狭义，且其违反时之唯一法律效果为解除契约。相反地，美国保险人信息提供义务源自于诚信经济公平原则，保险人违反时，被保险人有多重救济方式。此外，美国法院未将保险人信息提供义务作为一般契约不告知原则之例外，因此不会将信息提供义务与英国法一般作狭义解释。英国法将信息提供义务范围限于与承保危险性质或保险给付请求相关之重要事项；而美国保险人信息提供义务范围相当广泛，除前述两项告知说明外，尚要求保险人就一切事实，在保险契约之所有阶段，均须对被保险人作告示说明。美国法进而要求保险人在契约

---

① ［美］劳伦斯·M. 弗里德曼：《美国法律史》，苏彦新等译，中国社会科学出版社2007年版，第604页。

② ［英］M. A. 克拉克：《保险合同法》，何美欢等译，北京大学出版社2002年版，第8页。

③ ［美］约翰·F. 道宾：《美国保险法》（第4版），梁鹏译，法律出版社2008年版，第2页。

订立后亦须尽信息义务，美国保险人之信息提供义务采取利他主义，要求保险人对被保险人指导如何保障自身权利，甚至说明其与保险人之间有何利益冲突。第三，法律效果不同。保险人违反信息提供义务之法律效果，英国法院在 Banque Financière de la Citè 等案中，大多认为仅可解除契约；[①] 美国大部分州法，可依据契约或侵权行为请求赔偿。[②] 第四，合理期待原则之运用。解释契约条款时，美国法院与英国法院采取不同角度，美国法院主要采取合理期待原则。合理期待原则，允许法院考虑在法律效果对当事人双方利益不对称时减轻被保险人因未告知所生之不利后果；但英国法院对于信息提供义务采取自我约束解释原则。美国所采取之合理期待原则，扩张被保险人之权利，使其获得最佳保障。

4. 小结

综上所述，英国法院采取对消费者不利之方式，扩展被保险人之告知义务，以及限制保险人之信息提供义务。而美国法院采取对消费者较为保障之方式，限制保险人主张被保险人未尽告知义务，甚至要求保险人应对被保险人提出相关建议。如果保险人违反此等义务，被保险人可以契约与侵权行为等法律规定请求赔偿。美国法甚至进一步发展处合理期待原则，使法院可以逾越相互告知说明义务之范围为考量，而保护被保险人之权益。

前述英国保险人与被保险人告知说明义务之历史分析，告知义务相互性之概念仅占有小部分地位，其强调者仍为保险人之告知义务，显现了英国法院忽视相互性之要求。告知义务对于被保险人之适用，显然为其带来不幸之结果。被保险人之广泛告知义务显示英国法不利消费者保护，因此使保险人能够较容易以被保险人告知义务之违反而规避其责任。保险人告知义务之发展对消费者有利者，因其可提供保险消费者有关保险交易之更多信息，以便做出最佳决定。从违反告知义务之法律效果观察，其法律效果显现出英国不利消费者保护之立场。英国法就保险人违反告知说明义务时，认为被保险人不得以侵权行为加以救济。英国

---

① 但有少数案例如 Kettlewell 案，认为得因欺诈行为而提起损害赔偿之诉。

② M. Cohen, Reconstructing Breach of the Implied Covenant of Good Fair Dealing as a Tort, 73 *Cal. L. Rev.* 1291 - 1292 (1988).

法此种立场，学者与相关专业团体认为应加以改变，要求对被保险人之告知义务加以限制，并就保险人违反告知义务时，扩张被保险人之权利。[①] 英国此种不利消费者或被保险人之立场，可从英国社会保险发达之角度观察。因其社会保险制度发达，所以商业保险领域并未特别强调消费者保护之立场。纵使被保险人于商业保险因违反告知义务遭保险人解除保险契约，亦不会成为大众之负担。因此立法者即无动机限制被保险人告知义务之范围，或在保险人违反告知义务时，提供被保险人更广泛之救济空间，因社会保险亦已提供被保险人最低之生活保障。因此在社会保险发达之国家，被保险人于商业保险之告知义务将相对较重。

美国法之模式似可归因于被保险人一旦失去商业保险之保障时，其无法期待获得社会保险之保障。社会保险在美国之发展尚不足以保护被保险人，免除保险人拒赔时期所遭受之损害。因此，其以此方式借以平衡保险契约双方当事人之利益，并借以弥补社会保险制度之不足。否则被保险人在无社会保险或社会保险不足以分散风险之情况下，势将成为社会沉重之负担。

## 二　成文法之规制

### （一）法国法

法国保险法第 L112—2 条规定，保险人在契约订立前，应提供保险费及承保范围之书面信息给被保险人。即保险人应提供详细说明承保范围及除外条款之保险契约，以及条款或手册给被保险人。在前书面文件上应载明契约之准据法，如其非以法国法为准据法，相关索赔、调查程序应载明于保险契约，调查程序之授权不得损害被保险人提起诉讼之权利。保险之要约并不拘束保险人与被保险人，保险单或暂保单始为双方当事人合意之证明。被保险人以挂号信延长、修改或停止保险契约之效力，如保险人于接到后 10 日内不为拒绝者视为接受。但前规定不适用于人寿保险契约，或就保险期间另有规定之情况。

第 L112—3 条规定，保险契约或本法所称之信息，保险人应以法

① Semin Park, The Duty of Disclosure in Insurance Cotract Law, *Darmouth* 37 - 38 (1996).

文载于书面交付被保险人。除前项及第 L181—1 条及第 L183—1 条规定应使用法文外，契约当事人得以书面选择外国法为契约之准据法，保险契约与相关信息之提供得依该准据法之文字撰写。被保险人如以书面要求，得以法文或其所属国家官方文字制作保险单或其他书面文件。保险契约签发前，保险人应以书面就特定问题对被保险人询问。如保险人仅提出一般性问题，被保险人就前问题一般性回答，不视为违反告知之义务。在保险单签发前，暂保单或其他文件之签发，为保险契约当事人之合意。第 L112—4 条规定，保险契约应载明：契约双方当事人之姓名及住址、保险标的或被保险人、承保之风险、风险起始日与承保之条件、保险金额、保险费、保险契约之准据法非法国法时其准据法、保险人之总公司登记地址，如为分公司者，其地址等。保险单条款应清楚载明无效、失权或除外条款，如该等条款未于保险契约清楚记载，则该条款无效。

### （二）欧洲契约法原则与欧洲保险契约法原则

#### 1. 欧洲契约法原则之规定

金融机构与金融消费者在金融商品交易过程中具有信息不对称特性，课予一方（金融机构）信息提供义务，属于法律介入之最轻微形式。此种介入并未侵犯契约严守原则，且有助于确保双方基于真意缔结契约。①以救济角度观察欧洲契约法原则信息问题之规范有不实信息、未揭露信息两种类型，各有三种救济即法律效果：（a）损害赔偿；（b）丧失一定权利——契约解除；（c）受信息内容拘束——契约履行。②

在不实信息类型，契约责任与先契约责任皆有损害赔偿之规定（第一种救济），前者适用原则第 9：501 条③之不履行，后者适用原则

---

① 张新楣：《金融交易之资讯义务——以金融机构之民事责任为中心》，硕士学位论文，台湾大学法律学院法律学研究所，2010 年。

② Matthias E. Storme, Information Requirements and Remedies in the Principles of European Contract Law, *ACQUIS COMMUNAUTAIRE* 231, 232 - 33 (2003).

③ PECL Article 9: 501: Right to Damages (1) The aggrieved party is entitled to damages for loss caused by the other party's non-performance which is not excused under Article 8: 108. (2) The loss for which damages are recoverable includes: (a) non-pecuniary loss and (b) future loss which is reasonably likely to occur.

第4：106条[①]不实信息先契约责任之规定，无须达到原则第4：103条重大错误程度。第二种救济乃不实信息传达，若构成欺诈或错误，解除契约后，违反义务之当事人将丧失契约上权利与预期之利益。此外，不实信息类型可能同时构成契约上告知义务之违反，即属于未揭露信息类型。第三种救济受信息内容拘束，使缔约前行为具契约上效果或产生违约救济，可分为意思表示与事实陈述，前者例如原则第2：102条[②]、第3：201条[③]，不论契约成立与否，当事人受缔约前行为所提供的信息内容拘束。事实陈述部分，提供履行方面事实信息通常会产生契约效果，例如原则第6：101条形成契约上义务之陈述。

未揭露信息类型中，在契约责任部分，由于欧洲契约法原则欠缺规范告知义务之具体规定，必须透过条款解释或诚信及公平交易原则产生告知义务。法律效果则依原则第9：501条[④]的损害赔偿，与不实信息类型相同。先契约责任部分，必须有构成欺诈、胁迫或错误之事情，于他方当事人明知或可得而知该事情，一方当事人始能请求损害赔偿，成立要件较为严格，不适用原则第4：106条[⑤]不实信息类型之要件及效果。

---

① PECL Article 4：106：Incorrect Information A party who hasconcluded a contract relying on incorrect information given it by the other party may recover damages in accordance with Article 4：117（2）and（3）even if the information does not give rise to a fundamental mistake under Article 4：103，unless the party who gave the information had reason to believe that the information was correct.

② PECL Article 2：102：Intention The intention of a party to be legally bound by contract is to be determined from the party's statements or conduct as they were reasonablyunderstood by the other party.

③ PECL Article 3：201：Express，Implied and Apparent Authority（1）Theprincipal's grant of authority to an agent to act in its name may be express or may be implied from the circumstances.（2）The agent has authority to perform all acts necessary in the circumstances to achieve the purposes for which the authority was granted. A person is to be treated as having granted authority to an apparent agent if the person's statements or conduct induce the third party reasonably and in good faith to believe that the apparent agent has been granted authority for the act performed by it.

④ PECL Article 9：501：Right to Damages（1）The aggrieved party is entitled to damages for loss caused by the other party's non-performance which is not excused under Article 8：108.（2）The loss for which damages are recoverable includes：（a）non-pecuniary loss and（b）future loss which is reasonably likely to occur.

⑤ PECL Article 4：106：Incorrect Information A party who has concluded a contract relyingon incorrect information given it by the other party may recover damages in accordance with Article 4：117（2）and（3）even if the information does not give rise to a fundamental mistake under Article 4：103，unless the party who gave the information had reason to believe that the information was correct.

另外，未揭露信息类型同样具有第二种救济，例如原则第 2：104 条[①]非个人磋商条款等，以及第三种救济。

2. 欧洲保险契约法原则之规定

该原则第 2 章第 2 节规定了保险人在缔约前之信息提供义务。其第 2：201 条规定保险人在契约订立前应负有提供文件之义务。其第 1 款规定保险人在契约订立前应提供被保险人投保书，投保书应载明下列事项：(a) 缔约人之名称与住所；(b) 被保险人或受益人之名称与住所；(c) 保险代理人之名称与住所；(d) 保险标的与承保之风险；(e) 保险金额与自负额；(f) 保险费及其计算方式；(g) 保险费支付之期限、地点及方式；(h) 保险契约之期限与保险人责任之期限；(i) 依据第 2：303 条解除或撤销契约之方式；(j) 契约之准据法；(k) 申诉通道与补救机制；(l) 保证基金与赔偿方法。保险人并应提供被保险人投保书之全套复本文件。

第 2：202 条规定保险人于保险契约缔结时，如果保险人之承保范围与被保险人投保时要求内容不一致时，保险人应将其不一致之情形告知被保险人。如违反前项规定，保险人对于被保险人因此所受之损失应负赔偿责任，但保险人对前面事项无过失者不在此限。被保险人亦得于知悉保险人违反前项义务后两个月内，以书面通知终止保险契约。第 2：203 条规定，保险人应告知被保险人其责任开始之时间。其规定，如被保险人合理且基于错误相信保险人之效力系在其提出投保时开始，而保险人知悉或应知悉此一情况者，其应立即告知被保险人保险之效力非于其投保时开始。如其已支付第一期保险费者，则保险人于事前此已为同意承保者不在此限。如保险人违反上述义务，则保险人应依第 2：202 条第 (2) (a) 项负其责任。

第 2：303 条规定犹豫期（Cooling-off Period）。其规定，被保险人得于接受保险单或依据第 2：501 条规定之文件后，在两周内以书面通知保

① PECL Article 2：104：Terms Not Individually Negotiated (1) Contract terms which have not been individually negotiated may be invoked against a party who did notknow of them only if the party invoking them took reasonable steps to bring them to the other party's attention before or when the contract was concluded. (2) Terms are not brought appropriately to a party's attention by a mere reference to them in a contract document, even if that party signs the document.

险人解除契约。然有下列情形者不适用之：（a）契约期间少于一个月；（b）保险契约依据第2：602条延长者；（c）预约保险、责任保险或团体保险。第2：304条规定如保险契约条款非个别协商所得，其有违反诚信与公平交易之条款，且对于被保险人或受益人在订立保险契约时，保险契约权利或义务不平衡且有害者，被保险人不受拘束。保险契约如无不公平条款，其契约规定对双方当事人均有拘束力。如有不公平条款存在，则以理性之当事人于知悉该不公平条款后可同意之条款替代。本规定适用于限制或修改条款，但对于下列情形不适用：（a）保险费与承保范围具对价关系者；（b）以清楚或易于了解之文句表明其承保之范围或约定保险费者。条款系预先拟定而被保险人不能影响条款之实质内容者，条款将被视为非个别协商所得，特别是其为预先拟定之标准条款。条款之特定事实或特别条款，系经由个别协商者，不排除本条款之适用于预先拟定契约之其他条款。保险人对于契约条款主张为个别协商之条款者，其应负举证责任。

（三）日本法

1. 概说

日本于2000年制定消费者契约法，2001年实施，旨在弭平消费者与企业经营者在信息质与量以及交涉能力上之差距。适用主体限于自然人（但排除营业或关于营业目的而为契约当事人）。该法规范“误认型”“困惑型”及“不当条款”。[①] 但是，消费者契约法有关经营者说明义务的规定仅仅停留在“努力义务”的阶段，并没有将经营者的义务上升到法定义务的高度。在特别立法前，学说就说明义务大致可分为三说：（a）以说明义务作为缓和错误或欺诈意思表示之适用要件；（b）将违反说明义务之责任，视为一种缔约过失责任之类型；（c）确保信息弱势者之自我决定权。实务上认为：对于金融商品行销或劝诱纠纷，认为业者于契约劝诱之际，对投资人负有说明义务，以法规命令、民法诚信原则为说明义务之依据，透过传统侵权责任、契约责任、错误等决定义务之违反效果，违反效果为损害赔偿或契约效力之否定。[②] 说明义务与信息提

---

① 杜怡静：《IT社会关于消费者保护之课题》，元照出版有限公司2006年版，第44—42页。

② 游明慧：《论先契约之责任》，硕士学位论文，台湾大学法律所，2008年。

供义务的单纯告知不同，说明程度须足使相对人对金融产品由正确认识，进而决定交易，是否善尽义务系采个案判断，以商品本身结构之复杂程度与投资人本身属性判断说明义务之范围。[①] 金融商品贩卖法将实务的说明义务明文化，且具跨业法性质，整合金融控股公司交叉行销的法律适用。而适用的保护主体，不限于自然人之消费者，亦包含不具备金融专业知识的法人，适用对象广于消费者契约法。

以规范金融商品销售行为为主要内容的金融商品贩卖法，为初步整合规范之法制。但由于规范内容不够全面与周延，因而开始检讨制定一部广泛包含所有投资型商品为规范对象的金融商品交易法。[②] 该法立法目的为：除了公正地进行有价值证券之发行及金融商品之交易，以促进有价证券流通性之顺畅外，使资本市场充分之发挥形成金融商品公正价格，借以使国民经济健全发展，而有助于投资者之保护（金融商品交易法第 1 条）。[③] 行为规范部分，将投资人区分为专业投资人与一般投资人，金融商品交易业者向不同类型投资人进行金融服务时，分别适用不同行为规范，与一般投资人交易时，则全面适用行为规范。金融商品交易法是规范业者之行为规范，不同于金融商品贩卖法及消费者契约法，金融商品贩卖法及消费者契约法乃民事特别法之私法上权利义务关系。

2. 保险领域之规制

日本《保险业法》第 300 条第 1 款第 1 项规定，保险公司或保险媒介者关于保险契约的缔结或是招揽保险时，应对顾客（投保人或被保险人）说明保险契约条款之重要事项，不告知乃被禁止之行为。[④] 所称重要事项，系指顾客在缔结保险契约时为了进行合理判断所必须知悉之事项。针对此一重要事项，金融厅所制定之针对保险公司之综合监督指针中将

① 杜怡静：《金融业者于金融商品贩卖时之说明义务——以日本金融商品贩卖法为例》，《月旦法学杂志》2005 年第 11 期。

② 李智仁：《近来日本金融法制发展变革之观察》，《台湾金融财务季刊》2006 年第 2 期。

③ 杜怡静：《日本金融商品交易法中关于金融业者行为规范》，《台北大学法学论丛》2007 年第 12 期。

④ 郑子薇：《日本 2008 年新保险法告知义务新制及其检讨》，《东吴法律学报》2013 年第 1 期。

重要事项分类为契约概要及注意唤起情报。契约概要系指顾客为了解保险商品所必要之情报；注意唤起情报则系指在缔约时应唤起顾客注意之信息。其中关于注意唤起情报中，即罗列了与告知义务有关之内容此一事项。因此，依据保险业法，保险人有向告知义务人说明告知义务之内容以及其法律效果之义务。

在保险法立法过程中，曾于立法草案与国会之讨论时，建议将说明义务由公法义务导入私法领域，唯并未为新法所采纳。根据立法草案之补充说明，其理由略谓：（a）保险业法与金融商品贩卖法等法律中已有相关规定，因此应慎重考虑该等法律之间的关系；（b）私法上亦有根据诚信原则导出保险人说明义务之可能，也可能导出损害赔偿之结果，唯若规定于契约法中，会有其规定之内容难以具体地以一则条文呈现之立法技术限制，因此，以诚信原则交由判例发展，似较具有机敏性及对应性，得根据不同个案作不同判断；（c）有无必要在民法之外另设特别的损害赔偿请求权，或是否有必要于消费者契约法之外特设契约解除权，有进一步检讨之空间。基于以上理由，并未将说明义务纳入保险法。①

截至目前，保险人之说明义务在日本皆仅止于公法之范畴，说明义务之违反，仅为判断私法上不法行为之成立中是否具备违法性之判断要素而已。立法者虽在将“主动申告义务”修正为“询问回答义务”时指出，保险人之询问应符合明确性与告知义务人之预见可能性，禁止涵盖范围过广之询问，唯若保险人并未详尽说明告知义务之内容及违反效果之情况下，私法上应为如何处理，目前仍尚未明朗。本书认为，虽然日本保险法于落实保险消费者保护可谓不遗余力，唯仍有其未尽之处。其一便是未将保险人之信息提供义务引进私法范畴。目前虽已于保险业法中明文规定保险人对于告知义务之事项及法律效果应告知投保人等，但其范围较狭窄、标准未明确，且欠缺由投保人之一方主张权利之通道，仅能被动地等待监督机关对于保险业之约束。由此观之，其尚未充分保障保险消费者之权益。

---

① 郑子薇：《日本2008年新保险法告知义务新制及其检讨》，《东吴法律学报》2013年第1期。

## 第三节　信息提供义务之强化与扩张

德国为社会保险制度相当完善之国家，其对于保险人信息提供义务之设计，并非如美国法因社会保险之不足，而系以消费者之保障为目的所设计。英国法制就信息提供义务之设计不利于消费者，美国则以保护消费者之角度设计信息提供义务之制度，借以弥补社会保险之不足。德国所显现者为前揭英国与美国以外之第三种模式。德国法律对于消费者之保护为公法领域之重要内容，被保险人可自行选择保险人订立保险契约，保险契约虽名为契约，但在德国却由制定法强制规范。[①] 德国实务所使用之保险条款，系出自标准保险契约条款，标准保险契约条款非由私人保险公司拟定，亦非由个别被保险人与保险人协商所拟定。其系由保险市场参与者，如保险人、保险代理人、消费者及相关专家所参与拟定之草案。在草案拟定完成后，经由专家学者再度审核通过，即成为可在市场中正式使用之契约条款。于某些特殊之情况，可使用与标准条款不同之条款；或于法律有特别规定之情况，亦可使用例外之条款。而解释契约条款，与法律之解释方式相同。于此以法律之结构分析保险契约，系综合公法与私法等两种原则。标准保险契约可以平衡保险市场参与人之利益，并保障消费者之利益。国家所规定之标准条款可于所有保险契约适用。为此，本节即以德国法为中心，分析信息提供义务之强化与扩张。

### 一　强化之具体表现

保险人之信息提供义务，其法律依据为德国民法所规定之诚信原则。因此在德国法，保险人之信息提供义务集中于就专业事项之说明。保险人欲不适用标准契约条款，其必须践行严格之程序，以确保被保险人知悉此等之改变。为此，法律要求被保险人应作出书面确认其已知悉保险人对于契约标准条款之变更，并表示接受与同意此等之变更。按德国保

---

① D. Kimball & W. Pfennigstorf, Administrative Control of the Terms of Insurance Contracts: A Comparative Study, 40 *Ind. L. J*143, 185 (1964).

险监管法第10条之规定，保险人应向被保险人说明保险契约之内容，包含：保险人之名称、办公地点及分支机构地址、保险契约条款及条件，包括税收条款与司法管辖、保险契约与标准条款不同之内容、保险期间、被保险人受投保书约束之期间、保险费、支付方式以及任何净保费以外之其他费用及总保费、被保险人撤销投保书或解除契约之权利、受理被保险人投诉之监理机构。

旧德国保险契约法第3条规定，保险人在交付被保险人保险单时，应告知其随时请求有关契约副本之义务。第5条规定保险单之内容不符投保书或双方之协议者，被保险人应于收受保险单后一个月内以书面形式提出意见，如未以书面提出异议者，视为被保险人同意保险单所载之内容。然保险人应于交付保险单时，告知被保险人法律效果后方得适用。保险人之告知应以书面或在保险单中以显著方式表明，且对于不符之处应予以载明。如保险人违反前义务者，其更改之部分对被保险人无拘束力，视为保险人同意相关契约之约定。第34条规定，保险事故发生后，被保险人应按契约条款或法律规定期限通知保险人，其并应向保险人提供有关保险事故发生之原因及损害数额之资料，以利保险人查明与确认是否属于保险责任范围内之事故及其损害数额。如未适时提供前揭资料以致增加调查、鉴定及勘查费用，被保险人应负赔偿责任。保险人并应先以书面告知被保险人其法律效果。在责任保险，被保险人对第三人负赔偿责任时，该第三人有义务于一星期内提供有关确定保险事故发生原因及其损害数额之必要资料。如不适时提供，保险人因此增加或扩大鉴定、勘查之费用，可对第三人提出抗辩，保险人主张此法律效果须按同法第158e条之规定，先行对第三人履行告知义务。同法第38条规定第一期或一次交付之保险费交付时，在未交付前保险人得解除契约。自到期日后三个月内，未以诉讼请求给付保险费者，视为解除。第39条就分期给付之保险费作出规定，未履行者将丧失权利或产生不利之后果，而保险人应先对被保险人告知此种不利之后果。[①]

德国2008年1月1日开始施行之新保险契约法，建立了许多旧法中

---

① 梁冠中：《两岸保险契约当事人告知说明义务比较研究》，硕士学位论文，台湾政治大学法律学系研究所，2010年。

所无的新制度。由于保险为相当复杂且不透明的法律商品，为了平衡投保人在保险商品上信息不对称的关系中的不利益，新法第 7 条规定了保险人缔约前之信息提供义务。第 7 条规定了保险人应在投保人作出订约之意思表示前，及时地以文字方式告知其包括一般保险条款在内之契约内容，以及保险契约法信息义务办法所规定的信息。① 保险人缔约信息提供义务的建立，使投保人较能在缔约之前有机会充分了解、比较其所购买之保险商品，更能做出符合自己利益的理性决定，也就是在参考保险人之建议下选择最符合其需要的保险契约，并了解自身在契约关系中之权利义务以及所负担的费用。尤其在长期性的人寿保险契约，此一规定更具重要性。为达成信息对称的立法目的，并使信息提供义务之范围得以明确化，新法第 7 条规定，信息的说明必须是清楚而可理解的，同时授权给行政机关制定一个法规命令，以确定应提供之信息的范围；同条规定，该法规命令亦应一并规范与契约相关的信息；并赋予投保人有请求保险人随时交付包含一般保险条款在内之相关信息的权利。不过，保险人仅就第一次提供信息时须无偿为之，之后则得向投保人收取适当之费用。②

经由上述规定，保险人缔约之信息提供义务被清楚地定位为私法上的义务，而非公法上的监督规范。此一义务性质上属于德国民法第 241 条第 2 款所称之照顾义务（Rüchsichtspflicht），属附随义务的一种，原则上不能独立诉请履行。只有在少数例外情形，法律规定之信息得在契约订立之后补行提供。如有违反，则同法第 8 条赋予投保人为期 2 周之契约撤

① (1) The insurer shall inform the policyholder in writing of his terms of contract, including the general terms and conditions of insurance, as well as the information set out in a statutory ordinance referred to in subsection (2), in good time before the policyholder submits his contractual acceptance. This information shall be provided clearly and comprehensibly in keeping with the means of communication employed. If, upon the request of the policyholder, the contract is concluded by telephone or using another means of communication which does not permit the information to be provided in writing prior to the policyholder's contractual acceptance, that information must be provided without undue delay after the contract is made; this shall also apply if the policyholder explicitly waives the right to information by a separate written declaration prior to submitting his contractual acceptance.

② 叶启洲：《从德国保险人资讯义务规范论要保人之资讯权保障》，《政大法学评论》2012 年第 2 期。

回权期间不起算，亦即投保人得撤回其订约之意思表示，使契约归于无效。依新法第 18 条规定，① 第 7 条的信息提供义务及第 8 条契约撤回权的规定均具有相对强行规定的性质。

德国法之模式系受消费者保护原则强烈之影响，并严格依据法律与团体协商之结果。德国保险契约条款订定时，加入消费者代表之参与，并经由专家学者之确认。德国法院亦采取保护被保险人之立场。一旦其认为对于被保险人之保护不足时，将可对于保险契约加以改变。德国模式系经由国家机关与私人市场之共同参与而维持和谐，此种模式对于消费者可提供足够之保护，其非如美国有不利保险人之思考，是值得我国借鉴与思考的模式抉择。

纵观上述德国保险契约法的规定内容，固然不是毫无缺点，但整体而言，新法规定具有下列进步之处，值得我国借鉴：

（1）投保人订约前信息需求之直接肯定

有鉴于保险商品的无形性、专业性与复杂性，投保人在订约前的信息需求，对于其是否订立该保险契约的决定具有重要影响，此项信息需求从欧盟直接保险指令（92/49/EWG）即已获得肯定。从德国法先以保险业监督法加以规范，以及其后移转至保险契约法的发展轨迹中可知，此项权利不仅应作为主管机关监督保险业经营活动的依据，也应成为投保人在私法关系中对于保险人主张权利的依据。因为唯有确认私法上的信息提供义务，才足以产生对投保人的直接保障效果，而不只是使投保人取得公法监督的反射利益。

（2）信息提供义务内容之明确化

保险人信息提供义务内容，经由保险契约法及授权主管机关制定之法规命令，可以因应个别险种的特性进一步明确化。此等规范方式对于法律关系的明确性有相当助益。尤其是德国保险信息义务办法另就投保人为消费者时，规定保险人应提供商品信息者，列举应记载的重要事项，可避免欠缺专业知识的消费者因繁多的信息而产生困惑，以致丧失建立

① Agreements deviating from section 3 (1) to (4), section 5 (1) to (3), sections 6 to 9, section 11 (2) to (4), section 14 (2), first sentence, and section 15 to the detriment of the policyholder shall not be permitted.

保险人信息提供义务的本意。

(3) 以私法上撤回权为主要救济方式

德国保险契约法第 8 条赋予投保人的撤回权，并非专为保险人信息提供义务的违反效果而设。除了短于 30 日之短期保险之外，不分险种，也不论保险人有无履行其信息提供义务，投保人原则上均有 2 周（人寿保险则为 30 日）的撤回权。其立法目的在于防止投保人因为行销过程或行销方法上的缘故而仓促订约致受损害。信息提供义务的违反效果，因为信息提供义务与撤回权理论基础的相同，而被巧妙地联结到投保人撤回期限起算点。虽然理论上信息提供义务违反可能分别构成缔约上过失或债务不履行责任，而使投保人得向保险人请求损害赔偿，但实际上最容易主张的权利，即为新法第 8 条第 1 款的撤回权。故撤回权实际上将成为信息提供义务违反的主要救济方式。

## 二　扩张之具体表现

关于信息提供义务扩张之具体表现——咨询建议义务，规定于德国保险契约法第 6 条，其规定：(1) 保险人应询问被保险人之愿望与需求，按被保险人之情况，对其提供合适之保险规划，并对被保险人说明该建议之理由或依据。被保险人对保险人建议之放弃声明须以书面为之。如保险契约系由保险经纪人订立时，不适用前面规定。(2) 保险人在契约订立前，须对被保险人提供书面文件，并载明被保险人之愿望与需求，以及保险人提供该建议之理由……虽然此义务系首次明文规定在保险契约法中，然而事实上，此义务于 2008 年修法前之德国法院判决实务及学说已经获得广泛的承认。[①] 德国联邦最高法院（BGH）的判决已有认为，保险人对于投保人应履行之咨询建议义务，可经由当事人双方明示或默示成立咨询顾问契约而获得承认。所谓默示成立咨询顾问契约，例如投保人接受保险人所提供的有关介绍保险商品优缺点或相关咨询之面谈，此时可认定双方有默示成立独立的咨询顾问契约合意。

除前述独立的咨询顾问契约外，保险人应履行之咨询建议义务，实

---

① 廖伯钧：《初探 2008 年德国新保险契约法——以保险人咨询建议义务为中心》，《法学新论》2010 年第 8 期。

务上其他多数法院之判决，多系于个案中，依据德国民法第242条诚实信用原则，在符合特定条件下，推导出此保险人应履行之附随义务，同时在其违反系可归责于保险人之情形时，保险人分别依违反的时点，按缔约过失或积极侵害债权之相关规定，负损害赔偿责任。[①] 此处所谓之特定要件，即个案中须存在着一个使保险人可得而知应提供建议之适当缘由。而此可得而知的缘由，基本上可以作这样的解释：当投保人有被提供建议及咨询需要之情形存在时。此要件，不但决定此义务是否存在，同时也决定义务的范围。故原则上，保险人所负担的咨询建议义务并非普遍一般、广泛的或极度专业的咨询建议，而是个案、有条件及范围有限制的咨询义务。其所立足之理论基础系：原则上，选择一个确切符合并满足投保人需求的保险，系投保人自己的责任，保险人对于投保人其个人所有的风险或对于保险的依赖性或需求度，难以得知详情，也因此无须负担责任。然而，在此原则下仍然存在例外情形。鉴于保险商品的复杂性，尤其是保险商品按其产品构成之特性，和保险一般营业条款间具有紧密的关联性和依赖性，保险人所承保危险之内容、给付内容和范围皆须借由法律条款之订立始得以确定，故保险商品被视为一种“法律商品”。此际如无具有保险及法律专业知识的保险人提供必要之说明及建议，则无法期待一般中等程度对于保险及法律欠缺专业知识的保险消费者或保险客户，能够自行判断并选择出符合自己需求的保险商品或保障内容。因此修法前，在法院实务个案判决中，当保险人具有专业优势之地位且无合理期待相对弱势之投保人，其在决定订约与否或订约内容时，可独自做出正确判断时，即具有一个应提供建议之适当缘由，于此并进一步推导出保险人应对投保人负说明或咨询建议义务。

德国保险契约法第6条所明定的保险人咨询建议义务，立法者当初系仿造欧盟保险中介人指令中所要求的保险中介人咨询建议义务而订定，故其条文大致上与保险契约法第61条所定保险中介人应履行之咨询建议与文件作成义务内容上一致。[②] 按照该欧盟指令，应履行咨询建议义务之

---

① Werber, Alt und neue Informations und Beratungspflichten des Versicherers und des Vermittlerss, in: *ZVersWiss* 1994, S. 328f.

② Richtlinie 2002/92/EG des Europäischen Parlaments und des Rates vom 9.

主体仅系保险中介人，并未包括保险人；然而立法者一方面为了避免与德国法下责任体系发生适用冲突，因为按照德国民事法之一般原理，代理人自己并无契约上义务须履行，仅被代理人之本人须负担契约上之义务，故如果仅规定代理人须负担义务而保险人无须负担，如此之规定将使立法目的无法达成；另一方面配合国内法院实务见解发展之实现，故同样将此义务加诸保险人之上。基于此立法背景所明定的保险人咨询建议义务，从其条文规范内容出发，则须注意，保险人并非因为其所提供的保险契约，就应负担广泛、极度专业并完全契合投保人自身需要的咨询建议，而必须“于一个应提供说明及建议之适当缘由存在时”，保险人始有负担义务之责。① 此部分和修法前法院实务之看法可谓一致。

德国保险契约法第 6 条的保险人咨询建议义务，和旧法下法院实务所发展出来的义务，其内容范围大致上一致，唯一的差异点，系新保险契约法将咨询的费用和保费间之比例，加入作为判断保险人应否尽咨询建议义务的标准之一。此外，从该条文文句观察，其规范上具复杂性且并非易于理解，该条文同时规定数个不同内容之义务与成立要件，也因此可以发现立法者运用许多不确定的法律概念，此也将造成未来法律适用上的复杂性与困难性。因此采纳德国学界多数的看法②，德国民法第 242 条诚信原则之一般条款未来仍然扮演重要角色。在个案中，按照立法者赋予投保人咨询建议之意义和目的适当地作解释，并于必要时修正或补充法律要件或效果的不足，避免立法之间缺漏造成不适当的判决产生。

关于保险人咨询建议义务在德国保险契约法下之发展，于我国保险法制及保险实务有重大参考价值。本书以为，除了新保险契约法之条文可供我国立法部门修法时作为比较参酌之对象外，更为重要者，系国内法院于个案中，在尚缺乏法条明文该等义务可供适用之情形下，本于保险契约特别重视契约双方当事人诚实信用之特性，除于判决书中八股地阐述保险契约为最大诚信契约外，更应适当且积极地确立保险人咨询建议义务的参照体系，使其具有一定的客观性，从而更好地指导保险实务

① BT-Drucks，16/3945，Begründung zum Regierungsentwurf，S. 48.

② Römer，Wolfgang，Zu ausgewählten Problemen der VVG-Reform nach dem Referentenentwurf vom 13. März 2006（Teil I），in：*VersR* 2006，S. 740 – 745.

及维护消费者权益，为保险法之未来修缮与明定奠定经验基础。

## 本章小结

目前，保险业经由百余年所累积之经验与统计资料，并辅以各种先进之科学技术，例如互联网与大数据技术、基因技术、健康物联网技术等，致使过往对于保险人信息不对称之情况，逐渐转变为对投保人之信息不对称情况。由于保险经高度发展后，且以定型化契约运作，一般投保人对于复杂之保险契约条款难以完全了解，且对于保险之运作亦不易理解。为此，因交易道德的加强、消费者保护思想以及交易安全考量等因素之影响，通过前揭之论述，各国对于缔约信息提供义务皆具有强化发展之趋势，逐步建立以被保险人为中心之立法例体系。诚如我国台湾地区学者所言，有关保险人之先契约附随义务，目前保险法先进社会于立法或实务上之发展皆有逐渐扩大之趋势。德国在新保险契约法中，规定保险人应于订约前提供法定信息予投保人，违反者投保人之撤回权将无期限限制，且得请求保险人损害赔偿，明确保障具有私法属性的投保人信息权，并明文规定了保险人咨询建议义务，对于保险消费者的信息需求保护颇为周详，对我国保险法发展具有参考与借鉴的价值。

# 第三章

# 缔约信息提供义务之多维解读

在信息是一种财富与知识就是力量的意义下，信息提供义务涉及契约当事人双方私法自治的利益冲突，在契约交换过程中处于利益对立的地位。因此，在立法上和司法上承认信息提供义务，本质上即是限制一方私法自治的行为空间，以维护另一方的自主决定，这样的逆转自我负责与权利冲突的调和，其涉及信息提供义务的私法自治关系、理论基础、经济条件等诸多问题，尚有讨论与思考之空间。本章拟从私法自治、基本理论以及经济学角度对信息提供义务进行全方位分析。

## 第一节　信息提供义务之价值追求：保障与调和私法自治

### 一　私法自治运行之理想条件

现行民法预设之社会模式的背后，系建立在理性人形象与市场典范的基础之上，前者意指所有的个体均有同等的能力及意愿，自由且理性地形成自身的经济活动；后者则指有效竞争可以确保财物的最适提供与最切分配。契约的有效运行，原则上需要当事人具备自由决定的能力，行为能力、欺诈、胁迫、错误、公序良俗条款及竞争法上的相关规定，均与此有关。

（一）环境层面因素

1. 市场

在产品和服务分工生产的社会里，个人往往可以透过市场交易来换取其所需的东西，契约自由便成为重要的工具，是否要进行交易、跟谁交易、如何交易以及怎样交易，个人可依据其需求而为自由决定。通常只有在契约当事人能经由交易而获得利益时，才会建立契约。在有限财物和服务供应与人类无限的需求之间，没有比订立契约和促进交换活动更好的调节方式，透过市场交换可让有限的财物和服务资源达到那些最需要它们的人手中。因此，市场跟契约是个人交换需求与利益、实现自治法律关系所不可或缺的。

2. 竞争

契约自由为实现私法自治的重要方式，但唯有当事人具备选择可能性，才有自由决定之可能，若市场上只剩下唯一的交易对象或垄断，契约自由将只剩下要不要交易的自由，不交易就只有放弃个人的需求，则私法自治的范围大幅限缩，甚至于决定权限被他方所主宰，只有他主决定而无自主决定，形成契约自由的自我毁损。因此，竞争秩序的确保，为私法自治运行的重要结构条件，可以避免经济力量的形成及滥用。又纵使市场上存在经济力量不对等的情形，也可能因为竞争的有效存在，个人仍享有选择决定的空间，仍得依个人自由意愿去为权义关系的形成。从而基于经济宪法的要求，法律应创造出在个案中得以实现正确契约的前提条件，并将契约自由与独占力量的滥用作为契约无效的理由。

从竞争的经济功能层面观察，竞争可驱使企业依照消费者偏好与愿望来供给产品，为消费者需求提供更加满足的选择可能性，而不能任意地决定价格或支配消费者决定。在竞争的社会功能层面上，竞争可使经济力量和社会力量平均分配，防止力量地位的形成，避免其他人的自由受到阻碍或排除，对于私法秩序而言，只有个别的法律主体处于对等情况下，契约机制才能产生令人满意的绩效，才不会沦为单方面的恣意行为。例如，消费者在超市购买商品时，价钱都是厂商预定的，消费者根本没有机会去讨价还价，但消费者还是愿意接受与购买，因为市场竞争的缘故，他知道同样的商品在其他超市的售价是一样的或是仅有些微差异。因此，私法自治与竞争是密切相关的，同为经济秩序与社会秩序的重要支柱。一方面，唯有竞争自由提供个人有不同的决定选项，才能让个人可为私法自治的自由形成并实现个人自主决定；另一方面，只有个人在市场上可自治地形成其法律关系时，竞争才有可能存在，故两者实为互补条件。

3. 有效竞争

对于竞争概念的阐释，存在许多不同的说法，[①] 理想上的完全竞争（perfect competition）可使竞争的效果达到极限，达到帕累托最优（Pareto Optimum）。在此市场中，供给者和需求者的数量极多，市场力量极微，均为价格接受者，产品为同质且供需双方均无特别偏好、市场信息完全透明、无市场进入障碍、市场参与者对于市场状况的改变，均可快速地反映，市场处于静态均衡的状态。然而在现实世界里，并不存在完全竞争市场，其竞争模型所假设之超越平均、信息充足、理性行为的市场参与者，现实世界里亦很难找到，而且完全竞争的静态均衡以及契约利益平衡的完全和谐，都是乌托邦式的。从经济理论的观点也是不值得期待的，因为这将使追求利益最大化的诱因与整体利益的进步受到阻碍。因此，在竞争政策上乃以有效竞争作为追求对象，竞争应看作是动态的过程，市场的不完全，诸如产品差异、信息不透明与不可预测性，对于竞争的有效性是必要的。在市场不完全的情况下，可以降低一致行为的发生，同时也提供企业诱因去达成生产效率，并提供消费者较为多样的选择机会。因此，竞争乃一发现过程，系透过市场参与者在市场上的领先与跟随活动所构筑而成，并非仅是静态概念。

从“结构—行为—绩效”的理论来看，市场结构的相关因素（如买方及卖方的数目及市场占有率、产品差异化程度、市场透明度、市场进入障碍程度、成本结构、整合或多元化程度等）会影响到市场行为（如定价、折扣、数量、交易条件、创新活动、服务、广告等），从而影响到市场绩效（如价格、品质、利润、技术进步、生产和销售效率等）；反之，市场绩效也会反馈到市场行为与市场结构上。[②] 因此，竞争市场结构的确保，将促使事业在价格、品质、服务、新产品研发等层面上进行竞争，从而导出良好的市场绩效，增加消费者的选择可能性，让消费者不仅在缔约与否上自由，同时也在缔约对象的选择与缔约内容的形式上，享有更多的自由决定，实现消费者主权，确保契约自由与私法自治的运

① 杨宏晖：《竞争法对于搭售行为之规范》，硕士学位论文，台湾政治大学法律研究所，2001 年。

② Ingo Schmidt, Wettbewerbspolitik und Kartellrecht, 5. *Aufl.*, 1996, S. 52ff.

转，而契约自由与私法自治的确保，亦将有助于自由竞争的维护。在功能上，竞争法可以对契约缔结提供辅助性的保护功能，从而可减少国家直接介入个别私法关系的必要性。

（二）参与者层面因素

1. 行为能力

私法自治的核心理念在于个人自主决定和自我负责地形成其法律关系，而法律行为则是实现其利益的重要工具，自主决定的存在为法律秩序承认契约拘束力的基础，一个人要能够自主地规范其法律关系，则他必须具备最起码之判断事理的基本能力，否则，实在很难要求他为自己的意思决定负责。因此，理性自主的意思形成能力为契约有效性的前提，若一个人缺乏事实上的自主行事与自我负责的能力，则法律秩序将不承认其意思表示的效力。然而，若要在个别法律交易过程中去具体地检视个人的理性意思形成能力，虽合乎逻辑，但却不切实际，无法顾及法律交易的简便性与安全性。因此，只有通过类型化的方式，依据一定的客观标准来显示意思决定能力的有无，此即为行为能力制度之设，故在形式上，行为能力便成为私法自治在法律上的前提条件，也是能否贯彻实质契约自由的法律上能力，若无法达成实质契约自由，则个人自主负责的规范其法律关系的权能，也将失去意义。①

行为能力系指法律行为能力，即可以独自的意思表示，使其行为发生法律上效果的资格。人类的思维智慧虽会因人而异，但都会随年龄而增长，年龄乃成为行为能力有无的基础，广为各国立法例采纳。另外，亦以监护宣告制度作为补充，一方面保护实际上心神丧失或精神耗弱之人，另一方面则兼顾交易安全。

2. 主体平等

对于法律主体，民法并未因地位的不同而作不同的规定，其设计是所有的法律主体都可平等适用，因此，消除罗马法权利义务主体上鲜明的地位差序便成为现代民法的最大特色。民法所预设的人的图像，是一个理性的、勤奋的、负责的、有判断力的、独立的人，基本上就是一个抽象化的平均理性人，人无分弱、智、愚，具有主体平等性。而唯有将

---

① Meller-Hannich，Verbraucherschutz im Schuldvertragsrecht，2005，S. 18.

个人聪明才智差异、经验差异、人格特质差异与经济实力差异予以抽象，民法才能达到普世的功能。民法假设所有的法律主体原则上都具备同等的意志，而且有能力、自由且自我负责地规范其法律关系和维护自己利益，因此，在法律面前，适用的是抽象平等原则，不管贫富、男女，在法律规定神圣平等之下，都应受同样的待遇。

在理性成年人的形象之下，具备行为能力而参与交易之人，被设定为具有一般知识经验与一般注意义务能力之市民，对于交易所需要之常识与信息，其具有获取能力，并可期待其自力取得，以便在讨价还价的交易过程中维护自身利益。若表意人自己懈怠于搜集分析信息致发生动机错误时，基于自我负责原则，不容任意主张契约无效。因此，在维护个人自主决定利益之下，民法赋予缔约当事人的意思对于契约效力及契约内容有极其重要的意义，在此背景下，社会规范与社会条件并不重要。民法对于契约内容和契约效力，除了考虑合意要素之外，在结构上并不考虑契约当事人彼此之间的关系，也不考虑当事人与第三人的关系。自主决定的欠缺，不是来自于地位的不对等，也不是来自于当事人间权力分配的不对等，而是来自于本身欠缺独立的意思形成能力。对于意思形成而言，动机、目的、愿望、臆测等内在基础因素，并不影响意思表示的效力，而因表意人的弱势地位或知识欠缺，或因表意人经济上或其他方面的影响所为之意思，仍不失为法律上有效的意思表示。

在意思概念的形式化理解下，民法系以当事人广泛未受限的判断能力与决定自由作为出发点，只检视形式标准的行为能力，至于契约及缔约当事人在经济上、信息上、社会上及个别上的特殊情况，基本上不予考虑。仅在少数例外情况下，才特别考虑经济弱势或智能弱势的保护，如暴力行为的保护，对于显失公平之财产给付（约定），在具备可责性时，才由法院介入调整。

## 二 信息提供义务与私法自治失灵之矫正

### （一）私法自治失灵之表现

#### 1. 竞争失灵

竞争的市场能够提供市场相对人最大的选择可能性，为经济活动的自主决定提供基础条件。然而，在垄断市场之下，生产者具有市场力量，能够单独决定价格及交易条件，个别的需求者只能被动地接受，没有什么协商的空间。又或市场并非独占，但竞争者之间彼此勾结，对于价格、交易条件、市场瓜分、顾客区隔等从事联合行动，导致相对人只能面临相同的交易价格、交易条件或特定交易对象，而无其他替代选项。因此，在竞争失灵的情况下，契约自由与私法自治亦无从运转。

首先，在完全竞争市场中，信息是完全透明的，需求者完全知道每一个生产者所销售每一件商品的价格、种类及特点，而生产者也完全知道每一个需求者的需求偏好，因此，市场的供需运作，可以没有障碍并能达到最适均衡。但若需求者对于市场价格或商品品质并没有准确的信息，则供给者有诱因去提供较次级的商品，或提供较少的信息，或为投机行为，或提高售价，而需求者在没有准确信息的情况下，亦难以做出最适决定，而让市场的均衡偏离竞争均衡。其次，当消费或生产之经济活动带有外部性效果时，如商品生产过程所造成的环境污染，若不将这些负外部成本内部化时，则这些负外部成本将不会反映在市场价格上，交易当事人并未承担交易的全部成本，形成市场价格的实质低估，造成无效率，无法达成契约自治形成社会福祉极大、成本极小的境界，因而产生管制的需求。[①] 而外部性问题，可以透过适当的产权分配予以处理。最后，信息具有公共财的性质，公共财具有共享性与非排他性的特性，可以同时供多人使用而不减损其效用，同时也不能禁止其使用或模仿。相对于可排他与独享的私有财，公共财会产生市场供给偏低的结果，而且因为担心他人"搭便车"的心理作用，降低了私人协商交易与自治形成的诱因，造成市场机能的障碍。例如，技术或创作的公开，若缺乏足够的专利权或著作权的保护，对于公开者而言，将会因他人的模仿而毫无利益，此时，便有待政府的介入或提供适当的诱因，以资解决。[②]

2. 契约自由失灵

契约双方当事人在订立契约时，只有在具备实现其理念和维护其利益的相同地位与可能性时，私法自治制度才能导致在契约当事人之间形成大体上符合双方利益的法律规则，达成契约即正确性担保的理想。对

---

① 谢哲胜:《契约自治与管制》,《河南省政法管理干部学院学报》2006 年第 4 期。

② 同上。

于契约自由功能原则的忧虑，主要反映在谈判地位的不对等上，自由磋商的契约能够达成当事人双方都能接受的公平内容，唯有当事人双方立于平等的基础上，才比较有可能。但在现实社会中，当事人对等的条件经常不存在，个体之间会因经济地位、个人能力而有事实上的力量差距，结构上的不对等会使得契约的订立倾向由一方片面决定，导致契约自由无法获得实质的实现。

（1）经济地位不对等。资本主义的发达促使财富大量地集中累积，资本成了支配事物的绝对力量，在经济活动关系上，形成了企业与个人的对立，日常生活不再只是跟居家附近市井小贩往来，很多时候都是跟企业从事经济交易活动，不管是中小企业、大型企业或垄断企业，相对于个人、劳工或消费者，在经济实力与社会资源上都比较强势，个人在此从属地位上，如果再缺乏竞争的有效运转，将很难对等地与企业进行面对面的磋商，也很难具备与企业相同的影响力来共同决定契约的内容，而是经常得接受企业单方面拟定的契约条款或是不利的交易条件。[①] 在此地位之下，实在很难期待契约自由会达成对当事人双方都有正当利益的契约，其结果通常是契约沦为当事人之强者运用其强大力量，使弱者一方屈服的支配工具，形成自由的滥用。因此，在此情况之下，法律制度必须适当地介入，一方面限制契约自由的滥用以维护契约自由，另一方面也应强化当事人的对抗力量，创造武器平等以保障当事人的地位对等，实现实质契约自由与契约正义之目的。

（2）智识地位不对等。现代的交易，商品及交易内容的复杂性与多样化程度远甚过往，个人及消费者对于商品的认识及信息，远不如出卖人熟悉；个人及消费者在知识、经验及搜集信息的能力上，也不如企业；这种信息落差在需要高度专业知识的金融商品上更为明显。而在企业与企业之间，也会存在信息不对称，例如，在加盟契约中，加盟主即比加盟者拥有更多的信息与更佳的交涉能力。信息地位的不对等，将有导致契约自由失灵的危险。而市场的不透明会被制式化的契约准备予以加剧，企业利用心理学和统计学的分析，推陈出新的广告策略与推销手法，可使潜在契约相对人在时间、空间、情感上，对于契约缔结的排斥达到最

---

① 陈聪富：《社会问题与契约管制的界限》，《月旦法学杂志》2006 年第 7 期。

小化。而且广告策略的运用，可使价格水平高于一般价格，或增加产品比较的困难，造成效能与价格比例关系的不实现象，影响潜在当事人的主观偏好和决定，并对新竞争者产生进入障碍及增加市场集中度。此外，个人及消费者有时也会因低估自己的经济能力而过度消费，致陷于沉重的经济负担或信用负担。而且对法律问题基本上也不太熟知，对复杂的法律关系与法律意义的理解也不如企业，故极易受企业的不当影响，又不知如何主张法律上权利；加上因为力量分散，缺乏有效的组织，对于微小损害也缺少诉讼的诱因，导致其在交易地位上更加从属。再者，个人也会因教育程度的差异或商业经验的多寡，而影响到智识上的武器平等。

（二）私法自治失灵之矫正

自由与竞争是互为条件的，其功能均在于提供经济主体的自主决定，契约自由使市场上的自由评价成为可能，而竞争则使市场上的选择可能性获得确保。因此，契约自由一方面为竞争的前提；另一方面，竞争则确保契约自由不会沦落为仅是在选择可能性受限下的形式契约自由。而当竞争失灵时，例如当事人无法在市场上找到替代可能性时，契约自由往往也会跟着失灵。是故，私法自治的维护，可先从确保竞争自由的环境因素着手，而当环境因素无法确保自主决定时，则须介入个别交易关系，采取补救性措施，以资因应。

环境层面的补救措施：首先应确保竞争的存在。竞争的存在可以确保市场相对人有最大的选择机会，为防止其因人为操纵而消失，竞争法对于勾结、独占及结合等市场集中情形加以关切。关于竞争存在的确保，其重要内容为联合行为、结合行为及独占的管制，功能在于保障自主决定的基础条件，避免其受到经济力量的限制。从此功能面而言，竞争法具有补充私法自治的作用。其次应确保竞争正当秩序，即限制个别市场参与者的经济行为和自由，来确保竞争秩序，而不考虑市场力量因素。其与保护竞争自由共同构成对竞争秩序有效运作的确保。

个别层面的补救措施，主要为信息提供义务。私法自治的有效运作，原则上要当事人具备自由决定的能力；最重要的是在契约缔结阶段，能够保障当事人在缔约时的最适决定基础，避免意思决定在受到干扰或不完整的状态下作成。事实上自由决定的强化，可从程序方面着手，借由信息的强化，来完整缔约基础的意思决定。因此，信息是促进私法自治有效运转的工具，关于重要事实的信息，一方面是利害关系人理性利益最大化决定的前提，另一方面也是自我调控市场机制运作的前提。个别法律主体间的信息落差，可能导致契约磋商机制的正确性担保遭受功能的减损，应设法加以补救。因此，法律规定信息提供义务，可以强化个人的自主决定，并将契约缔结及内容委由当事人自身决定；信息提供义务是最为温和的法律干预方式，并不会破坏“约定必须遵守”的原则，而是尽力保障双方当事人合同意愿有坚实的基础。[①] 在此意义之下，当信息不对称结构出现时，要求信息强势一方提供信息，便有其必要，例如格式条款的提示与说明（《保险法》第17条），让消费者有知悉内容的机会，便是符合信息模式。

## 第二节　信息提供义务之理论考察

### 一　诚实信用原则

#### （一）诚信原则与先契约行为义务

在法律没有明文规定的情况下，对于契约当事人双方的利益，有调和之必要时，往往借由概括条款的适用予以补充。而诚信原则被通常认为是契约准备阶段的指导原则。对于信息提供义务，法院亦表示，缔约过程中当事人就可能阻碍他方契约目的而对他方有重要性之事实，负有向他方告知之义务，其范围依诚信原则和商业习惯所能期待之告知为准。[②] 诚信原则在私法的解释适用上，被视为实现公平正义的最高指导原则，而被称为“帝王条款”，《民法通则》第4条亦规定诚实信用原则。透过诚信原则的规定，使法院于个案中所投注的价值判断，可以有实体法的基础与正当性，为法官造法提供适当的法律基础。[③]

诚信原则具有补充法律的作用，不只出现在契约或权利义务的如何

---

① ［德］莱因哈德·齐默曼：《德国新债法》，韩光明译，法律出版社2012年版，第211页。

② BGH NJW 1979，2243；1974，849.

③ 陈聪富：《诚信原则的理论与实践》，《政大法学评论》2008年第4期。

履行上，也出现在契约内容的解释上，也会出现在一系列附随义务或契约补充上，衍生出告知义务、说明义务、建议义务、协助义务、保护义务等，而且这些义务不仅延伸至契约履行后的后契约义务，也往往扩展至契约缔结前的先契约义务。缔结前的信息提供义务，系先契约义务的内容之一。对于契约缔结前的责任期间，经由学说与实务的解释，缔约上过失制度获得普遍的承认，认为当事人为缔结契约而接触磋商时，相互间即产生特殊信赖关系，基于诚信原则，应负有协力、通知、说明、照顾、保护等附随义务，使得契约上过失理论被认为是诚信原则的一个具体体现。[①] 而信息提供义务的建构，当然也和诚信原则死亡解释适用紧密相关。

（二）诚信原则在民法上之机能[②]

诚信原则被称为帝王条款，而关于诚信原则之机能与其类型化相关学说，学说上之论述可依诚信原则对于现行法影响之程度，依次分为法具体化机能、法补充机能、法修正机能以及法创造机能等四者。

1. 法具体化机能

诚信原则的具体化机能，在于对当事人依法律或契约所享有之权利与义务，在内容上予以具体化或加以补充，使法律的解释与适用更为完备。而关于具体化机能中，又可分为两项。如关于债务人给付方式及形态（时间、地点、方法等）[③] 者称为诚信原则具体化之标准机能；反之，如为债权人权利行使者称为诚信原则具体化之限制机能。以标准机能论，如债务人于履行之时间、场所、方法等；而所谓限制机能者，在于权利人行使权利时，必须受到拘束，不可有权利滥用之事情，如债权人对于债务履行所提供之协助或准备等协力义务。[④] 法律虽设有一般性规定，但仍具有高度的抽象性，而生活关系与利益状态的多样性，并非立法者或

---

① 陈聪富：《诚信原则的理论与实践》，《政大法学评论》2008 年第 4 期。

② 汪君信：《保险法告知义务之义务性质与不真正义务》，《台大法学论丛》2006 年第 1 期。

③ 林诚二：《再论诚实信用原则与权利滥用禁止之机能》，《台湾本土法学杂志》2001 年第 5 期。

④ ［日］好美清光：《信义则の机能にいて》，《一桥论丛》1962 年第 2 期。

契约当事人所可完全预料与计划的，还需要在个案中加以具体化与利益衡量。又权利长时间不行使时，依特别情势足使义务人正当信任权利人不会行使权利时，权利人依诚信原则不得再为主张之权利失效情形，亦属之。

2. 法补充机能

诚信原则的补充机能，在于超越契约解释的界限，在未明显变更本质的情况下，为确保契约目的之达成，于契约主给付之外，创立各种的附随义务，如忠实义务、协力义务、保护义务、说明义务、告知义务、建议义务等。乃于现行法未能适用之范围内，透过诚信原则实现实质之契约自由与正义平衡，以期更好地维护社会整体之和谐与发展。

3. 法修正机能

诚信原则的修正功能，在于对法律规定或契约约定之内容，加以修正或调整，特别是契约关系有了明显的改变，致难以期待一方当事人不变地继续维护原有契约关系时，即有待修正。现行法之制定多斟酌制定时之社会现状，唯随时间之推移与社会变革，现行法律规范常无法解决其后所衍生之问题。因此在适用现行法时，透过诚信原则之功能修正现行法之规范范围与法律效果。是故，本机能之适用常为债务人于其契约订立之后，产生依其契约或法律规定所应为之给付不可期待时，援引诚信原则而免除其给付义务或不得行使契约上之权利。[①] 此项机能之主要特征，即在其违反现行法律规定而限制或影响权利人行使之权利或义务人应履行之义务。其所伴随的对于法律安定性之负面影响，常为学者所批判。

4. 法创造机能

此所谓法创造机能乃于现行法所未规范者，透过诚信原则之解释与适用而加以解决。如在契约原约定请求权或其他解除权行使之要件并未考量订约后客观情势变更，但由于嗣后情势变更时，得援引诚信原则而使契约效力产生变动，或赋予契约一方当事人原契约所未约定之权利（例如行使解除权）。[②] 唯须注意者，此项机能在日本学说上最为常见之讨

---

① 姚志明：《诚信原则与附随义务之研究》，元照出版有限公司2003年版，第31页。

② ［日］菅原耕毅：《信义则および权利滥用の研究》，信山社1996年版，第321页。

论乃多以情势变更原则为例，但于我国《合同法解释（二）》第26条即已明文规定。

就上述四种机能而论，就具体化机能与补充机能而言，皆在于补足现行法所欲规范之法律关系，而透过诚信原则之解释与适用，使其得以确保契约当事人间之平衡。简言之，如就对于现行法适用上是否变动，此两项机能可称为诚信原则，但就法修正机能与法创造机能而论，诚信原则是否有此两项机能，因其极易与现行法适用结果产生冲突。是故，在论述诚信原则之机能时，尤其必须考量此两项机能适用上之界限。①

如论以诚信原则是否具有修正机能与创设机能，则因各国法制学说发展将诚信原则提升至何种层次而有所不同。以瑞士民法为例，自1912年1月1日实施始，即将诚信原则纳入民法并阐述履行义务与权利行使皆应依诚信原则。其民法之立法思想乃本于近代自由学派之思维，否认法律之无欠缺性，② 而为法官裁判时得以之作为既存法律解释方法未能解决漏洞之补充。在瑞士法学发展上，此民法源生之原则，因其广泛适用，实亦已成为公法上之重要原则。例如以信赖保护原则为例，往往与诚信原则合并使用，并以之为规范法溯及效果之指导原则。③

相对瑞士民法本于自由法学派思想所制定之诚信原则与学说发展上，德国民法学上发展则有所差异。德国民法学早年类同于瑞士民法学之发展，亦深受自由法学影响，过于强调诚信原则此一“帝王条款”之功能，而认可诚信原则得以补充现行法之不足。④ 第二次世界大战期间，则受特殊政治性影响而以民族协同体思想作为诚信原则之实际依据。⑤ 至第二次世界大战后，学说发展上开始逐渐产生分歧并倾向于借由诚信原则理论

---

① ［日］坂口光男：《保险契约法の基本问题》，文真堂1996年版，第6页。

② 自由法学派乃在于批判制定法至上主义过分偏重于形式理论之解释，而否定制定法本身之欠缺性。并基于法律本身既存之欠缺，重视法官于裁判时个案事件判决之具体妥当性，并以诚信原则为最高指导原则。参见渡边博之《信义诚实の构造论的考察（一）——信义则の行为规范的侧面の再评论》，《民商法杂志》1985年第4期。

③ 陈新民：《法治国家论》，新学林2001年版，第175—176页。

④ E. Steinbach, Treu und Glauben in Recht der Schuldverhaeltnisse, *Juristisches Lieraturblatt*, Bd. 15, 1903, S. 25f.

⑤ K. Larenz, Vertrag und Unrecht, 1. *Teil*, 1936, S. 109.

衍生其他各项义务群。最为显著者即为实现交易安全与保障契约当事人利益，除因债权关系而存立之主给付义务外，基于诚信原则而导出其他特殊义务——附随义务。

对于诚信原则之适用，以修正机能与创造机能而言，尤应注意其因违反制定法所产生对于法安定性之危险性。对于现行法之解释上，在裁判时产生对于一般条款之规避适用，导致现行法适用之柔弱化、裁判结果之不确定，以及法官在适用时恣意解释所生之危险，这些都将损及对于现行法规范之信赖。唯于现今法律关系愈加错综复杂，现有法律规定无法与社会现状同步调整时，实有赖于诚信原则此一概括性条文发挥其社会法之机能。因此，诚信原则之立法者机能虽应注意其可能伴随之危险，但如能针对个案特殊情形，并借由裁判适用之类型化以及将此一原则更具体化（如情势变更原则或权利失效理论）以降低其所生之上述危险，实不应因其在裁判规范上立法者机能（即上述修正机能与创造机能）所伴随之可能危险性而全部予以否定。

（三）具体化诚信原则与信息提供义务

1. 利益衡量

经由诚信原则所为之法律续造，系彰显在个别具体案件及个别具体利益之中，涉及利益衡量的问题，除了考量当事人利益对立上的对等利益问题外，也权衡个人利益与公共利益的冲突问题，使利益和不利益合理分配于当事人之间，此一利益衡量有助于诚信原则的具体化。而利益衡量的评价标准，可涵盖主观因素、公共利益与基本权价值。①

（1）主观因素。当事人主观的可归责因素，会影响到价值判断，特别是在恶意行使权利之权利滥用情况，而相对人因故意或过失而不知相关事实时，亦可能会产生信赖不值得保护的问题。（2）公共利益。诚信原则不仅考虑当事人私益的问题，也须兼顾第三人利益及公共利益，如币值强烈贬值时，所谓之情势变更调整，即是基于稳定票面价值之公共利益。依此，信息诱因与信息价值等因素，也可经由诚信原则的公益面向，纳入考虑。（3）基本权价值。法律秩序已经承认为价值判断，可以

① 姚志明：《诚信原则》，《月旦法学杂志》2001 年第 9 期。

提供较为稳固的理论基础，而宪法基本权的价值体系，也是一个应遵守的价值规范，可间接或直接地对私法秩序发生作用，诸如：人格发展自由、契约自由、信息自由权、平等原则等，亦可以经由诚信原则的解释，而对私法上交易发生作用及对契约自由形成限制，或作为私法义务的产生基础。①

2. 诚信原则于保险契约之适用

诚信原则在一般民事法律关系中，适用对象并不限于当事人一方，而是双方均须遵守之基本原则。至于保险法中，时至今日，因现代科技、医疗等技术之发展，保险人已非信息之弱势方，有时在保险契约关系复杂的情况之下，保险人反而成为信息优势方。例如，保险依据大数法则，可以比较准确地预测危险、厘定费率，亦可通过基因技术，测量人之身体状况；在我国，保险人还可通过保险监督管理机构共享保险信息与数据。关于缔约重要条件的信息，有时为保险人所掌握，特别是现代保险商品种类繁多，以投资型保险为例，投保人对于契约内容大多甚为陌生，保险商品内容为保险人经过精算而设计，因此有必要课予保险人之信息提供义务；此外关于保险契约之条款，由于保险契约具有附合性之性质，因此保险人对于契约条款之控制力较强，动辄有免责条款，甚至将本应为告知义务之条款转化为特约条款，将信息取得成本转嫁至投保人，为维持契约之公平，课予保险人对条款效力之信息提供义务有其必要性。

美国法院对于所有契约，包含保险契约，要求契约当事人应依据诚信原则及公平交易。新泽西州最高法院于 Bowler v. Fidelity & Casualty Co. of New York 案，论及保险契约为基于诚信原则之契约，保险人须以此加以管理与履行。诚信原则要求保险人应以一般人之角度就法律与核保之规范，处理被保险人之案件，而非以专家角度为之。② 特别是，所有保险契约对于承保范围之文字表达，对于一般人而言难以了解，因此保险人应以诚信原则与公平交易，不得损害被保险人或受益人依据保险契约

① 杨宏晖：《缔约前信息义务之研究》，博士学位论文，台湾政治大学法律学研究所，2009年。

② 罗俊玮：《论保险人资讯提供之义务》，《财产法及经济法》2010 年第 24 期。

所可取得之利益。[①] 美国其他州之法院，大致亦与新泽西州最高法院采取相同见解。田纳西州最高法院于 1978 年曾谓保险人应以诚信原则与公平交易理论理赔案件协商时，告知被保险人保险契约所承保之范围。在 MFA Mutual Insurance Co. v. Flint 案[②]，法院认为保险人利用被保险人之无知与未尽充分考虑而未理赔，为违反诚信原则与公平交易之义务。田纳西州最高法院在该案认为诚信原则与公平交易之义务，包含保险人告知承保范围之义务。尤其在被保险人未了解其得以向保险人求偿时，保险人应为告知。加州最高法院进而宣布更严格之责任，其谓诚信原则并非仅要求保险人消极承担被保险人于保险契约之义务，更进一步，保险人应以积极态度告知被保险人其于保险契约下之权利。[③] 现今美国法院大致认为，保险人有告知被保险人保险单条款之义务。许多州之司法判决，亦确认保险人有依诚信原则与公平交易原则，告知被保险人其于保险契约之权利与义务。[④]

3. 小结

保险契约应是当事人双方共同协商妥协及同意的结果，经由诚信原则，当事人双方透过磋商过程中的施与舍，来达到利益平衡。因此在契约磋商过程中，当事人一方虽然要维护及扩大自身利益，但也必须考虑他方当事人的利益，以及社会公共利益。因为法律绝不允许靠损害他人利益和社会公益获得利益。[⑤] 由此，在保险人与投保人的利益关系中，诚信原则要求保险人必须尊重投保人利益，在追求自身利益最大化时，不得损人利己，保证法律关系中的投保人也能获得自己应得之利益。当由

---

① 在 Bowler 案，法院认为：就一般外行人而言，其对于保险契约条款之认知较为不足，无法如同保险人以专业之角度就保险契约之规定加以观察。且保险人对于法院就保险契约将如何决定有更深入之认知，因此可能对于被保险人之理赔请求加以忽视而不为行为。然而，保险人不能忽视其于法律上之此项义务，不得因被保险人对于法律之无知而隐匿其责任。因此，保险人有此种法律上之义务，就契约之内容对于被保险人作告知或说明。如其未尽前揭之义务，而有欺瞒或因此而获得利益者，将导致其不能主张时效之利益。

② MFA Mut. Ins. Co. v. Flint, 574 S. W. 2d 718, 722 (Tenn. 1980).

③ Sarchett v. Blue Shield, 729 P. 2d 267, 276 – 277 (Cal. 1987).

④ Darlow v. Farmers Ins. Exch., 822 P. 2d 820, 827 (Wyo. 1991); Miller v. Keystone Ins. Co., 586 A. 2d 936, 941 (Pa. Super. 1991); Wedzeb Enters. v. Aetna Life & Casualty Co., 570 N. E. 2d 60, 64 (Ind. Ct. App. 1991).

⑤ 梁慧星：《民法总论》，法律出版社 2012 年版，第 50 页。

于特殊情况，保险人与投保人的利益关系失去平衡时，应进行规范和调整，促使双方利益平衡得以恢复，最终维持社会经济秩序的安定性与稳定性。

在契约缔结的自利理解之下，保险人维护他方利益的信息提供义务，不应从单纯的契约自由中考虑，在诚信原则理论下，保险人信息提供义务的赋加，实具有社会化的思想，展现出了透过社会责任限制自利契约自由的倾向，意味着双方当事人应互负一定的合作义务，满足社会公共利益之需求。在保险契约中，诚信、自由的思想，并不是当事人的竞争，而是当事人的合作，此一合作理念亦可透过一方的信息提供义务来实现。保险人信息提供义务的建立，其目的在使资讯需求一方处于能够适当运用其契约自由的地位，确保其自主决定权利及自我负责义务，实现私法自治，维护三方利益。

## 二　对价平衡原则

对价思想对于信息提供义务的理论说明，是建立在信息经济财、调整信息风险分配、契约磋商的竞争性及契约性质的基础上，考虑信息提供义务对于信息产权化与信息诱因之经济问题，以及契约对于当事人追逐利益以满足需求的法律功能。信息提供义务性质上是改变契约原本的信息风险分配，对于契约风险的分配，除可透过法律调整外，亦可经由当事人明示或默示之约定予以改变。在对价思想下，信息提供义务人的信息提供，若能获得某种形式的报偿，以补偿其代替他方当事人承担信息风险者，即隐含某种默示约定或行为期待的安排，则信息提供义务的建构较能取得正当性。

### （一）对价思想与信息风险分配

对于信息风险的分配，从契约自由的自利理解和缔约磋商的竞争性来看，原则上是由各当事人承担与契约缔结相关及目标实现相关的风险。但是，亦得经由法律的明文规定或当事人的明示或默示约定，予以分配。

契约性质和目的，也可以为信息风险在当事人间如何分配提供指引。在一般利益对立的交换契约中，如买卖和租赁，自利行为一般被认为是容许的，但仍须就故意欺诈或给付瑕疵事情负责；而在一些具特别忠实义务或紧密信赖关系的契约中，如委任和合伙，负忠实义务的一方的自利行为空间就比较小。因此，依契约性质、目的或类型，当事人到底是处于自利或维护他方权益之利益地位，可以影响信息风险的分配与提供义务。在利益对立契约中，当事人就相对应之对价给付，提出自己的给付，通常并未额外获得对价以偿付信息给付的提供；而在利益维护契约中，如法律顾问或医疗契约，当事人所受领的对价，通常亦包含对他方当事人之利益和目标的促进，通常可认定信息提供义务的成立。因此，在一般的利益对立契约中，各当事人应承担自己领域范围内的信息风险，除非该信息亦成为交易客体的一部分，例如：为保护给付利益之特定物之瑕疵的告知。

在一般的利益对立契约中，通常并无信息提供义务的存在，但在对价观点的适用下，也不能排除其存在的可能，亦若缔约一方经由报偿而承担对方的信息风险时，即可能形成信息提供义务。不过，信息提供义务并不是一个可以独立以诉请求的信息请求权，而是伴随某一契约给付而生的，是主给付义务以外额外的附随义务，而该契约主给付通常都有相对应的对待给付作为对价，若以这样的一个总对价作为涵盖主给付义务跟附随义务的对价，恐不足以作为信息产生诱因的手段。因这样的总价约定，通常是针对主给付而为，很少特别将信息的附随给付予以考虑，而在对价思想下，唯有信息的附随给付，额外有相对应之某种形式的对价取得，才能有合理化信息提供义务的形成。虽然对价思想并不要求一定要将信息附随给付的代价明确地区隔开来，因此，若缔约双方约定的总价隐含主给付和附随给付在内时，亦符合对价思想。不过，这样的区隔无法单凭依据当事人的主观行为期待来达成，因这样的期待并不够明确，也无具体的操作标准，仍需借助客观标准来认定契约的总价中，是否已包含信息附随给付的某种对价。

### （二）对价原则于保险法之运用——职业行为与角色期待

在许多专业领域中，如医生、律师、税务顾问等，通常都认为专业一方应负较高和较广的注意义务及信息提供义务，此一专业责任的基础，亦可从对价思想中获得指引。专业人士从事职业活动时，通常可推定其索取的对价较一般私人为高，此一高报酬系反映其高品质的服务及信息提供义务，对价可看作是信息正确、充分的保费。专业商人就其物之给付通常亦较一般私人获取较多报酬，此一高报酬即为高专业的对价，从而他方亦得期待从专业商人处获得较多的信息，故营业车商比一般私人售车者，负有较高的告知、说明义务。因此，并非专业身份，而是基于专业身份所获得的对价，才是变更信息风险分配的影响因素。所谓的对价，并不是说专业者就其给付，一定要在个案中获得报偿，而是只要其整体上怀有期待，觉得其信息优势或信息给付将会获得报偿，即足以构成；而无须总是在个案中将对价区别出来，专业者若觉得能够从其所从事的商业活动总体中获得适当的报偿时（如商誉或将来商业往来的期待），纵使在个别案件中，其知识未确实获得报偿时，亦为对价。此外，当事人亦得藉由其明示或默示的行为，为承担较高义务之表示，具有特别知识而参与市场时，通常可以构成默示，而市场参与者对其也会有特别的信赖。依对价思想的观点，经由专业角色获得高报偿时，相对地，也应有高价值的整体给付，以符合他方的合理角色期待。

在保险领域，一般而言，保险机构相当强调其在金融领域之专业知识与经验，当保险人提供客户购买建议时，亦通常表示该建议系依其金融知识与经验所给予之专业意见；且随着近年来现代化金融服务之热潮，保险人提供建议时亦多强调该建议乃依客户状况与需求而规划。一般保险消费者并不具有保险专业知识与训练，除仰赖保险专业人员外，通常亦无管道或资源寻求相关信息；是以基于保险人对客户所展示之专业形象，使客户因相信其专业性而信赖其提供建议，进而购买保险产品。同时，保险人也通常向客户传递相关信息，显示其将持续为客户利益最大化之努力。[①] 是故，基于保险人之专业行为及专业形象，课予其相对应之信赖义务，乃系符合保险消费者之信赖利益，且对保险人而言并未显过当。

## 第三节 信息提供义务之经济考量

法律的经济分析通过对法律规则进行成本和收益分析及经济效率的分析，使我们可以就法律实施的效果得出结论，并对特定的法律安排的

① 林育廷：《论金融专业人员之信赖义务》，《东吴法律学报》2009 年第 4 期。

社会价值作出评价。① 就契约法领域而言，合同经济理论根据合同法学说如何完好地填补了由个人理性和市场环境的缺陷所造成的合同遗漏来评价合同法的多种学说，② 尤其对契约成立、契约的履行及违约与补救等制度，通过经济学分析已作了深入的经济学解释与效果评价；但对合同成立前的先契约义务较少涉及。而对保险合同法的经济分析即使是国外相关经典著作，对此问题亦是着墨不多，更未深入到保险人缔约信息提供义务问题。为此，本书拟做些粗浅的尝试。

## 一 市场失灵与信息提供义务

### （一）保险市场运作之理想条件

#### 1. 信息透明与交换效率

在完全竞争市场里，市场结果会达到最适均衡，而市场信息的完全透明，是完全竞争市场不可或缺的条件之一，市场参与者可以迅速无成本地取得及处理信息，买方完全知道各个产品或劳务的价格与品质，卖方也可以完全知道买方的需求与愿付价格，双方均为价格接受者，价格机制可以引导资源落入最需要它的人手中，实现交换效率。而当买方对于产品信息不够清楚时，其可能做出错误决定，例如，倘若其知道的话，买方将在相同价格下购买较少的数量或在相同数量下要求较低的价格。因此，买方真正的需求曲线位于市场需求曲线的下方，但因买方的无知，却以较高价格购买了较少数量的产品，其结果造成社会福利的损失。③

不过，假设市场的供需双方拥有完全的信息，也可能会抹杀竞争市场的动态性，因谁的价格最低或谁的生产成本最低等事实，其发现只有经过竞争过程才有可能，而不能透过假设条件加以拟制。现实生活里，市场参与者对于市场的商品或劳务，具有的仅是不完全的信息，唯有透过竞争，才能发现哪一个卖方提供最佳品质的商品或劳务、哪一个卖方

---

① 樊启荣：《保险契约告知义务制度论》，中国政法大学出版社 2004 年版，第 128 页。

② ［美］罗伯特·考特、托马斯·尤伦：《法和经济学》，张军等译，上海三联书店 1991 年版，第 330 页。

③ 庄春发：《经济与法律》，苏永钦主编：《部门宪法》，元照出版有限公司 2006 年版，第 189 页。

提供的商品或劳务为最便宜。[1] 因此，市场竞争过程事实上是一个信息发现与信息散布的过程，价格机制是一个信息传递工具，它使各个生产者必须调整他们的行为以适应价格的变动。个人所拥有的知识，基本上不可能是完全的，因而需要有一个使知识及信息得以不断交流的过程。

2. 投保人行为能力

对于企业而言，很难期待其能对消费者指示关于契约缔结的所有不利事项，或提醒消费者注意其他竞争者的有利要约。若要求企业充分告知其所拥有的信息，则企业从磋商中所获得的利益将被剥夺，进而消减商业活动的诱因。在现代高度分工的经济环境中，不仅导致产品多样化，同时也促使市场参与者的知识专业化。在现代生活中，有些科技产品、金融商品或保险商品，内容极为复杂，其阅读和理解均须具备专业知识，故一般消费者很容易因无知而受引诱交易。在这类情况中，消费者的意思表示可能没有发生错误，但若其拥有更多信息，将会发现契约并不符合其利益，从而将不会缔约，其性质常为不可撤销的动机错误。

在产品和服务分工生产的社会里，个人往往透过市场交易来换取其所需的东西，个人行为能力便成为重要的因素，因其必须了解所交易的内容，具备自主决定的能力，才会实现自我利益的最大化。在保险市场领域，保险契约是包含复杂条款和规定技术性很强的法律文件，是一种读不懂的畅销品。[2] 为此，投保人要想真正读懂保单，除非具备良好的法律素养、专业的保险知识以及金融投资经验等才能，否则保单这个大杂烩对他来说无异于一条难以解开的谜语、一个黑暗的洪流，[3] 难以理解保单的真正含义。再者，当信息具有商业价值时，则拥有信息的保险人将会倾向于保有信息不公开或进行欺骗，以获取谈判利益。信息的存量也是有限的，保险消费者只能记住有限数量的信息及进行有限的利用，若信息的呈现并不是依照标准变化或不够分明的话，则信息在利用上，其

---

① ［英］哈耶克：《个人主义与经济秩序》，邓正来译，生活·读书·新知三联书店 2003 年版，第 122—130 页。

② ［美］乔治·E. 瑞达：《风险管理与保险原理》，申曙光译，中国人民大学出版社 2006 年版，第 724 页。

③ ［美］所罗门·许布纳：《财产和责任保险》，陈欣等译，中国人民大学出版社 2002 年版，第 22—23 页。

困难性又会增加。另外，目前网络销售及远距交易保险商品发展较快，也会使保险消费者在缔约时不具有检视机会，只能仰赖保险人所提供的说明、图片或目录而为判断，而这样的信息常常是不足够的，从而也要求保险消费者具有足够的教育或智识去正确地理解及处理可得的信息，增加选择的难度。

（二）信息不对称与市场失灵

1. 柠檬市场

市场信息的不完全是市场的常态，那么信息不完全对于市场的影响也就无法加以忽略。这方面的研究，以 Akerlof 教授对于二手车市场柠檬问题的研究最为典型。①

在二手车市场中，卖方显然拥有优于买方的信息，卖方对于自己车子的性能最为了解，买方通常得等到买下车并使用一段时间后，方能知道该车的车况，因此，买卖双方存在信息不对称。对于买方而言，其在无充分信息可分辨车子优劣的情况下，买方将会以车子的平均品质来决定出价，对于高品质的卖方而言，平均无法反映其车子的价值，为避免亏损，高品质车车主将不愿以平均价出售，故其会将车子退出交易市场。而当买方了解到高品质的二手车越来越少见于市场时，其出价便会逐渐向低品质二手车的价格水准靠近，其结果又促使品质相对较好的车退出市场，最后，只剩下低品质的二手车会在市场上交易，形成劣币驱逐良币的结果。甚至将此一循环结果推至极致，买方一方面逐步降低其出价水准，卖方一方面逐步退出市场，到最后，可能没有任何的二手车会出现在市场，整个市场形同瓦解，形成市场失灵。因此，信息不对称的结果，将使市场交易商品品质降低，而使资源以较无效率方式被使用。

同理，在保险市场中，由于保险人与投保人严重的信息不对称，投保人面对难以理解的保险产品，无法分辨其中的优劣及适合性，为此，投保人可能以价格来判断产品之性能。投保人为了安全起见或损失最小化考虑，更愿意购买价格低廉的产品，面对高品质而价格高的产品而止

---

① George Akerlof, The Market for Lemon: Quality Uncertainty and the Market Mechanism, 84 *Q. J. Econ.* 488 (1970).

步，最终也促使高品质的保险产品逐步退出保险交易市场。最后，整个保险市场产生连锁反应，只剩下低品质的保险产品，其一方面不能有效地保障投保的需求，另一方面也不能实现保险人利润最大化，损害整个保险市场利益，形成保险市场之失灵。

2. 市场力量

市场力量是指厂商提高价格和排除竞争的能力，厂商能否将价格提高至竞争水准之上而不会使需求减少，乃取决于价格与成本和需求弹性间的关系。① 在完全市场中，由于市场信息透明，厂商提高价格无可避免地会减少需求，因此，厂商很难拥有市场力量去实施购买人在竞争市场下所不会接受的条件。然而，在经济现实中，信息并非完全透明，而信息的搜集是需要花费成本的，一般消费者对于市场上哪一个产品较为便宜，必须花费成本去得到相关信息，如打电话询问或是逐店拜访，信息成本的存在使供给者不必依竞争价格提供，产品的异质使供给者在特定层面具有某种程度的市场力量。因此，单一厂商所面对的需求曲线是向下倾斜的，而非像完全竞争市场下的水平需求曲线，因此，厂商提高价格时，有些顾客可能不知道其他厂商的价格较低廉，而使厂商得以提高价格但又不会减少销售额，或者形成同一产品的价格差异。因而衍生出市场力量。②

同理，在保险市场中，由于保险产品的复杂性及行业的特殊性，保险消费者对于产品价格、性能、结构等信息的欠缺，可能导致保险人具备某种程度的市场力量，从而操纵市场交易价格，将定价水准高出竞争价格，损害保险消费者的利益。例如，据悉，人保、平安、太平洋三家保险公司占据武汉车险市场超过80%的市场份额，在此背景下，这三家保险公司对于保费价格折扣和车损定价，均有较强的议价能力；武汉市“新车共保”现象的存在，保护并强化了部分优势保险公司的市场地位，是限制自由竞争，人为垄断武汉车险市场格局，从而对投保人和相关的

① Herbert Hovenkamp, Market Power in Aftermarkets: Antitrust Policy and the Kodak Case, 40 *UCLA Law Review*, 1447, 1458 – 1459 (1993).

② Robert H. Lande, Chicago Takes It on the Chin: Imperfection Information Could Play a Crucial Role in the Post-Kodak World, 62 *Antitrust Law Journal* 193, 197 – 198 (1993).

汽车经销商行业构成了利益侵害。①

3. 信息困境

信息不对称会产生如囚徒困境般的交易失灵。假设 A 拥有某一产品信息，其可以决定自己享有或传递给 B 知道，而 B 则可以自由决定事后是否要对该信息支付报酬。信息具有经济价值，故若 A 将信息公开，其效用变化为 ΔX，而 B 获得信息后的效用变化为 ΔY。依此，A 与 B 的策略结合可能出现如表 3—1 所示的几种情形。

表 3—1　**因徒困境下的策略选择**

| | | B | |
|---|---|---|---|
| | | 支付报酬 | 不支付报酬 |
| A | 隐藏 | 0，0 | 0，0 |
| | 公开 | ΔX + r，ΔY − r | ΔX，ΔY |

①如果效用变化 ΔX 与 ΔY 均为正时，则不管 B 是否支付报酬，A 都会采取信息公开的策略。例如：保险人知悉某类保险产品具有较大盈利性，此时保险人会主动公开信息。

②如果效用变化 ΔX 与 ΔY 均为负时，则 A 会隐藏该信息，同时，B 也不会因信息隐藏而遭受不利益。例如，保险人知道产品有瑕疵，但投保人本无购买之意向。

③如果 ΔX 为正，而 ΔY 为负时，亦即信息公开会增加 A 的效用，但会减损 B 的效用。如果 ΔX + ΔY >0 时，则 A 会试图在交易中补偿 B 的损失，以促成交易的完成；如果 ΔX + ΔY <0 时，因 A 的效用增加不足以补偿 B 的效用损失，因此，交易的完成将会造成其中一方的不利益。

④如果 ΔX 为负，而 ΔY 为正时，亦即信息公开会减损 A 的效用，但会增加 B 的效用。例如，保险人知道产品有瑕疵，公开信息会减少价值，但投保人会因价格之减少而获有利益。倘若法律未预先规定揭露信息义务，在此情形下就会有利益冲突的问题：（a）如果 ΔX + ΔY <0 时，则 B

① 《武汉反垄断“案中案”　新车保险涉嫌垄断》，《经济观察报》2014 年 9 月 15 日，第 10 版。

的效用增加并不足以弥补 A 的效用减损，此时，隐藏信息会产生最有效结果。(b) 如果 $\Delta X+\Delta Y>0$ 时，此时总效用会因交易而增加，但实际上会发生困境问题，若 A 公开信息，而 B 支付报酬 r，且 $r>|\Delta X|$ 时，总体效用会增加，且二人的效用均会增加（$\Delta X+r$，$\Delta Y-r$）。但若 B 不支付报酬时，则 B 的效用增加会更大（$\Delta Y>\Delta Y-r$）。因此，在这种情况下，理性决策者基于个人最佳利益所采行的策略，将如囚徒困境般得出非理性结果的均衡，而形成所谓的信息困境。

在法律未规定信息提供义务的情形下，对于 B 而言，当信息公开时，不支付报酬时最佳策略。对 A 而言，当 B 不支付报酬时，隐藏信息是其最佳策略。因此，此一赛局的均衡结果，为 A 隐藏信息、B 不支付报酬，对于二人而言，效用均无增加。但是，此一结果与 A 公开信息、B 支付报酬的最佳结果，有所偏离。是故，对于保险法而言，应该是要确立规则以解决信息困境之问题，而非制造信息困境的难题。只要信息具有价值且收集成本不是太高，要求保险人搜集并揭露信息所造成的损失，可能会比不揭露来得小。

（三）信息提供义务与市场失灵之调节

契约当事人间的信息不对称在特定条件下，会对市场分配造成负面影响，甚至导致市场失灵，因此，信息提供义务也可借由发展适当的制度，确保市场信息之透明化，来避免和克服市场失灵的问题。保险市场是一个典型的垄断、非线性定价与不完美信息市场，竞争性保险市场均衡是不存在的。[①] 在保险市场中，交易的提供方，至少是那些竞争性市场的幸存者，并不会明确地规定一个价格，使得在这个价格水平下消费者可以购买所有种类的保险契约，而是不但明确规定一个价格而且规定一个数量——在该价格水平下消费者能够购买的保险的特定数量。更进一步地，如果个人愿意或者能够披露他们自己的信息，那么所有人的境况都会得到改善。通过他们的存在，高风险投保人可以导致外部性；低风险投保人的境况比高风险投保人不存在时的境况要差。但是高风险投保人本身的境况并不比低风险投保人不存在时要好。高风险消费者的存在

① ［美］约瑟夫·斯蒂格利茨：《信息经济学：基本原理》，纪沫等译，中国金融出版社 2007 年版，第 167—187 页。

给低风险的消费者带来了负的外部性。这种外部性具有绝对的副作用，给低风险的消费者造成了损失，与此同时，高风险的消费者也并没有因此得到好处。仅当高风险的消费者承认他们的高事故概率的事实，所有的个人境况都会得到改进而没有人会受损。

在信息不对称的境况下，高风险者都将处于完全保险之状态，而低风险者却处于部分保险或者不购买保险之状态，从而使部分低风险者退出保险市场，无法实现自身之保障。而通过信息提供义务机制的调节，从而改变契约双方当事人信息拥有量，使市场处于一个相对透明化或完美信息境况，低风险能够依据其出事故概率完全保险或对购买保险和不购买保险无差异的保险条款下完全保险，从而最大限度地吸收所有消费者，使不同消费群体拥有不同的选择，实现市场利益最大化。所以，信息提供义务具有宏观上的经济秩序功能，强调总体社会利益的考量，增进社会福祉。

## 二 信息交易成本与分配效率

### （一）信息与交易成本

对于市场交易而言，契约由开始到终结，有不少成本因素需要考量，对于契约的准备，涉及搜寻与信息成本。有意进行市场交易之人，必须寻找适当的交易相对人，在此过程中，不管是拜访商家或顾客，或者刊登广告传单或收集广告传单，或者参见市集及展售会，都必须支出成本。而与潜在交易相对人的沟通也要计入成本，如咨询、电话费等。而对于不同供给者所提供相同商品之价格及品质等信息的收集，也是要花费成本。因为这类信息的取得有助于避免错误决策的发生。再者，并非所有的信息都是精确的，信息可信度会产生变化，理性消费者不应该对所有来源的信息均投注完全的信赖，信息过去是正确的，也可能会因为过时而变得不正确，因此，消费者对于信息的加工与甄别亦需要花费时间精力与成本。

在保险市场领域，完美交易的塑造，唯有在交易成本为零的情况下，才有可能。当交易成本为零时，保险人与投保人可以协商增加契约条款而不必支出任何成本，因此，保险商品可以分派给最需要的投保人，而事故风险则可以分派给最能承担之保险人，形成保险契约之效率与保险市场之竞争。而国家对于理性保险当事人所磋商的完美交易，在交易成本为零的条件下，其干预将会造成无效率。然而，在现实世界里，交易成本不可能为零。保险契约过程涉及交易相对人的寻找、条件的磋商谈判、契约的草拟以及契约的履行。投保人寻找保险人需要花费力气，沟通谈判需要时间，契约草拟及阅读需要专家的协助，契约的履行需要努力，这些信息的搜集需要耗费极大的成本。因此，在许多时候，保险契约的交易成本会超过其所取得的利益，而排除了当事人签约的可能性。对于短期及小额保险，投保人实在不可能耗费力气去沟通谈判及聘请专业人员协助签订契约，亦难以期待保险人会自愿将交易相关事项巨细无遗地详加列出，只能接受既有条件来代替重新磋商。

如前述搜集信息需要花费成本，对于偶尔做交易的投保人而言，其信息取得成本相当高，因为他必须为极少数的交易支付信息成本，所以，若投保人从信息中所获取的预期利益小于成本时，会倾向于将该信息忽视。再者，信息也会为保险人创造价值，基于私利，保险人之一方会倾向于独享以获取利益。甚至于保险产品信息过于专业，投保人可能并未具备理解能力。因此，若保险交易是在投保人一方信息欠缺的情况之下所成立，则可能会产生交易欺诈或隐匿事实的结果，交易成为只对保险人一方有利的零和赛局（zero-sum game），而无法创造双赢的市场效率。甚至于若交易是建立在投保人信息欠缺或信息不正确的条件上，而造成投保人错误或交易目的不达的情况，其结果为保险产品并不符合投保人的期待，其履行对于投保人而言，无利益与意义。是故，现实生活中信息成本的存在，会阻碍保险人与投保人完美交易的达成。

（二）信息与分配效率

信息风险的分配，在于决定哪一方当事人在欠缺信息时，应承担不利益的风险；换言之，即看哪一方当事人应就信息的取得负起信息责任。由于信息的取得无处不需成本，因此，基于减少交易成本和经济效率的观点，给付交易要能发挥效率，应将信息成本尽可能地维持在最低，是故，信息提供义务应分配给能以最小成本方式取得或提供信息之当事人。换言之，看哪一方当事人能以最小成本方式将信息风险予以降低、排除或分散者，其即为最小成本避险者，应由其承担该风险。[①]

在保险领域，因其行业之特殊性，促使保险公司拥有大量的信息并且共享信息。保险公司发行保单时无法准确计算成本，只能根据历史成本数据进行预测和估算。根据大数法则，数据越多，估计值精度越高。因此，如果要由单个保险公司来运用是非常低效的，因为每家公司的客户数据库都非常有限，统计出来的偏差会很大。如果能把统计扩大到整个行业，则结果会准确得多。数据收集的基数越大、范围越广，则测算出来的结果越准确，根据保险公司的数据汇总测算出的数据肯定要比单个公司自行测算的数据准确。因此，保险人一直坚持认为，必须允许他们共享数据，以使他们能够开发完美的精算承保标准。这种共享最初是由少数保险公司自发联合起来进行的，以后则演变成由相关机构出面统筹，而且还从简单的共享数据扩展到共享其他信息。[②] 例如，在美国，保险服务机构 ISO（Insurance Services Office）收集成员公司的历史赔付数据，并由成员公司共享。在我国，保险人通过保险监督管理机构共享损失数据。

允许保险人保留、利用以政府特许的信息补贴基础收集的信息，其结果乃保险人以其他行业前所未闻的程度占有大量的信息，会导致保险人提供的承保范围少于每个保险人不得不分别为信息竞争时提供的承保范围。信息匮乏的投保人可以对他的保险需求、保险产品的质量和价格等进行深入的调查，但是，获取信息是需要付出成本的。单个投保人取得信息渠道的成本远高于单一购买保险的利益。投保人信息不足，使他无法充分估计自己的保险需求。尽管标准保单随处可得，但投保人往往不能评估保单以确定哪种承保范围是最适合自己的。相对地，市场的保险人，如前述其占有独特的信息，且信息成本是较低的，其也可以经由大量保险交易，将信息成本予以分摊。从信息分配效率角度而言，保险

① 陈彦希：《契约法之经济分析》，博士学位论文，台湾大学法律研究所，1994 年。

② 如理赔经验、定价的信息等，特别指出的是还涉及仲裁信息。因为不像通常公开的法院判决的案件，仲裁是封闭的法律程序，保险公司可以互相交换有关仲裁程序的信息，而投保人是没有能力这样做。Eugene R. Anderson, James J. Fournier, Why Courts Enforce Insurance Policyholders' Objectively Reasonable Expectations of Insurance Coverage, 5 *CONN. INS. L. J.* 335 (1998), at 416.

人乃最适于承担信息风险之一方。[①]

（三）信息提供义务与成本效益之考察

缔约信息提供义务之目的，不只在保护个人，也在维护整体利益，亦即在于确保商业交易的无摩擦。每个缔约当事人对于契约标的物及其适用性，彼此间应提供准确和全面的信息，这样才能降低契约准备的成本、增加交易活动的数量与规模，提高经济效益，以提升社会效用。如果他方当事人可以直接提供标的物性质的必要信息，则当事人即无须再为标的物之检验，从而可避免交易成本的浪费，而且在高度专业分工的经济生活里，可以期待专业人士提供较多的信息。再者，标的物的新颖性和复杂性程度愈高者，愈能期待被说明、告知等。私法秩序对于经济关系的演变与专业分工的增加，也应予以适当的回应。因此，缔约信息提供义务有助于减缓分工经济下信息不对称、确保专业化经济的整体社会福祉。此外，在无摩擦保险交易的要求下，对于明显的交易障碍（诸如契约有效性），其干扰因子尽可能地及早排除，对于契约双方当事人均有益处，可使契约有效性障碍的信息提供义务合理化。

一般而言，现代社会中保险人相对于投保人，其对于产品的性能与缺陷更为了解，掌握着更多的相关信息，通常是能以最小成本方式提供信息的人。例如，保险人熟悉重要的承保因素，包含或排除某些条款所产生的保费差异，包含或忽略某些条款时索赔过程中出现的问题等。而投保人常常受到专业知识的局限，对保险业务和保险条款都不甚熟悉，对保险契约条款内容的理解也可能存在偏差、误解，这种信息缺乏导致投保人错误地期待保障。信息不对称导致损失发生后，投保人理所当然地希望有保障时，实际上却没有保障。因此，保险人应事先向投保人提供有关保险产品的相关信息，尤其是对保险保障至关重要的承保范围，即保险人承保哪些风险。若投保人从一开始就真正了解他们的保险保障程度，那么当索赔被拒绝时，他们不太可能觉得被保险公司虐待、遗弃。提供保险保障的潜在风险应发生在销售之时，而非索赔后。

另外，保险人对于交易决定的诱发与交易过程的进行，具有高度影响力，若所提供的信息愈广泛及正确，则可期待较少状况的发生，以及

---

① 杨茂：《完善我国保险人明确说明义务的法律思考》，《现代法学》2012 年第 2 期。

交换过程能够以较低成本的方式进行。保险人对于产品之效用和品质做不实误导者，会提高当事人的交易成本，因为当事双方必须承担额外的成本，如更正说明、及时通知、契约撤销或解除等，这些成本无助于经济效益，应加以避免。因此，信息提供义务的强调，可提升保险交易活动的经济效率与社会整体福利。此外，在保险缔约过程中，保险人一方系属具有专业知识之专业人士或职业人士者，对于特定信息的取得和提供，常是符合最小成本避险者的概念，也可借由专业的对价关系，将其信息成本予以转嫁。

## 三 消费者之有限理性行为

### （一）投保人有限理性与契约缺陷

广义言之，经济学乃以研究人类所有的决策行为为范畴，并采取利用模型以构筑理论之基本立场。[①] 在这个范畴下，经济学借由假设，为研究之目的与处理的能力，而将经济理论建立在将复杂的真实世界简化到可以推理的单纯、具代表性的经济现实上。经济学的任务便是在演绎这些假设，检验其演绎结果是否与实际相符，并得以设想一些尚未发生的状况，而发挥解释与预测功能。

“经济人”都是理性的最大化者。理性是人们对客观世界的认识水平和程度，反映着人们对世界的认知水平和客观规律的匹配程度。人们的认知程度与理性程度是相对应的，认识程度越高，理性程度就越高，反之亦然。人的理性程度总是有限的，经济人能力的大小与拥有信息的程度及处理信息的能力是密切相关的。人是有限理性的人，他在吸纳信息上只具备有限的能力。[②] 因此，人们一般都是在有限信息的范围内作出决策和交往。

在保险交易过程中，投保人可能是理性的、精明的人，但也可能是健忘的、冲动的、混乱的、有感情的或目光短浅的人，他们比想象的要

---

① 张清溪、许嘉栋、刘莺钏、吴聪敏：《经济学》（上册），台北双叶书廊 1995 年版，第 3—5 页。

② ［美］埃利诺·奥斯特罗姆、拉里·施罗德、苏珊·温：《制度激励与可持续发展》，陈幽泓等译，上海三联书店 2000 年版，第 54 页。

复杂得多。由于保险市场交易成本的存在，个别的投保人不能再视为对全部的信息均无所不知，无限的知识获取是极为昂贵，或是不可能的，而且其处理信息与形成计划的能力也是有限的，故投保人是有限理性的，其决策受限于其信息取得与信息处理能力。

在交易成本为正及有限理性的情况下，外在环境的复杂性，信息的不对称与不完整性，使得投保人无法预见可能发生的事件，也无法评估保险产品的价值，故与保险契约有关的全部细节不可能事先做好适当的处理，从而保险契约势必是不完整的。另外，从保险消费者的心理因素出发，消费者的消费行为较少具有理性，而是匆匆一瞥广告就作出决定，不大可能仔细阅读契约文件上的披露说明；① 一个比较典型的例子就是“上门推销”，当消费者在其私人居所被恳求购买某种商品或服务时，由于时间压力、情绪操纵、无能力比较其他备选商品及一心想摆脱推销者，消费者所做出的消费决策往往并不是理性和有效的；② 为此，消费者的非理性决定也会导致契约偏离完整契约。

（二）信息提供义务与完整契约

理想的契约为完整契约。契约要能达到完整程度，则当事人必须对契约履行时可能发生的所有风险都予以完美的分配。为此，当事人必须具备理性行为、掌握所有与交易有关的完整信息，并将所有可能的履约意外、当事人所应负担的风险，以及万一风险出现时当事人会采取何种行动，均应加以考虑；而且在缔约过程中，当事人双方充分合作，并不存在欺骗、胁迫或独占力量的干扰因素。在理性行为的假设之下，完整契约将能达成效率目标，契约的风险将由能以最小成本消化该风险之一方承担，并将风险承担成本反映在价金上，资源将流通至对其评价最高的一方，契约对于缔约当事人双方均产生利益。因此，当事人不会有违约的情事，契约的履行也无须法院介入，契约将自律、完美、顺畅地被履行。

---

① ［美］皮特·纽曼：《新帕尔格雷夫法经济学大词典》，许明月等译，法律出版社2002年版，第463页。

② 周林彬、何朝丹：《行为法经济学与我国消费者权益保护法创新》，吴志攀主编：《经济法学家》，北京大学出版社2007年版，第322页。

从经济功能而言，保险完整契约的订立为理想的缔约模型，其基础为充分的信息，保险交易双方应提供充分而准确的信息，方能使保险契约协商朝向完整契约的理想推进，使保险契约符合双方利益与期待，减少因信息不对称所产生的策略行为风险与防范标准。如前所述，保险完整契约的最大障碍因素乃是投保人之有限理性，亦即投保人能力的欠缺，其无法与保险人进行平等的协商，而是在保险人隐匿信息、利用投保人无经验及无知的状况下，签订有利于自己的保险契约，从而造成契约的难以履行及争议不断，造成双方利益的损失。针对投保人之有限理性或非理性行为，有效方法之一乃保险人信息的提供，从而保护保险市场交易相对人的决定自由，以维护正当的交易秩序。因有效竞争只有当市场上竞争者的营业自由与市场相对人（消费者）就产品判断的决定自由未受不当干扰的情况下，才能发挥。而投保人对于保险产品的判断，取决于其信息的掌握程度，拥有更多的信息，将能实现最优选择。经由保险人缔约信息提供义务对信息风险作合理的分配，提升投保人之行为能力，可以增加保险契约所创造的效益。

保险契约为一种透过契约条款建构出来的无形金融商品，商品本身即系由复杂之契约条款及各项契约文件所构成，属法律商品之一种。[①] 其内容牵涉到契约双方当事人之问题颇为复杂的权利义务关系，若非具有一定之知识以及花费相当之时间，不易了解其重要内容。若投保人在订约前，未能获得充分的商品信息即订立契约，则容易发生该保险不符合其需求或期待，进而在日后产生契约上的纠纷。因此，若能于订约前提供投保人适当的商品信息，应较能使其对是否缔约该保险契约作出较为妥适的判断。从商品的专业面向来看，保险契约为保险人所设计、拟定，即便经过主管机关的审查程序，双方当事人仍处于明显的信息不对等地位，此项信息短缺情况的存续，除了经常成为保险争议的来源之外，也使投保人的保险需求未必能从其所购买的商品获得满足，进而减损保险制度分散危险的良善功能。正因如此，国际保险监督官协会（International Association of Insurance Supervisors，IAIS）于2003年制定供各国保险监督机关参考之《保险核心原则与方法》（*Insurance Core Principle and Meth-*

① 叶启洲：《台湾保险消费者之资讯权保护》，《月旦法学杂志》2013 年第 3 期。

*odology*，ICP）第25条[①]，亦要求各国监管机关应规定保险人须于保险契约订立之前，提供消费者完整的订约信息。因此，如何强化投保人在订约前取得必要商品信息的机会，即成为一项与保险消费者权益保护息息相关的重要课题。

相较于金融海啸前的金融消费者保护架构，新时代的金融消费者保护核心将不仅注重能促进金融产业在品质与价格上竞争，同时亦将致力于促使金融消费者有知识、能力自为决定，自行寻找最适合自己之金融产品。事实上，简明易懂的信息提供义务毋庸置疑居于消费者保护之核心地位。而清楚、简洁且使用平易近人语句的制式消费者信息格式，诚为达成披露目的的不二法门。欧盟消费者信用指令（Consumer Credit Directive）即对于披露于消费者的信息内容与格式均有详细记载规定。英国金融消费市场所发展出来的重要事项陈述（Key Facts Statement），能迅速将金融商品契约重要约款予以摘要，并提供消费者一窥该金融商品之梗概，实为消费者保护之利器。美国《2010年消费者金融保护法》（CFPA），是一场具有里程碑意义的变革，不仅在金融产品上，更重要的是体现了金融消费者的权益保护。[②] 在保险领域，一般投保大众在于对法律或保险知识之弱势与贫乏地位，通常对于法定或契约课以之义务或赋予之权利，其内容、违反效果或可资利用之救济等，并不自知或有了解之困难，遂生潜在之损失恐慌，担心失权、契约失效、保险人不予理赔等，造成投保大众之恐慌，与保险事业所欲建立之安定社会的功能性抵触。此外，对于保险契约非关权义之一般性条款，如保险人的名称、负责人、住所、资历等，亦攸关投保人之心理安定性，继而影响社会安定，保险人在销售保险商品时有必要向投保人讲清楚说明白，如此才符合现代社会对于消费者高规格保护之趋势。[③]

---

① ICP第25条："The supervisory authority sets minimum requirements for insurers and intermediaries in dealing with consumers in its jurisdiction, including foreign insurers selling products on a cross-border basis. The requirements include provision of timely, complete and relevant information to consumers both before a contract is entered into through to the point at which all obligations under a contract have been satisfied."

② 陈肖：《保险消费者权益保护机制构建》，《中国保险》2014年第6期。

③ 饶瑞正：《保险法先契约据实说明义务之再建构（上）》，《台湾本土法学杂志》2006年第5期。

# 本章小结

在契约自由的大原则下，每个人应为自己的契约利益付诸心血和努力，包括搜集契约相关信息以形成自己对于给付交换关系的判断和对价的形成，在自我负责的原则下，对于因自身信息不努力所缔结的不利益契约，基本上基于自我拘束，还是要承担契约不利益的后果，不能动辄以契约不利及不符合预想为由而撤销契约，否则契约机制将因欠缺安定性而无法成为实现个人法律生活的基础。然而，一方拥有信息而他方未拥有信息的信息不对称情形，在专业化与交易复杂化的经济过程中，系一普遍现象，在缔约过程中，信息的优势与劣势也会形成一种缔约地位的不对等，进而造成契约结果的不符期待，致受不利益之一方会有想毁约的念头，影响契约作为正确性担保的实现。[①] 如果附加一方有信息提供义务，则契约不符预想的情况便可减少，契约结果较能达成双方的利益协调，但其结果则是契约风险转由一方承担。

如前揭所述，信息提供义务理论基础的建立，可从私法自治、契约理论及经济学论点加以观察，统合于正当行为期待观点。依此一观点，信息提供义务的依据，既是保护弱势保险消费者的指导性原则，也是依据可以将信息风险转移给能够更方便、更直接保护自己之保险人承担的方式，即信息成本归由最小成本一方负担。借由减低保险缔约交易成本来调整信息取得的自我负责，亦可在制度上获得支持，因信赖保护或诚信原则，功能上即在减少交易成本，降低交易过程的摩擦，而在制度上增进分工专业交易的效率。因此，将信息提供义务的基础，统合于正当行为期待之上时，除了可符合信赖保护与对价思想外，在经济考量上，也可跟减少交易成本之经济效率作联结，同时也可跟信息提供义务的保护目的相呼应。

是故，在保险人缔约信息提供义务之讨论中，保险人的专业，常常是信息提供义务的成立及强化因素。在专业分工的考量下，让具备专业知识的保险人负信息提供义务，唤起了投保人对其专业与特别知识的期

---

① 杨宏晖：《诚信原则与契约缔结相关说明义务的合理性》，《法学丛刊》2009 年第 2 期。

待及信赖；但是，其基础并非仅在于特殊信赖关系的存在，而是在于对分工经济利益的社会共识基础上，借由信息提供义务的协调功能，来缓和现代竞争经济中因专业分工所产生的信息不对称及确保专业化所产生之总体社会福祉的增加。因此，保险人的责任强化，并不是单纯在信息优势一方应照顾弱势一方的社会责任思想基础上，而是在于专业人士通常可将提供及传递现有信息的成本，经由给付对价予以转嫁，符合最小成本避险者的概念。

# 第四章

# 缔约信息提供义务之具体规则与适用

在我国保险法理论与实务上，信息提供义务向来存在着诸多争议，其履行时间点及方式、认定标准、履行程度、履行范围等，都是学说与实务聚讼之重要问题。但遗憾的是，当前实务界更多关注于问题的罗列，仅就一些细枝末节或单一问题加以讨论，尚无系统而深入之研究。[①] 为此，本章将系统研究信息提供义务之建构准则、相关主体、履行规范、履行范围及与相关规制之适用，以期有助于保险消费者权益保护体系的建立。

## 第一节　信息提供义务建构之准则

### 一　形式要求：告知后同意原则

按消费者主权理论，消费者应该拥有充足且正确的信息，以便作出适当决定，增进其福祉。唯在保险交易市场，保险人与消费者之间的信息不对称或知识落差造成市场的失灵，因此，关于保险人缔约信息提供义务，应有告知后同意或告知后选择原则之适用，消费者决策或同意权的行使应以被告知与自愿为前提，[②] 否则，实无自由选择的空间。

---

① 陈群峰：《保险人说明义务之形式化危机与重构》，《现代法学》2013 年第 6 期。

② Paul M. Schwartz, Privacy and Democracy in Cyberspace, 52 *Vand. L. Rev.* 1684 (1999).

### （一）告知后同意原则之发展背景[①]

就医患关系而言，深植美国医界的告知后同意原则，实源自个人自主的概念与病人对身心诊疗与否应有自决权的假设。尊重个人自主原则，即包含对发生于其自身事务之决定权，换言之，个人对自身决定与相关活动拥有控制权。[②] 1914年，本杰明·卡多佐（Benjamin Cardozo）法官曾谓：每个心智正常的成年人，有权决定如何处置自己的身体。因此，告知后同意乃成为个人自主的必然推论。如果个人有权处置其自己的身体，也必然有权被告知其选择项目为何及潜在的风险、利益为何。[③] 1957年 Salgo v. Leland Stanford，Jr. University Board of Trustees 之案件系最早认定医疗程序必须有告知后同意之适用，由于该案病人萨尔戈（Salgo）未被告知医疗的风险，法院乃认定其同意系无效的。告知后同意应包含：（1）病人对于是否同意接受特定的医疗应有决策能力；（2）病人应有足够的信息，而该信息系一个理性的病人在相同或类似的环境中作告知后决定所必须知道的；（3）病人所作的医疗决定必须是自愿的，不得有强暴、胁迫或欺诈之情事。[④] 而上述三者，系使病人的同意有效所不可或缺的构成要件。[⑤] 据此，所谓告知后同意，系指某些事情因当事人的同意而发生，且其同意系对于因此所可能发生的风险与所存在可能的选择项目有充分认知之下而为之。因此，在告知后同意原则下，针对病人病况，当医生建议采取某特定的医疗方式时，医生应充分告知病人为作出告知后决定所须知悉的所有信息。而为符合告知后同意原则所要求的完全披露，医生必须以浅显方式向病人披露以下信息：病人诊断状况、欲采用治疗方式的性质、目的与期望结果、统计上达成期望结果的可能性、医生个人诊断经验与成功概率、并发症的风险性、欲采用治疗方式的副作

---

① 李勇：《论消费者个人信息之保护——以告知后同意为中心》，《理论月刊》2014年第8期。

② Franklin G. Miller，Research on Medical Records Without Informed Consent，36 *J. L. Med. & Ethics* 560，561（2008）.

③ Fred H. Cate，Protecting Privacy in Health Research：the Limits of Individual Choice，98 *Cal. L. Rev.* 1783（2010）.

④ Derek Kroft，Informed Consent：A Comparative Analysis，6 *J. Int'l L. & Prac.* 457，459（1997）.

⑤ Douglas Andrew Grimm，Informed Consent for All No Exceptions，37 *N. M. L. Rev.* 39，41（2007）.

用或不利后果，其他可能治疗选项，以及倘不接受该种治疗的可能后续病况。[1] 可知，告知后同意原则之基本宗旨，在于病人医疗的决定应是理性而明智的，以及免于不当的干预。

告知后同意原则也广泛运用于许多领域，如精神医疗业，按美国伊利诺伊州的《精神健康与发展性残障保密法》规定，所有精神健康与发展性残障的相关治疗记录与沟通均属机密且不得披露，但法律另有明文列举之情形者，不在此限。其中，法律所列举例外之一者，即当事人的有效授权。然而，倘提供给治疗接受者签署的授权书内容，其用语空泛抽象、无限制授权诊疗者得任意披露其记录、同意披露之记录内容与种类不特定，或未经充分告知而同意者，将构成所谓空白同意（blanket consent），而不生授权之效力。告知后同意原则亦有引用于法律服务专业，按美国威斯康星州通过的《专业行为规范》，对于律师提供之专业意见而客户作决定者，要求律师必须取得客户之告知后同意，因此，律师必须披露相关案情与事实、解释一定行为可能产生的利益或不利益、讨论客户之可能选项，以确保客户得到足够信息而作出决定。[2]

（二）告知后同意原则于信息提供义务之引入与规制[3]

如同前揭医学等领域的经验，告知后同意原则实源自于个人自主的概念，个人对其自身事务（如购买保险）之决定拥有控制权。因此，在保险领域，告知后同意原则要求消费者对于保险产品之价格、特征、用途、风险等应有所认识及理解，方为有效之同意。我国台湾地区“金融消费者保护法”第 10 条、第 11 条[4]即告知后同意原则之体现，亦要求金

---

① Jana L. Fischer, What Constitutes An Invalid “Blanket Consent” Within The Purview of Illinois' Mental Health And Developmental Disabilities Confidentiality Act?, 22 *N. Ill. U. L. Rev.* 535 (2002).

② Dean R. Dietrich, Obtaining Informed Consent, 80 - *SEP Wis. Law.* 22, 22 (2007).

③ 李勇：《论消费者个人信息之保护——以告知后同意为中心》，《理论月刊》2014 年第 8 期。

④ 第 10 条：“金融服务业与金融消费者订立提供金融商品或服务之契约前，应向金融消费者充分说明该金融商品、服务及契约之重要内容，并充分揭露其风险。、前项金融服务业对金融消费者进行之说明及揭露，应以金融消费者能充分了解方式为之，其内容应包括但不限于交易成本、可能之收益及风险等有关金融消费者权益之重要内容，其相关应遵循事项之办法，由主管机关定之。”第 11 条：“金融服务业违反前二条规定，致金融消费者受有损害者，应负损害赔偿责任。但金融服务业能证明损害之发生非因其未充分了解金融消费者之商品或服务适合度或非因其未说明、说明不实、错误或未充分揭露风险之事项所致者，不在此限。”

融服务业有义务向金融消费者告知契约内容及风险之义务，以利其决策，并确保该商品或服务对金融消费者之适合度。我国《保险法》第17条关于保险人之说明义务，尚未体现告知后同意原则；其他相关之规定，亦未有所规定，从而在一定程度上造成了立法与司法之缺陷，最终损害保险消费者之权益。

在信息提供义务建构，告知后同意原则主要包含披露及同意两个方面，保险人应以合理努力而指出保险产品之信息，使消费者能够了解与认识；而同意应以消费者对其与保险人间之意思表示一致有所了解为前提。具体言之，关于告知方面，保险人信息的通知、告知，将提供消费者个人审慎决策过程所需的安全阀，让其知悉保险产品之细节，并在保险人违反其义务时，消费者得借以向其究责。而所应告知的信息应在消费者决定是否同意购买之前，才是真正的告知，因为只有消费者知悉所有产品信息，才会认真与保险人进行协商，维护自身之利益。关于同意方面，其应符合下列5项标准才会在法律上生效：（1）同意必须清楚且明确地指出其意愿；保险契约的签订，应当经消费者明确同意，且同意之方式应为明示同意。（2）同意必须出于自由意志，即消费者利用所有能力所为的自愿性决定，且非出于任何社会、经济、心理或其他胁迫而为之。具体而言，倘保险人以强暴或胁迫而强制，或以诈术或违反告知义务等欺诈手段，导致消费者不得不同意或因陷于错误而同意，均非有效之同意。消费者得依法加以撤销。①（3）同意必须特定，即同意必须清楚及精确地指出系针对特定产品或契约信息提供的范围为之。（4）同意必须基于告知后而为，即欲使同意有效，则必须经告知才可，而保险人所提供之信息应完整、清楚及明确地指出产品及契约之信息，且不得有欺罔、误导或错误之情事，否则同意将无效。（5）同意应以书面为主。为了促使同意的进行能慎重其事，以减少争议及有助于消费者权益的进一步保障，同意应以书面为主，较为妥当。综上，告知后同意原则若不符合上述之要件，法院亦将毫不迟疑地宣告所作出的保险契约无效。

关于消费者之撤销或退出权，学者哈诺·达冈（Hanoch Dagan）及黑勒（Michael Heller）曾谓：退出，代表着撤销或拒绝参与之权利，亦

---

① 许文义：《个人资料保护法论》，三民书局2001年版，第238页。

即分离或切断与他人关系的能力。[①] 是否授权于消费者之同意权行使，应该不仅系消费者最初拒绝产品交易的机会，也应系消费者嗣后选择从保险契约退出的自由，以防止最初不当的协商结果而贸然同意契约成立所导致长期不利的影响。而消费者之撤销或退出权，应不溯及既往之效力，仅能防止进一步之损害。再者，为保护消费者利益，其撤销或退出权应不得预先抛弃或以特约限制之，较为适当。

综合上述，告知后同意原则之引入与规制，对于保险人信息提供义务的制定及实施，具有重要的指导意义；在立法中遵循或体现告知后同意原则，司法中落实或贯彻告知后同意精神，对于矫正保险双方严重的信息不对称，促进保险信息市场的透明化，保障消费者之权益，具有相当的意义。

## 二　实质要求：适合性原则

近年来，金融交易发达国家或地区如美国、欧盟及英国等，适合性原则均已法制化，构筑了金融消费者权益在商品推介时之防护机制。[②] 我国台湾地区“金融消费者保护法”第9条[③]，即是此原则之承认与体现，实有借鉴之意。

### （一）适合性原则之源起

适合性原则系由美国联邦证券交易委员会（SEC）在20世纪30年代依“挂牌理论”（Shingle Theory）所发展，[④] 起初使用于证券业领域，[⑤] 具有否定客户自慎原则之含义。60年代初期，美国联邦证券交易委员会在国会听证中确立适合性原则为证券交易法第10（b）及15（c）项衍生之法律义务，其后经法院判决确定法律效力。投资顾问事业与客户间存在受托人关系，因投资顾问负有忠实义务与最大诚信义务，且应为客户

---

① Hanoch Dagan & Michael A. Heller, The Liberal Commons, 110 *Yale L. J.* 549, 568 (2001).

② 张冠群：《金融商品销售适合性原则之法制分析》，《法学论丛》2009年第5期。

③ 第9条：“金融服务业与金融消费者订立提供金融商品或服务之契约前，应充分了解金融消费者之相关资料，以确保该商品或服务对金融消费者之适合度。”

④ Robert Birmingham, The Duty to Disclose and the Prisoner's Dilemma, 29 *Wm. &Mary L. Rev.* 249, 278 (1988).

⑤ Michael K. Wolensky, Securities Law And The Internet Enforcement Issues: Apllication Ofsuitability Obligations, 1127 *PLI/Corp* 251, 254 (1999).

最大利益计算，故适合性原则已经证券交易委员会确认为附随义务之一部分。具体来说，适合性原则发展之主要理论基础有三项：第一，信息披露不足以提供消费者足够之保护。金融商品种类繁多，内容结构复杂难懂，投资人纵然受告知亦不足以完全理解投资标的之特性与风险，或投资人仍无以判断特定商品是否适合自己。第二，消费者对专业知识信赖之保护。第三，由避免信息不对称产生伤害成本最小之一方负担成本，专业之一方负担提供适合消费者商品之义务，以最小成本减少信息不对称对消费者之伤害。除证券领域外，进一步检视金融商品销售是否符合适合性原则应有两个层次：第一，销售人员必须了解其所提供商品之潜在风险、报酬与保障范围，并合理地提供予消费者；第二，了解消费者信息，针对个别客户提供适合之商品。[①]

美国法院案例在发展适合性原则上有比较详细之说明。例如 Anderson v. Knox 案之事实与判决指出，[②] 年薪微薄之消费者不适合再投保银行融资保险，以保单解约金为担保向银行融资，再交付该新保单之保险费，保险业务员为取得高额佣金，一再声称此为适合之保险，最后获得消费者信赖而投保。法院判决业务员之虚假欺诈陈述与事实不符，提供不合适之保险予消费者，业务员必须负担补偿性损害赔偿、惩罚性损害赔偿以及精神抚慰金。值得注意的是，金融机构提供信息与消费者有能力了解可能风险且同意缔结不适合保险合同之情形，不能因此减少违反适合性原则之责任。此于美国证券交易法院案例已有相关见解，仅单独信息揭露无法使客户有能力了解遭受之损害；纵使客户有能力了解潜在之风险，信息揭露亦无法弥补违反适合性原则所带来之损害。[③] 虽然客户同意缔结不适合契约，但明知其乃不适合客户之商品者，仍应负责任。[④] 在 Erdos v. S. E. C. 案，法院也指出，美国证券交易商协会禁止不适合建议，关键

---

① 美国适合性原则源于 20 世纪 30 年代证券业，适合性原则详细规定于 NASD Conduct Rules 2310。之后由于投资性保险商品发展，美国保险监管协会（NAIC）于 1996 年引入适合性原则，并在变额人寿保险模范法规（Variable Life Insurance Model Regulation）要求保险人应遵循适合性原则。原则上，NAIC 之规范与 NASD Conduct Rules 2310 并无太大差异。

② 熊进光：《论金融商品销售的适合性原则——美、日金融商品销售行为规范的经验与启示》，《甘肃社会科学》2013 年第 3 期，第 165 页。

③ 张冠群：《金融商品销售适合性原则之法制分析》，《法学论丛》2009 年第 5 期。

④ 297 F. 2d 702，728 – 731（1961）.

在于是否有向客户明白表示所提供之建议，已经符合客户之需求及其财务状况。[①]

（二）适合性原则与信息提供义务之关系

适合性原则与信息提供义务，基本源于信息不对等之交易情况，要求拥有信息优势之金融业者在契约劝诱、缔结之际，对信息劣势之顾客所应负的义务。然而关于金融业者之信息提供义务与适合性原则之间的关系，有二者互为关系说与二者独立说之争，[②] 本书肯认前者，并认为适合性原则指导及决定信息提供义务之履行方式、义务范围等事项，即对于消费者为不适合之方式、行为、产品之际，亦违法。

在保险领域，我国法对于保险经营者之行销行为，向来并未明确规范或需系基于契约自由原则，在缔约前之交涉阶段法律不应过于干涉，以免影响保险业自由竞争之效率。然而由于现代交易环境日趋竞争，保险经营者为争取客户，常以较为积极、主动甚至具攻击性之行销手法来促使契约成立，例如以访问买卖之方式，或许如大家都有的经验，常接到保险公司行销人员突如其来的电话贩卖保险。此由于保险人与信用卡公司结盟，保险人取得信用卡客户资料后，即逐一打电话推销保单，而只要消费者在电话中口头答复，契约即成立，同时利用信用卡扣除保费。此种行销方式不但使消费者受到突如其来之干扰，同时在电话中消费者无充分时间作出理性正确之判断，因此诸如此种无差别之电话行销方式，应是一种违反适合性原则之行为，亦可认为违反保险人之信息提供义务。

目前，保险交易已经成为专业与非专业不对等当事人间之交易现状，如要落实契约自由原则，只有重视契约成立前交涉阶段，即强调缔约前保险人信息上之优势，对消费者负有信息提供义务；而其制度之建构须秉持适合性原则，才能建立公平合理之交易机制，在此基础上，方有契约自由可言，亦能要求消费者负起自我责任。另外，适合性原则之坚持，消费者对于保险人之行销或建言，再也不会存有“专家专门骗人家之人”的负面影响，而有助于双方间信赖关系之建立，此方为保险市场发展之

---

① Powell & McGowan, Inc., 41 S. E. C. 933（1964）.

② 杜怡静：《讨论金融业者行销行为之法律规范——以日本金融商品贩卖法中关于说明义务及适合性原则为参考素材》，《台北大学法学论丛》2005 年第 2 期。

时代潮流。

（三）适合性原则之具体要求①

德国2008年新修订之保险契约法于第6条规定保险人之建议义务，而所谓“建议”主要乃指保险人应考量投保人之个人情况、知识经验以及投保人所要求之保险保障目的，然后作适当之推介。根据该条之规定，保险人在契约订立前，唯当所提供之保险商品有被决定（或判断）之困难性或基于投保人自身之情形，应询问投保人之期望与需要，并就此针对特定之保险商品，参酌衡量咨询建议之费用与投保人所缴纳保费间之适当比例，应提供咨询建议。顾及所提供保险契约之复杂性，保险人亦应将所提供之建议做成文件。适合性原则在具体规范上包含保险业者于推介前应收集客户相关资讯，然后据此给予其推介之根据，并做成书面文件交付客户；而德国保险契约法之建议义务亦同样考量到保险商品特性导致投保人或客户未必能自行作出正确判断。因而，透过建议义务之规范，要求保险业者对于投保人作询问然后提供建议并告知其依据，最后并做成记录，使其能够购买符合其需求之保险商品，因此二者之内涵具有同质性，是故德国之建议义务实质即是适合性原则在保险契约法上之运用，可予以参考与借鉴。

保险人在提供投保人订立契约或服务前，应充分了解投保人，其内容至少应包括下列事项：（1）投保人基本数据，即投保人及被保险人之基本数据、投保人与被保险人及被保险人与受益人之关系、其他主管机关规定之基本数据。此处所定基本资料，至少包括姓名、性别、出身年月日、身份证字号及联络方式；投保人为法人时，为法人之名称、代表人、地址、联络方式等。并应参照日本《消费者基本法》第5条之规定，考虑投保人的知识、经验及财产状况等事宜。②（2）接受金融消费者原则，应订定投保人投保之条件。（3）了解金融消费者审查原则，应了解投保人之投保目的及需求程度，并进行相关核保程序。

保险人在提供投保人财产保险及非投资型保险商品或服务前，应考虑之适合性事项如下：（1）投保人是否确实了解其所交保险费系用以购

① 参见我国台湾地区“金融服务业确保金融商品或服务适合金融消费者办法”之规定。
② 杨琴：《日本市场规制法研究》，贵州大学出版社2013年版，第171页。

买保险商品。(2)投保人之投保险种、保险金额及保险费支出与其实际需求是否相当。(3)投保人若系购买以外币收付之非投资型保险商品时，应了解客户对汇率风险之承受能力。

保险人在提供投保人投资型保险商品或服务前，应考虑之适合性事项如下：(1)投保人是否确实了解其所交保险费系用以购买保险商品。(2)投保人之投保险种、保险金额及保险费支出与其实际需求是否相当。(3)投保人之投资属性、风险承受能力，以及是否确实了解投资型保险之投资损益系由其自行承担。(4)建立交易控制管理机制，避免提供投保人逾越财力状况或不合适之商品或服务。

保险人与投保人订立提供保险商品或服务之契约前，保险人要根据产品特点和消费者风险承受能力建立区分销售机制，将适合的产品销售给有相应需求的消费者；为此，其应依上述之规定尽量充分了解投保人之基本情况及依不同保险商品或服务之特性，建立差异化事前审查机制，以确保该保险商品或服务对投保人之适合度。

## 第二节　信息提供义务的相关主体

### 一　义务人

依据《德国保险契约法》第 7 条规定，负有提供信息之义务者为保险人。至于保险代理人，立法者并未将其定为信息义务人，主要原因在于欧盟指令并未将之列入义务人之一，且为了避免因保险契约遭撤回致损及其佣金利益，通常也可预期保险代理人将会对投保人为信息的提供。如果有保险代理人未为信息之提供时，此项风险须由保险人承担；至于保险经纪人，因其系定位为投保人的辅助人，而非保险人之辅助人，故更非信息提供义务之主体。①

参照我国《保险法》第 17 条、第 117 条，保险人、保险代理人在保险契约交涉阶段，负有提供信息之义务。而《保险法》第 118 条关于保险经纪人之界定，其为投保人利益之维护者，应无所讨论之信息提供义

① 叶启洲：《从德国保险人资讯义务规范论要保人之资讯权保障》，《政大法学评论》2012 年第 2 期。

务，本书认为在我国有待商榷。在我国保险业的发展过程中，保险营销体制改革一直是行业的焦点问题，特别是个人代理营销员制度和兼业代理制度。[①] 保险实务中保险经纪人之运作有双重代理情形，既对投保人提供购买保险之建议，又为保险人销售保险、收取保费，并向保险人受领佣金。于实务运作，常有保险人与保险经纪人先行订定推广某商品之协议，后由保险经纪人为保险人寻找投保人购买。因而，以实务运作观察，保险经纪人并非如部分学者认为依法规定系为投保人之利益，而为投保人之代理人。[②] 本书认为应按实际个案之运作，借以决定保险经纪人之法律属性。[③] 我国台湾地区“高等法院”台南分院即认为“本件系争三分保险契约即属此种类型之保单，是依其缔约过程、交易模式以观，本件保险经纪人公司在不知投保人为何人之情形下，既先与保险公司签约后，再寻觅投保人购买，究其法律上性质实与保险公司之业务员，并无二致……”据此，法院将举证责任归于保险人负责，并将不利归由保险人承担，殊值赞同。

另外，如前述德国虽未明定保险经纪人之信息提供义务，但依德国保险契约法第 6 条、第 59 条、第 60 条、第 61 条、第 62 条、第 63 条观察，其对保险经纪人应尽之信息建议义务及责任有明确规定，对于投保人而言将可完整保护其权利。如德国法中要求保险经纪人在提供投保人相关购买保险之建议时，应以书面详为载明其所为建议之理由以使投保人了解，且其应记录与投保人交易时花费之费用、时间与投保人负担保险费之关系，并应将信息以书面提供于投保人。2012 年欧盟保险中介人指令修正草案第 17 条第 1 款 c 项亦规定保险中介人应告知客户其所提供之建议系基于如何之完整分析所得。在第 18 条规定保险中介人应提供客户所询问之信息，并应告知客户就该保险产品所提供建议信息之详细理由。英国业务行为准则第 9. 6. 5 条第 1 款规定保险经纪人初次提供投保人有关产品之基本建议时，除应提供本条附录 IR 所规定之保险人等信息

---

① 王和：《2012 年我国财产保险市场综述》，《中国保险》2013 年第 1 期。

② 罗俊玮、卢又顺：《论保险经纪人之资讯建议及费用、佣金揭示义务》，《法令月刊》2013 年第 5 期。

③ 何颖：《金融消费者权益保护制度论》，北京大学出版社 2011 年版，第 40 页。

外，应长期向投保人提供相关信息并解释其含义。[①] 我国《保险法》对保险经纪人相关信息提供义务与责任并未规定，新《消费者权益保护法》亦尚无系统之规定；本书认为前述有关保险经纪人规定将可对投保人之权益有充足保障，并避免一定纷争，殊值我国保险人缔约信息提供义务完善参考。

综合上述，本书认为信息提供义务人为保险人、保险代理人及一定情况之保险经纪人。

## 二　权利人

依据《德国保险契约法》第 7 条规定，保险人应提供保险信息给投保人。新法第 7 条不仅保护德国民法第 13 条定义的个人客户，同时也有意识地要保护德国民法第 14 条定义的企业客户（巨灾危险为例外），因为小型企业以及自由业者受到保护的需求，与个人消费者是相似的。[②] 但纵使如此，法令上对消费者与非消费者投保人的保护程度仍有差异，因保险信息义务办法规定，保险人提供商品信息书的义务，仅对消费者存在。投保人是否为自然人或法人，在保险人信息提供义务的成立上，亦无关紧要（巨灾危险例外）。在投保人为他人利益订立保险契约时，被保险人因非契约当事人，并不参与缔约，故无权请求提供保险信息。在真正的团体保险中，保险人对于被保险人亦不负信息提供义务；但若是不真正的团体保险，因投保人应认定为个别团体成员，故保险人应对团体成员履行信息提供义务。

参照我国台湾地区“金融服务业提供金融商品或服务前说明契约重要内容及揭露风险办法”第 4 条规定，金融服务业依本法应予披露及说明之金融消费者，指与金融服务业订定金融商品或服务契约之契约相对人。亦为保险契约中，保险关系上信息提供义务之权利人为投保人，因依法定，保险人与投保人乃契约当事人。若投保人为限制行为能力人，依我国《合同法》规定，其应为之提供信息者乃法定代理人。

---

① 罗俊伟、卢又顺：《论保险经纪人之资讯建议及费用、佣金揭示义务》，《法令月刊》2013 年第 5 期。

② 参阅第 7 条联邦政府草案立法理由，见 BT-Drucks. 16/3945，S. 60。

## 第三节 信息提供义务的履行规范

### 一 履行时点

#### （一）德国法之参考

《德国保险契约法》第7条第1款规定，保险人应在投保人作出契约表示之前，及时将其契约内容，包含一般保险条款以及第2款法规命令所定信息在内，以文字形式通知之。[①] “契约表示”一语，为德国民法上的旧用语，意指以订立契约为指向之意思表示。联邦参议院审查本条文时，曾经希望将之修改为上述意义较为清楚之用语，但并未成功。[②] 若投保人就其他事项有需要向保险人为意思表示者，例如单方意思表示、意思通知、观念通知等，只要该意思表示非要约或承诺者，则保险人均不负有信息提供义务。但此等意思表示或意思通知则可能作为启动保险法第6条、第61条保险人或代理人咨询建议义务之事由。[③]

保险人应在投保人为订约之意思表示前，将保单条款以及法定信息内容提供给投保人，至于投保人之意思表示究竟为要约或承诺，则无关紧要。立法者于此系假定“投保模式”（Antragsmodell，亦即由投保人为要约，保险人再为承诺）为保险实务上缔约之常态，但条文规范方式并未排除“要约邀请模式”的订约形式。在要约邀请模式中，系保险人先透过保险中介人了解投保人的需求及危险状况之后，经评估符合承保标准并计算应缴之保险费数额后，以保单的发送向投保人提出要约，投保人如同意该项保险契约之内容，则以掷回保险单收据的方式为承诺。在要约邀请模式中，保险人可以相当容易地履行其法定的信息提供义务：保险人于向投保人交付保险单为要约，如同时附上法定保险信息者，即符合法律所要求的及时性，因为投保人为承诺之意思表示前的相当时间，

---

① (1) The insurer shall inform the policyholder in writing of his terms of contract, including the general terms and conditions of insurance, as well as the information set out in a statutory ordinance referred to in subsection (2), in good time before the policyholder submits his contractual acceptance.

② 参见联邦政府之回应声明，载 BT-Drucks. 16/3945，S. 130。

③ 廖伯钧：《初探2008年德国新保险契约法——以保险人咨询建议义务为中心》，《法学新论》2010年第8期。

即已获得该等信息。但在投保模式中，保险人究竟应该在投保人要约之前多长时间提供保险信息才算是“及时”，则可能有疑问。“及时性”此一要件，并非德国立法者所创，而系从远距订约指令第3条第1款移植而来。但“及时”一语显然是一个相当不确定的法律概念，在投保人意思表示之前的多长时间说明或提供信息始能认为“及时”，判断上颇有困难。虽然学说上对于“及时”的判断标准众说纷纭，但彼此仍存在一个基本共识：解释是否“及时”，必须注意信息提供义务的规范目的，在于避免投保人欠缺充分信息的情况下匆促决定其意思表示。

学者米克利茨（Micklitz）认为，因为信息提供义务的遵守与否，影响到投保人对保险契约的撤回权期限起算点，对契约关系的稳定影响甚大，为避免法律关系的不确定性，故主张应不分订约形式而给予统一的最低期限（例如3天），但因与立法者使用“及时”一语所明示的立法目的不合，故为多数学者所反对。亦有认为，可以要求保险人或保险代理人不得在交付信息之日接受要约，而应与投保人约定另一在交付信息日后之会谈始能受理要约，借以保留投保人了解信息之机会，并以此项要求之遵守来认定为本条第1款的“及时”。不过此一见解并未获得广泛的赞同。另有采极宽标准者，认为立法者仅欲废止旧法“保单模式”所允许的事后交付保单信息而已，故主张即使保险人系在投保人要约之前交付法定信息，亦得认为符合“及时”的要件，因为投保人如果认为有必要，本来就可以借由延迟自己提交要约的时间来保留思考空间；若其取得相关信息后而仍径为要约，自认为保险人已及时履行义务。但反对者认为，立法者如果同意此种看法，就不会在条文加入“及时”一语，而会采取同法第19条第1款关于投保人告知义务规定之“于其契约表示前”；况且经由法律效果上与第8条契约撤回权之连接，亦可推知第7条的信息提供义务规定应有保护投保人免于急迫订约之用意，故不宜采取上述宽松见解。

目前较多数的学者则认为，因为新法第7条既然适用于各种订约形式，则是否“及时”，也应该依订约方式之差异以及保险契约之种类而异其标准。而新法第7条是为了保障投保人得以在订立通常具长期拘束力的保险契约前获得充分信息，则解释上应该使投保人获得信息的时间尽可能提前。较佳的方式，应该是依照个别保险商品的范围与复杂度以及该保险之经济上意义来决定何谓“及时”。在较为单纯的保险商品情况下，可能在投保人签署投保书前提供一般保险条款以及其他信息即为足矣，例如旅行平安险、死亡津贴保险、强制责任保险、汽车保险、家具保险或建筑物保险。在为个人客户提供此等保险时，只要在要约前几分钟提供保险条款及其他信息供其阅览，应该就足以认为符合法律所规定的“及时”提供，因为投保人在产品介绍的会谈中，即可轻易地掌握产品特征。而且解释法条所说的“及时”一语，应考虑商品的特性，前述各种保险均仅对投保人产生短期拘束，投保人可以相对容易地从契约中脱身。但在多数的人身保险情况则不同。因为人身保险契约大多对投保人产生较长的拘束，投保人不容易在没有损失的情况下解脱契约的束缚。其次，人寿保险、职业失能保险及健康保险商品的多样化，也造成投保人比较不易理解保险商品。因此，此类商品之投保人即需要多一点的时间来思考，在复杂一点的保险商品中，投保人经常需要数日的时间。就企业所需的保险来说，财务保险与责任保险通常相当复杂。不过此类投保人通常会有保险经纪人协助其处理保险事务，所以保险人将信息提供给保险经纪人，即可认为保险人已履行其信息义务。

此外，亦有在前述多数见解的前提下，进一步主张投保人的个人因素，尤其是其对于保险的知识，也应该在“及时性”的判断中一并考量，例如富有保险经验者应该较无保险经验者需要较少的时间。但这当中的界限何在，实无法定出一个客观标准。若足以认为投保人对于保险商品已经充分掌握，则保险人即可建议投保人抛弃信息权。如果保险人基于避免权利义务不明的考量，而在信息提供与投保人的契约表示之前保留一个最低期间，原则上应容许之。部分学者认为，“及时性”的认定应同时考虑保险人或保险代理人是否对投保人充分地理解保险契约内容、商品信息及提供咨询建议；甚至进一步区分若保险人或保险代理人无须透过再次约访始能订约，但若投保人抛弃获取资讯建议权之时，因投保人须自行研读保险信息以了解其所购买商品之内容，故应约访再行订约即属必要。唯此一见解似有混淆信息提供义务与新法第6条规定之咨询建议义务之嫌，故未被广泛接受。[①]

其实上述“及时性”之争议，其理论上的争辩在实务上的实益未必很大，因为即使高度复杂的保险商品，保险人于投保人作契约表示之际才提供法定信息，依多数学者见解系迟延履行保险人信息义务，但投保人最具实益的法律效果为撤回权的行使，而新法第8条第2款规定，[②] 投保人撤回权行使期限仍然自交付信息文件时起算，则纵使未即时提供信息，撤回权的期限仍自法定信息到达投保人时起算。故上述争议似仅可能影响投保人能否因保险人的义务违反而请求损害赔偿而已。若投保人得借由撤回权从契约关系脱身，则其另外请求损害赔偿的可能性应不至于很高。

信息提供义务适用于新契约订立时，固然没有问题，但在契约双方当事人合意变更保险契约内容时，是否亦有适用，解释上亦生疑义。就契约表示之文意来看，似可包含当事人所有为了达成有关契约内容之一致性意见所作的任一意思表示在内；不过，从政府草案之立法理由来看，似乎仅以首次缔约时之意思表示为对象。学说上有主张契约之变更若已在法律上形成一个新契约时，例如变更保险标的物或大幅提高保险金额时，也应有第7条信息提供义务规定的适用；但若系旧契约的续保，则不适用第7条之规定。[③] 亦有采较严格的解释者认为，不论契约之变更系由何方提出，投保人借由充分信息来达成最适切决定的需求，与新订契约时并无重大不同；作为需求者的投保人与作为供给者的保险人，又再度进入磋商程序，而处于类似订立新契约之关系，投保人显有比较新、旧商品以及新、旧契约内容的需要，故应肯定保险人亦负有信息提供义务。只是此时保险人信息提供义务之范围不必与新订契约时一样，例如，信息义务办法第1条第1款至第5款规定的信息即无须再提供；但新的一

---

① 叶启洲：《从德国保险人资讯义务规范论要保人之资讯权保障》，《政大法学评论》2012年第2期。

② (2) The revocation period shall begin at such time as the policyholder receives the following documents in writing: 1. the insurance policy and the terms of contract, including the general terms and conditions of insurance, as well as the other information in accordance with section 7 (1) and (2).

③ Halback, Versicherungsvertragsgesetz-Handkommentar, 1. Aufl., Baden-Baden, §7 Rn. 14, 2009.

般保险条款应再提供给投保人。若仅系单纯延长承保期间者，投保人先前既然已取得所需信息，依照新法第7条之规范目的，保险人无须再度说明相关信息。[①] 司法实务见解如何，尚不明确，有待进一步观察。

另外，依照信息提供义务之目的来看，固然应将履行义务的时间点定在投保人作契约表示之前，但有时因行销途径的特征，客观上难以符合此一要求，故新法第7条第1款即订有履行时间点之例外，其规定：若契约系因投保人以电话或使用其他沟通工具之要求而订立，该等信息无法在投保人作订约意思表示之前以文字形式提供者，该等信息必须在契约订立之后不迟延地提供之；如果投保人以特别的书面声明明示抛弃，其订约意思表示之前的信息时，亦同。此一例外包括两种不同情况：一是基于投保人之请求而以电话等方式进行订约；二是投保人明示抛弃信息权。如果保险契约系基于投保人之要求而使用通信方式订约，而依该通信方式之性质，投保人为契约表示之前保险人无法先以文字形式提供其信息者，保险人例外地不负缔约时之信息提供义务。在立法理由中所提到的例子只有电话，此外亦包括手机短信、对讲机或视频在内。条文中所谓“基于投保人之需求”一语，指订约一事是始于投保人所提议者而言。仅凭投保人在保险人预先印制的同意书上签名，或者默示同意以该通信方式缔结契约者，尚不足以认定符合本条的规定，否则该要件的限制功能即无法达成。新法容许保险人因订约方式的客观限制，而无须在投保人作契约表示前提供信息，但并不代表保险人完全免除其信息提供义务。保险人仍须在契约订立之后，不迟疑地补行提供法定信息。所谓“不迟疑地”，与“立即”并不相同，在我国民法上尚无相对应的用语，此系指保险人应在保险契约订立后的合理期间内补行提供信息。保险人若未在订约后不迟延地补行提供法定信息，其法律效果与违反订约前的信息提供义务相同。

（二）我国规定及完善

依我国《保险法》第13条之规定可知，采取投保模式，即投保人提出要约，保险人予以承诺，保险契约成立。对于保险人缔约时信息提供义务之时间点之研究，我国学者鲜有讨论。依我国台湾地区“金融消费

---

① Looschelders，Pohlmann，VVG-Kommenter，§7 Rn. 14，2010.

者保护法”第10条第1款之规定，保险人应履行信息提供义务的时间，为订立保险契约前。基于信息提供义务之目的在于弥补投保人订约前之信息不对称现象，将信息提供义务定位为保险契约订立前之先契约义务，实属妥当。[①] 依我国台湾地区“金融服务业提供金融商品或服务前说明契约重要内容及揭露风险办法”之第2条规定，亦肯定信息提供义务之时间点为契约订立前。以我国《保险法》第17条之规定，尚无明确规定信息提供义务履行之时间，加之我国有关保险契约成立之性质问题存在较大争议，[②] 从而在司法实务中形成混乱状态，影响消费者权益之保护。

有疑问的是，在保险契约双方当事人合意变更保险契约的内容时，是否亦有信息提供义务的适用，解释上易生疑义。就订立契约前之文义解释来看，似乎仅以首次缔约时之意思表示为对象，不包括契约之变更内容在内；以我国《保险法》第20条有关保险合同的变更，其尚未涉及信息提供义务之适用。但从投保人的信息需求来看，保险契约的变更有时与订立新契约极为类似，此时投保人亦有比较变更前后之新、旧保险商品的必要；从而，如前述德国学说上有肯定契约变更时保险人亦应负有信息提供义务之见解，颇值参考。

再者，若系原保险契约之续保，形式上亦为一新保险契约之订立，此时保险人是否应负有信息提供义务，亦有疑问。由于续保系以原契约之承保条件及保险费订立一内容相同之契约，投保人既已于原契约订立时由保险人信息提供义务之履行获得其所需的订约信息，则于续保时再课予保险人相同的信息提供义务，本书认为似无实益。

## 二 履行方式

### （一）英国规范之方式

依据英国法律改革委员会第104号报告[③]中建议，保险人应以书面形式履行信息提供义务，当保险单缺乏一般性问题时，要求保险人须提醒

---

① 叶启洲：《台湾保险消费者之资讯权保护》，《月旦法学杂志》2013年第3期。

② 樊启荣：《保险法》，北京大学出版社2011年版，第34页。

③ The Law Commission's Report No. 104, Insurance Law-Non Disclosure and Breach of Warranty Comnd 8064, 1980.

被保险人回答询问问题后，尚有自动告知询问事项以外事实之义务。而提醒之内容包括未据实回答询问问题之法律后果，提醒须以“清楚”“简单”之方式在保险单上注明，契约签订后须提供保险单影印本及其他书面资料。

（二）德国规范之方式

《德国保险契约法》第7条第1款规定信息提供义务应“以文字形式”（in Text Form）履行之。“文字形式”之意义，较书面方式稍宽，依德国民法第126b条之规定，指在文书中或其他得以文字反复重现的适当方式为之者。传统的书面方式当然符合此项要求。一般保险条款与其他信息，以列印方式提供给投保人。在保险实务上，投保人有时会从保险人处取得保险商品的简介阅读。如果此等商品简介刚好与投保人所购买之商品相同时，应认为系合法履行信息提供义务。以传真或电子邮件寄送法定信息、交付录有法定信息的CD或随身碟给投保人，亦均可认为系合法履行信息提供义务。①

但保险人仅在自己的公司网页上提供下载之可能性时，例如提供下载之链接点，可否认为以符合“以文字形式”告知信息？对此学说看法不一致，但以采否定见解者居多，主因是保险人所提供者仅为下载链接，而非信息本身。但如果投保人确已下载而存档或列印者，应认为该等信息已依法定方式通知给投保人。若以网络行销保险产品者，保险人须在网络上提供保险信息，并确保投保人得以下载。但如果仅以口头说明，或将应告知的信息显示于电脑荧屏供投保人预览者，则欠缺反复重现之功能，故不能认定为系合法的方式。② 如果保险人邮寄保险广告信给潜在投保人，而又是采投保模式，则广告信中就应附有一般保险条款及其他信息。这当然相当耗费成本，故邮寄保险广告信采保单模式较为经济。若以电话行销保险，依《德国保险契约法》第7条第1款之规定，法定信息应该在契约成立之后，不迟延地补行给投保人。若保险契约是以其他无法在投保人作出意思表示前提供其信息的通信方式订立者，也适用

① 叶启洲：《从德国保险人资讯义务规范论要保人之资讯权保障》，《政大法学评论》2012年第2期。

② Leverenz，Vertragschluss nach der VVG-Reform，S. 68，2008.

上述例外。此等例外在德国适用的机会虽然不大，但德国国会仍然因欧盟关于金融服务远距订约之指令，有义务将之转换纳入德国法中。[①]

另外，依德国《一般条款规制法》第2条第1、2款规定，免责条款欲成为契约之一部分，须满足以下三个条件：[②] 第一，拟定人须明示地提醒相对人注意一般契约条款，或由于契约种类之原因，以明示方式提请有相当困难时，应在订约地点以明显可见之公告提请注意。第二，拟定人须在契约成立前给予契约相对人以合理方式注意该条款内容之机会。第三，免责条款须经相对人同意始成为契约之一部分，相对人之同意可以明示或默示方式为之。若使用人已“提请注意”并“给予相对人合理机会了解”，则相对人不为反对之意思表示，即可推定为默示同意。

（三）我国规定及完善[③]

一般来说，保险人履行信息提供义务可以采取口头说明与书面说明两种方式，我国《保险法》第17条对于保险人说明义务之履行方式并无明文规定，因此，无论采用书面、口头或其他方式，使投保人理解保险契约之内容即可。保监会对此认为[④]：“在订立人身保险合同时，应就保险合同的责任免除事项和退保处理等争议较多的事项向投保人解释清楚，并要得到投保人或被保险人的书面认可。”我国台湾地区“金融消费者保护法”第10条第2款规定，前项金融服务业务对金融消费者进行说明及披露，应以金融消费者能充分了解方式为之。本条规定就说明及披露之形式要件并未加以规定，解释上包括保险人在内的金融服务者，得以口头或书面方式履行其说明风险披露义务。依我国台湾地区“金融服务业提供金融商品或服务前说明契约重要内容及披露风险办法”第8条规定：金融服务业依法令规定得以电话营销提供金融商品或服务并采取在线成交者，依本办法规定应说明或揭露事项，得由电话营销人员以电话说明方式为之。并参照我国《〈保险法〉司法解释（二）》第12条之规定，足见口头信息提供亦为法律所容许之方式之一。

---

① Schimikowski, Versicherungsvertragsrecht, 4. Aufl., Rn. 43, 2009.

② 肖和保：《保险法诚实信用原则研究》，法律出版社2007年版，第244—245页。

③ 李勇：《金融消费者视野下保险人之说明义务》，《湖北警官学院学报》2013年第1期。

④ 《关于人身保险产品宣传有关问题的通知》（保监发〔1999〕57号）。

按照美国纽约州保险法第3102条（C）款要求，保险契约之书面应具易读性与可了解性。[①] 法国保险法第L112—2条就非海上保险规定，保险人在契约订立前，应提供有关保险费及承保范围之书面信息给投保人。欧洲保险契约法重述第2：201条规定保险人在契约订定前应负有提供文件之义务，并规定保险人所提供之投保书应载明相关重要事项。上述英国法与德国法之规定，为免发生履行义务的争议，在保险交易上似以书面履行为常态；即便采取电话行销之方式，实务上多采电话录音方式留存履行信息提供义务之记录；另如上述德国法之规定，电话、网络等行销方式，因其特殊性，保险人仍须在契约订立之后，不迟延地补行提供法定信息，以文字形式提供。

目前，我国保险行业乱象丛生、行业形象不佳、生态环境恶劣。因前述之保险行业状况，并借鉴域外法之规定，本书认为保险人履行信息提供义务应以书面方式为主，并辅以口头方式。一方面，书面方式在发生纠纷时易于举证，而且内容通常比较精确和完整；[②] 另一方面，在商法领域，虽然也强调合同自由，但对于合同性商行为，在大多数情况下则采取了要式主义的要求[③]。但因保险契约之专业性、复杂性等，投保人难以有足够专业能力理解相关书面内容，故有必要以口头方式予以解释和说明，从而辅助投保人理解保险契约内容。保险人在订立契约前，应提供相关书面材料给投保人，并针对该重要事项，主动对投保人以口头方式解释和说明，并针对投保人询问之问题详细解答。因保险契约应注意之重要事项甚多且复杂，纵保险人已作详尽说明，投保人亦未必能立即全盘了解，故暂保单或保险单上之重要事项，应以合理显著的方式表明，提醒投保人注意，确保投保人能充分了解暂保单或保险单之内容。

关于保险人口头解释与说明的履行方式，可以分为两个层次：（1）主动明确说明与被动详尽回答。保险人应就保险契约中重要事项主动明确说明，因投保人对于保险人预先拟定之条款并不熟悉，亦无与保

---

① 罗俊玮：《最大诚信原则于海上保险契约之适用》，博士学位论文，台湾政治大学风险管理与保险研究所，2010年。

② 汪华亮：《保险合同信息提供义务研究》，中国政法大学出版社2011年版，第153页。

③ 覃有土主编：《商法学》（第三版），高等教育出版社2012年版，第31页。

险人磋商之机会。投保人较为弱势，故凡影响投保人权利行使与决定投保与否，或违反契约之不利法律效果等重要事项，应对投保人主动明确说明。在李某诉某保险股份有限公司河南省分公司案①与汪某诉某保险股份有限公司北京分公司案②中，法院认为即使在投保单、保险单或者其他保险凭证中通过专门的提示书或免责部分字体加粗加大以提示投保人关注该部分，但其业务员仍应以书面或口头形式对投保人进行明确说明，否则承担不利后果。关于保险人之回答询问，系指保险人对投保人所询问之问题应详细解释说明，消保法第 20 条第 2 款已规定了经营者对于消费者的询问，应作出真实、明确的答复，可予以参考。此义务之履行具有双重意义：一是协助投保人更了解保险契约条款内容及重要事项；二是作为保险人信息提供义务履行与否之判断标准。保险人虽对投保人就契约条款重要内容已作详细解释和说明，唯投保人是否能充分了解，则属主观感受，难以就客观事实作判断。课以保险人被动详尽回答之义务，将主动权赋予投保人一方，可让其根据自己的需求有针对性地深入了解信息，更好地实现保险之目的。③ 为免日后纷争，投保人若对于保险人主动明确说明之重要事项未完全了解时，向保险人继续提问，否则应承担不利益，日后不得主张保险人未尽信息提供义务而请求损害赔偿。（2）保险人之合理提醒。保险人之合理提醒，系指保险人应以合理方式提醒消费者注意保险单特别表示之重要条款，以及自行阅读其他保险人未说明之条款。若投保人在自行阅读保险契约时，遇有不明了或异议，应立即询问保险人，以确保权利不受侵害。

## 三 履行标准

### （一）德国法之标准

《德国保险契约法》第 7 条第 1 款除了规定保险人负有相关信息告知义务外，还规定："此通知应以合乎该沟通途径之方法，清楚可理解地为

① 河南省中牟县人民法院〔2010〕牟民初字第 213 号民事判决书。

② 北京市大兴区人民法院〔2012〕大民初字第 1198 号民事判决书。

③ 杨茂：《完善我国保险人明确说明义务的法律思考》，《现代法学》2012 年第 2 期。

之。”①故保险人负有须以符合所使用沟通工具之方式，清楚、可理解地将信息提供给投保人的义务。从条文形式来看，保险人固然同时负有告知及传递信息二重义务，但在保险商品交易中，二重义务实际上根本无法区辨，因为保险这种金融服务商品不同于其他商品之远距交易，通常均仅有订约前一次性地提供所有相关信息。因此，本条之实质意义仅在于，保险人告知信息的方式，应系清楚及可理解。通信工具，意指双方沟通之方式，例如电子通信（邮件）或有实体媒介通信（传真、广告传单等）。本条并未限定保险人必须以与订约方法相同之方式来履行其信息提供义务，而是要求信息提供方式须清楚和可理解，也就是透明性的要求。须具备透明性者，不仅包含所有保险信息义务办法中所订的事项。清楚，指信息为明确而不致使投保人产生误会；可理解，指以该保险所牵涉之社群平均的理解可能性为准。

上述二者同时为保险人所提供之信息在形式上及内容上的要求。故保险人所提供的信息在外观上须提纲挈领、无印刷上瑕疵、附有目录、区分段落、在重要处应以显著突出之字体标出，使投保人能快速掌握信息的重点。若将包含其他投保人未购买之保险在内的所有一般保险条款及信息均以信息载体（如光碟）交付给投保人，学说上认为不能认为是合法地履行信息提供义务，而应该将信息精确而具体地指向该特定保险契约有关者才行。②

（二）我国标准之争执与确立

关于信息提供义务履行之标准，依据我国《保险法》第 17 条之规定，司法实务以及学术研究，分为保险人提示义务之标准与说明义务之标准，并一直存在理论上与实务上的较大争议。以下将以提示与说明为例展开论述，以期最终确立保险人信息提供义务之履行标准。

1. 提示义务之标准

我国《合同法》第 39 条对提示义务的表述是“以合理的方式提请对

---

① This information shall be provided clearly and comprehensibly in keeping with the means of communication employed.

② 叶启洲：《从德国保险人资讯义务规范论要保人之资讯权保障》，《政大法学评论》2012 年第 2 期。

方注意”。《保险法》第17条关于提示义务的规定，其表述与《合同法》第39条基本类似，即“作出足以引起投保人注意的提示”。由于提示问题经常被说明问题所掩盖，与对说明的研究相比，理论界与实务界对“提示”的关注较少。结合《〈保险法〉司法解释（二)》第11条第1款关于提示的规定，本书认为：提示必须达到足以使投保人注意的程度，此处投保人应理解为理性投保人，即处于同一条件下的投保人能够注意到的，就应认为保险人已经尽到提示义务；但是，对于因老、弱、病、残或文盲、半文盲等原因而对事物认知受到影响的人群，保险人必须明确向这些特殊的投保人一一明确地指出或宣读免除或限制责任等重要条款。另外须注意的是，保险人对免除保险人责任等重要条款以文字、字体、符号等方式特殊标示后，还应主动向投保人出示该条款，提醒投保人注意该条款的存在，否则投保人难以知悉其存在或重要性。

2. 说明义务之标准

关于说明义务的履行应采实质判断还是形式判断标准，是司法解释制定过程中争论最为集中的问题之一。持实质判断标准的观点认为，当前我国投保人与保险人利益显著失衡，保险人提供的保险条款中充斥大量免除保险人责任的条款，这些条款分散于保险合同的各个组成部分，字体小、术语众多、晦涩难懂，保险营销人员在销售过程中通常并未对这些条款进行说明，甚至其本身也难以完全了解条款之含义，仅是让投保人在投保声明书上签字作为其已履行说明义务的证据，根本未能达到使投保人真正了解免除保险人责任等重要条款之目的；故司法解释应进一步强化明确说明义务的实质特征，要求保险人必须确实真正履行说明义务，使投保人了解保险产品之真实情况。持形式判断标准的观点认为，根据实质判断标准，保险人的说明必须让投保人真正明了相关条款的内容才能视为其已尽到说明义务，而投保人是否真正了解属于主观判断问题，证明难度大，如采该标准对保险人负担过于沉重，且实践中也不好操作。经过不断论证、仔细推敲、谨慎权衡，实务界决定采实质判断标准，即保险人的说明必须达到使投保人理解的程度。

既然保险人的说明必须达到使投保人理解的程度，此处的投保人应是具体投保人还是理性投保人，是值得探讨的。有观点认为，该说明应达到一般人能理解的程度。另有观点认为，既然保险契约是在保险人和特定的投保人之间成立，因此，保险人履行说明义务所达到的标准应是达到该特定投保人能够理解的程度。第一种观点采纳了客观标准，第二种观点采纳了主观标准。两者各有其合理性，又各存在不足。[①] 实务界认为，应采用客观标准为主、主观标准为辅的原则来判定保险人是否履行了明确说明义务；即原则上，应达到使普通智识能力的社会主体能够理解的程度即可，但兼顾智力欠缺、盲人、文盲等消费者的特殊情况。[②] 这种模式更为符合说明义务的立法旨意，也能更好地平衡各方当事人的利益关系。

3. 小结：信息提供义务之标准

依我国台湾地区“金融服务业提供金融商品或服务前说明契约重要内容及揭露风险办法”第3条之规定原则，[③] 我国《〈保险法〉司法解释(二)》第11条和12条的规定，以及参照前述德国法之规定，本书认为信息提供义务应坚持全面、真实、准确、及时、有效的原则，采用理性社会人[④]的标准，以投保人的确实理解为目标，通过客观与主观、实质与形式相结合的模式，从而最大限度地实现保险双方之利益。具体言之：(1) 所谓理性社会人标准，乃指保险人条文设计、产品开发等方面，所追求的是有限资源条件下社会整体利益的最大化，因此从源头上其保险产品就应兼顾保险人、投保人等个体利益与大众、整体利益的均衡发展，从而真正实现维护社会经济秩序和社会公共利益的价值目标。(2) 关于投保人的理解，采取普遍与特殊的区分，对于一般的投保人采取客观理解的标准，针对于特殊群体则采取投保人的主观理解标准。(3) 形式上

---

① 张雪楳：《保险人说明义务若干问题探析》，《法律适用》2010年第8期。

② 潘红艳：《论保险人的免责条款明确说明义务——以对保险行业的实践考察为基础》，《当代法学》2013年第2期。

③ 第3条：“金融服务业说明金融商品或服务契约之重要内容及揭露风险，应遵守下列基本原则：一、应本于诚实信用原则，并以金融消费者能充分了解之方式为之。二、任何说明或揭露之信息或数据均须正确，所有陈述或图表均应公平表达，并不得有虚伪不实、欺诈、隐匿，或足致他人误信之情事，上述信息或数据应注记日期。三、销售文件之用语应以中文表达，并力求浅显易懂，必要时得附注文件。四、所有销售文件必须编印页码或适当方式，俾供金融消费者确认是否已接收完整讯息。”

④ 席恰、宋殿清：《理性社会人视角——可持续城市化道路的新动力》，《技术与创新管理》2011年第6期。

坚持告知后同意的原则，通过书面方式，清晰、简单、明了、有条理地提供条款文本，以投保人的自愿同意且签字为前提，认定保险人实际履行信息提供义务。例如，李梅、李永侠等与王国强、吴承民等机动车交通事故责任纠纷案[①]中，二审法院认为相关投保单中有关投保人声明处的签名均非吴承民本人所签，也无证据证明为经吴承民授权的委托人所签，应当认定保险公司未对免责条款进行提示，未履行法定义务，其主张免责，依据不足，法院不予支持；屈某某与某保险股份有限公司蚌埠市分公司一案[②]中，从“直通车”机动车保险条款行文来看，该条款在“责任免除”部分使用加黑字体，与其他部分形成了较强的视觉对比，起到着重说明的效果，该部分字体的特殊处理，足以引起投保人对此施加更多的注意与详细的阅读，原告在投保单签名的位置处于“投保人声明”一栏下，而该声明显示原告在投保时已对保险契约条款，特别是保险人免责条款进行了理解并同意上述内容，保险人不承担相应责任。实质上坚持适合性原则，文字之方式、传递之渠道、说明与回答之语言及方式等，都应适合投保人之理解及注意，真实明了产品之特性与功能，实现自由的选择。例如，西峡县华龙通商用汽车运输有限责任公司与中国人民财产保险股份有限公司西峡支公司、中国人民财产保险股份有限公司南阳市高新技术产业开发支公司一案[③]中，保单中“投保声明”部分的内容系保险人提前打印好的格式条款，其字体也与其他内容的字体一致，不能引起原告注意的提示作用，保险条款中免责条款的字体并未明显大于其周围其他文字，不能引起原告的注意提示作用，保险人应承担不利的法律后果。(4) 关于《〈保险法〉司法解释（二）》第 12 条所规定的网络、电话等特殊订约方式，参照德国法之规定，保险人仍须在契约订立之后，不迟延地补行提供法定信息，以使投保人能够在合理的时间内再次思考当初选择行为之适合性，从而维护自身权益。陈某、徐某诉某保险公司一案[④]，法院认定保险公司在保险手册中以格式条款的形式规定

① 浙江省金华市中级人民法院（2014）浙金民终字第 455 号民事判决书。

② 安徽省蚌埠市禹会区人民法院（2013）禹民二初字第 00313 号民事判决书。

③ 河南省南阳市西峡县人民法院（2013）西民商金初字第 62 号民事判决书。

④ 浙江省杭州市江干区人民法院（2010）杭江民初字第 1594 号民事判决书。

投保人激活保险单即视同全面阅读并完全理解和同意接受包括责任免除的全部内容，免除了保险人对免责条款的明确说明义务，应属无效，本书以为值得肯定；为此，本书认为此第12条之规定有待商榷。

另外，依德国保险信息义务办法第1条规定，保险人应提供事实上及法律上可辨识该保险业及为其代理人的透明信息，可统称为透明性要求。[①] 为此，在信息提供义务方面也应坚持公开透明化原则，以利投保人选择权之行使。如同诺贝尔奖得主约瑟夫·斯蒂格利茨（Joseph Stiglitz）所言，透明化可用于解决信息不对称的问题。倘所有当事人对于买入或卖出的标的皆有良好信息，使其能精确地评估所进行的交易，则市场的运作将最有效率。当每一方皆评估所获得的比所失去的更多，因此，对双方皆创造了价值而导致一个更有效率市场的出现。然而，如前述，保险市场的运作并非如此，交易双方当事人之间存在显著信息不对称，市场权力的运作乃向保险人倾斜。因此，为了平衡保险人与投保人之间的权力关系，并为了使投保人的选择机制能够有效运作，应降低信息不对称，故保险人及其代理人的状况应加以充分透明化，从而使投保人有充分的信息，以利其审慎作出最适切的决定。我国《保监会关于加强保险消费者权益保护工作的意见》基本原则之一，即坚持公开透明，注重信息披露，加强透明度监管，及时、主动公开保险业经营和政府监管中涉及消费者权益相关情况，为消费者的选择提供充分信息。再者，透明化的另一个关键性概念，即可究责性。在透明的社会中，所有行为均是受监督的，倘有任何滥用或不当的行为者，则必须为其行为负责。[②]

## 第四节　信息提供义务的范围认定

由我国《保险法》《〈保险法〉司法解释（二）》及《保险公司信息

① 叶启洲：《从德国保险人资讯义务规范论要保人之资讯权保障》，《政大法学评论》2012年第2期。

② Tal Z. Zarsky，Thinking Outside the Box：Considering Transparency，Anonymity，and Pseudonymity as Overall Solutions to the Problems of Information Privacy in the Internet Society，58 *U. Miami L. Rev.* 991，997 - 999（2004）.

披露管理办法》等规定可知，保险人信息提供义务之范围不以契约内容为限，不仅为狭义之保险人说明义务范围，[①] 而应架构于保险缔约时之广义信息提供义务范围。依我国台湾地区“金融消费者保护法”第10条第2款规定，保险人信息提供义务之范围应包括但不限交易成本、可能之收益及风险等有关金融消费者权益之重要内容，其范围即采取广义之解释。为此，针对我国保险人缔约信息提供义务之具体范围为何，实有探究必要。

## 一　以重要事项为区分

此处的重要事项，指构成消费契约目的之内容或交易条件，通常能够影响到消费者作出是否缔结该消费契约的判断事项，它是参照契约缔结时按照社会通常的观念，一般平均水平的消费者是否缔结该消费契约，客观上能够左右该判断的情况及那种有关消费契约的最基本性的事项。[②] 附随义务之目的在于规范当事人如何履行契约，而得以促进主给付义务之实现，使债权人之给付利益获得最大之满足，或维护他方人身或财产上利益。依此功能性解释，则任何有害债权人给付利益或他方人身或财产上利益者，均应归属重要事项者。唯就文义上观察，学者饶端正将信息提供义务范围予以扩展为就缔约有重要关系者，以符合缔约过失责任或先契约义务之真谛。[③]

### （一）保险契约之重要内容与风险

我国《保险法》第17条尚未特别就保险契约的重要内容与风险设有规定，参照我国台湾地区“金融服务业提供金融商品或服务前说明契约重要内容及揭露风险办法”第5条之规定，[④] 并参酌保险之特性解释原

---

① 邹海林：《保险法教程》，首都经济贸易大学出版社2002年版，第48页。

② 杨琴：《日本市场规制法研究》，贵州大学出版社2013年版，第190页。

③ 饶瑞正：《保险法先契约据实说明义务之再建构（上）》，《台湾本土法学杂志》2006年第5期。

④ 第5条：“金融服务业应依各类金融商品或服务之特性向金融消费者说明之重要内容如下：一、金融消费者对该金融商品或服务之权利行使、变更、解除及终止之方式及限制。二、金融服务业对该金融商品或服务之重要权利、义务及责任。三、金融消费者应负担之费用及违约金，包括收取时点、计算及收取方式。四、金融商品或服务有无受存款保险、保险安定基金或其他相关保障机制之保障。五、因金融服务业所提供之金融商品或服务所生纷争之处理及申诉之管道。六、其他法令就各该商品或服务所定应定期或不定期报告之事项及其他应说明之事项。”

则，可认为保险人在订约前对投保人负有信息提供义务之契约重要内容包括以下几个方面。

1. 投保人对该保险契约之权利行使、变更、解除及终止之方式及限制

所谓投保人之权利，应依保险契约种类而定，解释上应包括在为自己利益而投保时，基于被保险人地位所得享有之保险给付请求权、保单红利请求权、费用偿还请求权、责任准备金返还请求权、解约金请求权、保单借款请求权等；若保险契约内有自负额之约定者，因直接影响投保人与被保险人之请求权数额，故保险人亦应于订约前说明。例如德国保险信息义务办法第 2 条即规定，在人寿保险中，保险人尚须告知投保人保单分红的金额以及计算分配之原则与标准。上述规定也适用于具有储备性的伤害保险以及职业失能保险。并规定人寿保险之保险人应告知投保人保险契约所保证给付的赎回价值之金额。所谓契约之变更权，例如人寿保险中减少保险金额；关于契约之解除或终止，例如投保人的法定合同解除权及人寿保险契约终止权等。

2. 保险人对该保险契约之重要权利、义务及责任

保险人之权利，包括保险费及其利息之请求权、财产保险中标的物检查权等。保险人之义务与责任，最重要者当属保险金给付义务，解释上应包括该保险契约之险种、承保之危险范围、除外危险、等待期间、损失发现期间、延长报案期间等。保险契约条款中若有约定投保人应履行某些法律所未明文规定之义务时，其义务内容以及投保人义务违反时保险人所得行使之权利，亦应属保险人说明义务之范畴，始为合理。

3. 投保人应负担之费用及违约金，包括收取时点、计算及收取方式

投保人依保险契约应负担之费用，即为保险费。保险人应说明者，除保险费数额、交费期间之外，尚应包括保险费给付迟延时应支付之利息，如因而导致契约停效，则投保人申请复效时应交付之费用，也应说明之。

4. 因保险契约所产生纠纷之处理及申诉之通道

保险契约所产生之纷争，其主要处理及申诉通道包括：（1）司法途径：亦即向法院提起民事诉讼，由法院依据法律审判。法院为私权纷争的最重要有权认定机关，故保险人应在订约前向投保人说明其提起诉讼

之权利。(2) 协商或仲裁：依《消费者权益保护法》之规定，投保人可与保险人协商解决，或提请仲裁机构仲裁。例如我国保监会起草的《关于促进人身保险公司互联网保险业务规范发展的通知（征求意见稿）》第6条规定信息披露内容之一，即售后服务及消费者投诉方式，以利于消费者及时解决纠纷，维护权益。

5. 其他法规就保险契约所应定期或不定期报告之事项及其他事项

所谓就保险契约所定应定期或不定期报告之事项，主要系指投资型保险中，保险人应向投保人报告之投资损益情况。在传统类型的保险关系中，似无此问题。

(二) 保险关系上之交易成本、可能之收益及风险

依我国台湾地区“金融消费者保护法”第10条第2款规定，金融商品或服务契约之重要内容，包括交易成本、可能之收益及风险。就保险契约来说，交易成本应指保险契约的费用。至于保险中介人员的佣金率，应包含在前述费用率范围内。至于可能的收益，解释上包括人寿保险及其他长年期保险关系中的保单预定利率与保单分红，以及投资型保险的可能收益。财产保险因系填补被保险人之具体实际损失，应无可能的收益之问题。至于可能之风险，在保险契约中，应仅投资型保险有此问题，若保险人所销售者系投资型保险，自应于订约前将可能风险向投保人说明。另保险人所提供者为投资型保险商品，则应向投保人披露可能涉及之风险信息，其中投资风险应包含最大可能损失、商品所涉汇率风险。

在比较法上，依德国保险信息义务办法第1条之规定，保险人应告知包含税捐及保费组成部分在内之保险费总额。依此规定，保险人应公开保险费的计算基础，使投保人得以评估购买价格。在保险费中计入的缔约及营运费用，除了人寿保险之外，在其他险种则无须告知投保人。另外，在特殊情况下须由投保人负担之费用以及其他可能的税捐及手续费等，或者是投保人因使用远距通信方法而额外应负担的费用，也应告知投保人。关于人寿保险之费用，德国保险信息义务办法第2条规定，保险人须告知投保人其保险费中所含之成本，以及未计算在保险费之内，但可能产生的其他费用，尤其是一次性的或因特别事由所产生的费用。保险费中所包含的成本，包括计算在总保费内的缔约费用以及其他费用对年度保险费所占之比例。缔约费用的告知，并不是要求保险人公开个

别契约中给付给保险中介人的佣金，而是指缔约费用的总额。关于保险费系考量哪些项目的费用，原则上无须告知投保人，因为立法者假定保险费原本就包含该等费用成本，且价格的决定原本就是市场竞争的一部分。[①] 上述之规定，可供参考。

## 二 以契约类型为区分

保险契约条款内容之说明为各国立法例规范之重心，以条款之说明为视角，由条款之类型化区分来界定信息提供义务之范围。

### （一）一般保险契约条款及定型化条款

保险契约条款的概念，学界及立法通常从狭义上使用，特指保险契约中不由当事人议定的条款，[②] 通常为由保险人拟定的有关不同保险种类投保人和保险人权利义务的具体规定。[③] 保险契约是高度附合性与技术性契约。附合性理念下的保险契约，依循“接受抑或走人”（take it or leave it）的规则，一般投保人无对契约内容增、删、变、减之余地；技术性理念下的保险契约，体现为保险契约条款术语的晦涩难懂与冗长繁杂。为防止保险人制定不公平的格式条款，损害投保人、被保险人或者受益人的利益，有必要对保险人提供的保险契约条款进行规制。[④] 我国《保险法》第17条第1款规定了一般格式条款之说明，并于第18条列举了保险合同的主要内容，其均属保险人信息提供义务之范围。其实保险人提供一般保险条款给投保人的必要性，可参考德国民法第305条规定得出，因为在保险交易中，透过在营业场所的告示等方式使投保人知悉契约条款的可能性并不存在，所以德国保险信息义务办法第1条规定了一般保险条款、费率以及保险给付之重要特征，特别是保险给付之方式、金额及到期日，亦均属其范围。德国保险契约法就此的特殊之处仅在于要求保险人提供条款之时点必须是在投保人作缔约表示前的适当时点而已，在其他以定型化契约订立之契约中，约款使用人即使在缔约之时提供一般

---

① Bruck/Möller/Herrmann, Versicherungsvertragsgesetz, Band 1., 9. Aufl., Berlin 2008, § 7, Rn. 20.

② 邹海林：《保险法》，人民法院出版社1998年版，第204页。

③ 李玉泉主编：《保险法学——理论与实务》，高等教育出版社2007年版，第146页。

④ 江必新主编：《保险纠纷》，法律出版社2014年版，第131页。

交易条款，亦符合民法的要求。

由于保险具有专业性及技术性，一般人对于保险条款之用语可能难以理解，无法详加阅读、了解法律效果，为此，对于上述一般保险契约条款及格式条款，保险人应当向投保人说明其条款之含义，经投保人同意后，始具契约效力。此时，投保人除了对其所知悉之契约条款赋予特殊同意外，对保险人单方所提出之非不合理或恶劣之条款赋予概括式同意，同时，此种非不合理或恶劣之条款不得改变或消减投保人曾赋予特殊同意之契约条款之合理意义。[①] 例外在此类条款履行之结果会造成原先被赋予特殊同意条款之目的无法达成时，则保险人有必要弥补投保人对于契约条款之认知不足，主动明确告知投保人该条款之意义及法律效果，例如：重要事项告知义务条款、危险增加通知义务条款、危险发生通知义务条款、保费交付方式及违反效果之条款以及复保险通知义务条款等。[②]

欧盟于20世纪90年代颁布产、寿险第三代指令[③]，规定保险人在契约成立前应对投保人说明特定具体之公司信息与契约内容如下，以维护消费者知的权利（a well-informed consumer），顺应消费者保护之潮流。首先，对于所有险种：（1）保险人名称、地址、组织形态，以及经由分公司或办事处缔约者之分公司或办事处地址；（2）定型化契约条款，包括保险费率、管辖权与准据法条款；（3）与定型化约款有异之个别商议条款；（4）终止契约之方式；（5）保险期间；（6）主保险与附加保险之利益与相对应之保险费明细（亦即纯保费、附加保费、储蓄或投资保费之数额）、保费给付方式与契约下之总保费数额；（7）投保人受其要约拘束之期间；（8）申诉管道与监管机构名称。其次，对于寿险、年金险和可分红之伤害险，须说明额外信息：（1）决定分红或参加分红之计算原则与标准；（2）解约金及其利益范围；（3）保单价值准备金及其利益范围；（4）投资型保险之投资资产或连结标的；（5）税制。再次，对于健康保

① K. Llewellyn, The Common Law Tradition-Deciding Appeals, 1960, pp. 362, 370 – 371.

② 卢景芳：《保险人说明义务之研究》，硕士学位论文，政治大学保险研究所，1990 年。

③ Annex II of the 92/49/EEC (Non-life) and 92/96/EEC (Life)：欧盟各国遵循指令而增修国内法者如德国保险监管法第 10a 条，英国 1982 年保险公司法附件 2E。

险，须说明额外信息：（1）医疗照顾费用之提高对于未来保费之影响；（2）年老时限制保险费之可行性。欧盟法对于保险人信息与保险契约内容应说明事项之具体规定，系经过规模性之比较法研究与实际论证之产物，显无违反公序良俗，也未有与我国现有法律体系不相容之问题，应可援引导入我国。

### （二）免责条款及除外危险之订入

#### 1. 免除保险人责任的条款

根据当前理论界与实务界的通说，契约中的免责条款是指契约中的双方当事人约定的免除或限制一方或者双方当事人未来责任的条款。[①] 也就是说，免责条款免除或者限制的是责任，而不是其他。所谓责任，民法理论上存在后果说和责任说。后果说认为，民事责任是民事主体因违反民事义务（包括契约义务和法定义务）所应承担的（不利）法律后果。责任说则将责任视为义务人履行义务的担保，或者说是强制履行实现义务的手段。通说采后果说。[②] 根据后果说，责任是义务违反的法律后果，其通常需要以义务存在为前提，但显然不同于义务。如此理解，免除或限制责任所免除或限制的是当事人违反义务的法律后果，而不是免除义务；免责条款指的是当事人所约定的免除或限制当事人违反义务法律后果的条款，而不是免除义务条款。

《保险法》第 17 条所指的“免除保险人责任的条款”则与此不同。2009 年《保险法》修订时将保险人明确说明的对象由原来“保险人责任免除条款”改为“免除保险人责任的条款”，在解释上包括：（1）修订前《保险法》所指的保险人责任免除条款，即契约中载明的保险人不负赔偿或者给付保险金责任的范围的条款；（2）散见在保险单其他条款中的设计部分免除保险人责任的条款。[③] 由以上内容可以认为，“免除保险

① 胡康生主编：《中华人民共和国合同法释义》（第 2 版），法律出版社 2009 年版，第 93 页；王中：《试论免责条款的解释原则》，《河南省政法管理干部学院学报》1998 年第 1 期；苏号朋：《论格式合同的法律控制》，见沈四宝主编《国际商法论丛》（第 1 卷），法律出版社 1999 年版，第 461 页；任华：《浅论格式免责条款的效力》，《中央政法管理干部学院学报》2000 年第 6 期；钟国才、谢菲：《论免责条款的效力》，《武汉大学学报》（哲学社会科学版）2010 年第 6 期。

② 刘保玉、周彬彬：《民事责任与义务的界分问题再思考》，《政法论丛》2009 年第 4 期。

③ 安建主编：《中华人民共和国保险法（修订）释义》，法律出版社 2009 年版，第 47 页。

人责任的条款”主要是免除保险责任的条款，其免除的虽也是责任，但与合同法上的责任并不是同一概念。保险责任是指保险单上载明的危险发生造成保险标的损失或约定人身保险事件出现（或约定期限届满）时，保险人所承担的赔偿或给付责任。[①] 也就是说，保险责任是保险人在保险事故发生后依据保险契约约定所承担的赔偿或给付保险金责任，实际上是保险人根据保险契约所应承担的义务，而不是保险人违反义务所应承担的不利后果，只是该义务以保险事故的发生为产生要件。可见，免除保险人责任与契约法上的免责并不相同：前者免除的是义务，后者免除的是违反义务的法律后果，故免除保险人责任条款不能等同于免除条款，而是免除保险人应当承担的保险义务的条款。

我国《〈保险法〉司法解释（二）》第9条之规定，[②] 界定了免除保险人责任的范围，将实践中争议较大的部分条款明确列为应当明确说明的对象，同时将解除权条款排除在免除保险人责任条款之外。根据该规定，如果保险契约采用了责任免除条款、免赔额、免赔率、比例赔付或给付等条款，这些条款必须经过保险人明确解释说明后，使其成为契约之一部分，且经投保人赋予特殊同意后订入契约，对双方均有拘束力且产生效力。[③] 例如，陈某诉某保险公司一案[④]中，法院认为，保险契约中免赔率的约定具有免除、减轻定型化条款提供方即保险公司责任性质，在被保险人主张保险公司对该约定未履行说明义务，而保险公司未有证据证明已向被保险人做了明确说明的情况下，该约定条款不产生效力；张志君与中国平安财产保险股份有限公司徐州中心支公司、齐宏愿一案[⑤]中，二审法院认为关于非医保用药是否在赔偿数额中予以扣除，应结合保险合同的性质、规定以及侵权责任的相关规定综合分析判断，

---

① 李玉泉主编：《保险法学——理论与实务》，高等教育出版社2007年版，第149页。

② 第9条：“保险人提供的格式合同文本中责任免除条款、免赔额、免赔率、比例赔付或者给付等免除或者减轻保险人责任的条款，可以认定为保险法第17条第2款规定的‘免除保险人责任的条款’。保险人因投保人、被保险人违反法定义务或者约定义务，享有解除合同权利的条款，不属于保险法第17条第2款规定的‘免除保险人责任的条款’。”

③ Slawson, Standard Form Contracts and Democratic Control of Lawmaking Power, 84 *Harv. L. Rev.* No. 3, 1971.

④ 江苏省江阴市人民法院（2008）澄民二初字第2099号民事判决书。

⑤ 江苏省徐州市中级人民法院（2013）徐民终字第1661号民事判决书。

保险人对“按医保可报比例之外的非医保费用”未作提示或者明确说明义务的，该条款不产生效力，因从“按医保可报比例之外的非医保费用”约定的性质上看，其属于比例赔付事项，应认定为保险合同中免除保险人责任的条款，保险人应对其尽到明确说明义务；郭某与阳光财产保险股份有限公司上海市分公司一案①中，二审法院认为争议焦点之一为阳光财险上海分公司对于超过国家基本医疗保险标准的医疗费是否应当赔偿，法院认为系争保险条款中有关“保险人按照国家基本医疗保险的标准核定医疗费用的赔偿金额”的约定，免除了保险人对超过国家基本医疗保险标准的医疗费的赔偿责任，应属免责条款，保险人应当尽明确说明义务，阳光财险上海分公司未能完成举证责任，该条款对郭某不产生效力。如果保险契约约定了保险人因投保人、被保险人违反或约定义务而享有契约解除权的条款，则这些条款无须明确说明也产生效力。本规定虽对免除保险人责任条款进行列举，但并非封闭性的，除了本规定列举的以上条款外，仍可能存在其他免除保险人责任的条款，故对格式条款中的其他条款是否必须经保险人明确说明才产生效力，需要结合保险条款的相关内容判断其是否必实质上减轻或免除保险人责任。例如，所谓费率规定，包含保险费、折扣或相当折扣之事项的数额或其计算式；保险给付之数额不仅包括给付之上限，也包含投保人须负担的自负额在内，这些事项对于投保人进行保险商品选择具有重要意义，亦须进行明确说明。

此外，关于本规定将解除权排除在保险人明确说明之外，本书认为有待商榷。保险人解除权之行使，乃属影响投保人权利行使与违反契约不利法律后果之重要事项，最终可造成投保人保险目的之破灭。为此，解除权涉及保险双方当事人切实利益之实现，保险人应明确说明。

2. 除外危险

依德国保险信息义务办法第 4 条规定，关于承保危险及除外危险，保险人不仅须告知投保人，更须附加具体的描述。此外，应注意的是，

---

① 上海市第二中级人民法院（2013）沪二中民六（商）终字第 240 号民事判决书。

除外危险必须不构成德国民法第305c条第1款[①]所称的意外条款，才构成保险契约之一部分。从保险原理来看，保险人不承担责任的条款包括除外责任和免赔条款。[②] 除外责任是保险契约的另一个基本组成部分，主要分为三类：（1）除外风险，契约中可能会把某些风险事故或者某些引起损失的原因排除在外。在屋主保单中，洪水、地壳运动、核辐射或者放射性污染等风险都是明确排除在外的。在个人汽车保单的物理性损坏部分中，如汽车是作为公共出租车使用，则由车碰撞所造成的损失是特别除外的。在财产与责任保险中，大多数保险契约都将战争行为排除在外；其中，恐怖袭击的风险很难进行精确估计和衡量，潜在的灾难性损失是存在的，当保单进行更新时，许多财产保险公司和再保险公司开始把恐怖活动也列为除外责任。（2）除外损失，某些损失也是除外的。例如在屋主保单中，被保险人在风险事故发生后没有对财产进行保护所造成的损失是除外的。在屋主保单中的个人责任部分，因驾驶汽车而引起的责任诉讼是除外的。职业责任损失也是除外的。要弥补职业责任损失，需要一份特定的职业责任保单。（3）除外财产，保险契约会将一些财产排除在保险范围之外，或是在附加某些限制条件后提供保障。例如，在屋主保单中，某些个人财产就是除外的，比如汽车、飞机、动物、鸟类和鱼类。在责任保险保单中，被保险人替他人照看、支配或保管的财产通常也是除外的。

免赔条款是另一项常见的保单条款。免赔条款是指保险人从总的损失赔偿额中扣除特定数额，只支付余下数额的一类条款。免赔条款通常存在于财产、健康及汽车保险契约中。人寿保险中不使用免赔额，因为被保险人的死亡为全部损失，免赔条款仅仅是减去保险面值。同样，在个人责任保险中也不使用免赔额，因为即使是很小数目的索赔，保险公司也必须提供法律辩护。保险人希望从损失开始时即进入相关的程序，从而将其赔偿责任降到最低。而且个人的第三方责

---

① 德国民法第305c条第1款规定：“一般交易条款中之约款，依其情况，尤其是依契约之外部表现形式，若为如此不寻常，致使约款使用者之契约相对人无须将之列入考量时，不构成契约之一部分。”

② [美] 乔治·E. 瑞达：《风险管理与保险原理》（第8版），申曙光译，中国人民大学出版社2006年版，第126—132页。

任保险中的一个很小的免赔额所导致的保险费减少也相对较小。[①] 免赔条款将那些处理和操作成本高的小额索赔排除在外；免赔条款也有助于降低投保人缴纳的保险费；最后，保险人通过使用免赔条款来减少道德和心理风险。

不论是除外责任或是免赔条款，都将直接导致保险人本应承担的保险责任在一定程度上被免除，故一般都认为属于《保险法》第17条规定的“免除保险人责任的条款”，保险人在订立契约时需对这些条款进行明确说明，并取得投保人之同意，始具契约效力。

（三）保险人之基本信息

英国在 Banque Financiere de la Cite v. Westgate Insurance Co Ltd. 案，法院表示保险人说明义务之范围限于“承保危险之性质”或“保险给付请求”相关之重要事项，[②] 其中涉及保险人之基本状况，如保险人贩卖保险商品的许可、与保险费相关之财务影响等，均对风险而言是重要的。另外，2009年欧洲保险契约法重述对于保险人说明范围亦规定保险人基本资料之告知（第2：701条规定）。为此，借鉴域外之判例与经验，本书认为以下信息亦属信息提供范围。

1. 保险人的偿付能力与支付记录[③]

保险公司应披露其财务信息，确保公众对该机构财务的成长性形成一个全局的认识，进而了解他们所面临的风险。影响索赔可补偿性最为显著之因素，为保险人迅速支付之能力。对于长期寿险而言，保险人之长期偿付能力亦同等重要。在 Osman v. Ralph Moss 案中，[④] 投保人发现其因保险代理人未告知保险人即将陷于破产而遭受损失，法院判决保险人应对其偿付能力予以说明。

在英国，法庭长期以来认为投保人之索赔记录为投保人告知义务之

① Keeton, Robert E., Alan I. Widiss. Insurance Law: A Guide to Fundamental Principles, Legal Doctrines, and Commercial Practices, student edition. St. Paul, MN: West Publishing, 1988.

② Peter Macdonald Eggers and Patrick Foss, Good Faith and Insurance Contracts. *London L. L. P.*, 269 (1998).

③ 肖和保：《保险法诚实信用原则研究》，法律出版社2007年版，第236—237页。

④ [1970] 1 Lloyd's Rep 313.

内容，[①] 因为投保人之索赔记录可以作为判断投保人是否具有道德危险之参考。同样地，保险人对于索赔请求之态度，也是投保人欲了解之内容，保险人对于索赔是否迅速、是否附加不合理条件、索赔程序是否异常复杂等因素均会影响投保人之投保意愿，因此属于保险人说明内容之范围。

2. 保险代理人、保险经纪人等基本信息

2005 年修订后的日本《保险业法》要求保险代理人、保险经纪人等在推销保险产品前向客户先行告知自身的基本信息。该法第 294 条规定，保险代理人在进行保险募集之前，应先向客户明确告知以下事项：所属保险公司的商号、名称或姓名、作为保险代理人还是缔约媒介的身份，以及其他内阁府令规定的事项。该法第296 条规定，保险经纪人在担任保险契约缔约媒介时，应当根据内阁府令的规定，向客户交付记载有下列事项的书面文件：保险经纪人的商号、名称、姓名及住所，保险经纪人的权限、保险经纪人的损害赔偿相关事项，内阁府令规定的其他事项。并且根据《保险业法》第 298 条的规定，保险经纪人应当根据《商法》第 546 条第 1 项的规定，在交付给投保人的保险结约书[②]中记载下列事项：保险经纪人的商号、名称、姓名及住所，注册编号，被保险人及保险金受益人的商号、名称或姓名……[③]

上述信息之提供目的，不只是为使投保人得以知悉其确切的交易对象及代表人，更同时是为了使投保人得以在契约订立之前、后，轻易地得知保险人与保险代理人、保险经纪人的关系，能够让投保人作出清醒的判断，从容作出选择。因此，我国保险业实有借鉴必要。但是本书在此强调，对于一些涉及保险代理人、保险经纪人之个人隐私或个人敏感信息的，其信息的提供亦须符合其他相关法律之规定。

（四）投保书与保险契约不一致之处

保险契约内容有时会与投保书或事先达成之协议不一致，这些不一致通常不被投保人所注意，因此立法例上有特别要求保险人将不一致之

---

① Becker v. Marshall［1922］12 L1L. Rep 413；Lyons v. JW Bentley Ltd［1944］77 L1L Rep 335；Ewer v. National Employer's Mutual General Insurance［1937］2 All ER 139.

② 保险结约书是指保险经纪人出具的，交付给客户用以证明其保险媒介行为的证明文件。

③ 何颖：《金融消费者权益保护制度论》，北京大学出版社 2011 年版，第 93 页。

处向投保人说明。例如《德国保险契约法》第5条[①]即规定在两者不一致时，保险人于交付保险单时，须告知投保人，且保险人告知后投保人亦得于一个月内以书面向保险人异议，保险人之通知须以特别之书面通知或在保险单中以显著的附注记载，若保险人违反上述义务，则违反部分对投保人无拘束力且契约于该范围内视为合意。

保险单与投保书记载不一致时，为保护投保人，通常有两种规范方式，一种直接规定以投保书为准；另一种则如同德国保险契约法之规定以保险单为准，但课予保险人告知义务，两种方式均在避免不一致时所发生之争执。以契约法理解释，在后之保险单若与先前之投保书记载不一致时，保险人在保险单所作之变更，属于保险人单方变更，须经投保人同意始生效力，为避免投保人误以为两者内容一致而权益受损，基于最大善意原则，保险人负有告知义务。[②]

### 三　关于保险广告内容的规范

现代经济社会情势的变革，促使契约准备的内容及意义产生变化，特别是契约准备的发动，随着工业化，其重心由需求方转向供给方。在分工经济与竞争的条件下，市场倾向转向买方市场，卖方须争求交易相对人，以达成产品的销售。故在契约准备过程中，卖方便占据积极主动的地位，如何将产品销售出去，便成为竞争行为的重心。

在卖方居契约准备主导地位的情形，过去认为消费者经由消费者主权的行使，透过订购行为，间接地向供给方传递需求的信息，以间接调控经济过程及需求满足的运作过程，实际上被反转过来，由卖方向消费

---

① 第5条："（违反保险合同）（1）当保险单的内容与投保人填写的投保单及双方达成之协议相悖时，如果投保人在收到保险单之日起1个月内未以书面形式对此提出异议的，则推定投保人已经接受了保险单。（2）当保险人将保险单送达投保人时必须告知投保人如果对其保险单内容有异议则必须在1个月内以书面形式向保险人提出，否则将视为投保人已接受上述保险单内容。保险人的上述告知应当足以引起投保人对保险单中修改部分的注意并在保险单中对上述修改的直接法律后果作出明确说明。（3）如果保险人违反了前款规定，则保险合同应以投保人填写的投保单中的相关内容为准。（4）如果保险人与投保人约定，投保人抛弃因错误而解除保险合同的权利的，则该项约定无效。"

② 萧冠中：《两岸保险契约当事人告知说明义务比较研究》，硕士学位论文，台湾政治大学法律系研究所，2010年。

者传递信息，借由广告及其他促销行为，传达消费信息，结合行销研究、市场调查与消费心理分析，以诱发消费者的购买决定，将消费者招揽进契约过程之中。对于消费者而言，消费者所接触的商品信息最多的就是各种类型的广告，正所谓“谎言重复千遍也会成为真理”，我们可以看到大量的直销商品频频采用广告轰炸的形式进行广告热播，使消费者相信这些信息是正确的，对未来事件的概率判断形成错误和扭曲。[①] 因此，在现代经济中，广告的规范便成为竞争法上的一个重要课题。此外，广告的发送，即足以建立起交易接触关系，并进而进入缔约前阶段，而交易接触的成立，当事人即可期待他方当事人为符合一般诚正期待的行为。

广告主通常也是最小成本避险者，基于对产品的知识，有能力就对于消费者消费决定所必要之信息，以最小成本方式提供。虽然消费者也有可能经由市场上其他信息管道（如测试报告）获取其所需要的产品信息，但通常还是会伴随部分的成本，因此，经由信息提供义务的建立以改善市场的信息结构，从经济观点看，亦可合理化对于产业市场行为的干预。

（一）广告与消费社会

1. 广告于民法层次上的意义

广告学者将广告定义为：为了促进商品或劳务之销售，传达个人或社会团体之创意，而具有说服力的情报传达活动。[②] 此一定义着重于广告之传播性，但同时也强调其促进销售之商业性。按此定义，无论承载广告信息之传播媒体形态为何，只要具有向大众传达情报之功能，即为广告。而广告在行销学上的定义，根据美国行销协会（American Marketing Association）对广告所下的定义为：广告是由明示的广告主，在付费的原则下，以非人员的方式，展示并推广其观念、商品或服务。[③] 由此定义可知，在行销体系中，区别广告与其他环节的要素，首先，必须有明确的广告主，使消费者知悉广告来源，不致误导，并确保责任；其次，由于

① 周林彬、何朝丹：《行为法经济学与我国消费者权益保护法创新》，见吴志攀主编《经济法学家》，北京大学出版社 2007 年版，第 321 页。

② 樊志育：《广告学新论》，台北三民书局 1993 年版，第 4 页。

③ 柳婷：《广告与行销》，台北五南图书公司 1996 年版，第 9 页。

广告系来自付费，所以安排广告的媒体时段、版面及信息内容，均应是广告主可以控制并决定的；再次，广告必须系非人员的展示与推广，因广告有别于人员销售，系面对面的沟通，其信息系透过媒体，同时、同步并大量的对大众传播。上述之定义及解释，对于理清其法律概念及法律学上的意义，具有重要性。

契约成立之原理，为双方当事人要约与承诺之合致，唯无论是要约或承诺，皆必须是有具体表明法效意思之意思表示。因此，就契约之成立而言，广告的作用既系为了引起消费者之购买欲，性质上仅属所谓要约引诱或要约邀请；消费者决定购买所采取之行动，才是要约。若以广告心理学上经常使用一组称为 AIDMA 的法则[①]作为观察方式，则会发现从广告到消费行为完成之过程，其效果虽可阶段化分类为 Attention（引起注意）、Interest（关心）、Desire（引起欲望）、Memory（加以记忆）以及 Action（行动）等细致的作用过程，唯从消费者接受到广告信息、引起注意、加以关心、形成欲望，而加以记忆之漫长过程，皆仅在消费者之内心层面，故只有当消费者采取行动，将其法效意思透过表示行为加以表达时，才能算是具有拘束力的意思表示。

因此，广告既为要约引诱或要约邀请，其内容原则上不会直接构成契约之一部分，而必须以其后之意思表示为准。然而，鉴于现代交易形态之改变，我国台湾地区“消费者保护法”第 22 条明文规定：企业经营者应确保广告内容之真实，对消费者所负之义务不得低于广告之内容。其被解释为系将广告拟制为契约之一部分，使广告之效果大幅提升，而直接构成契约之内容。此外，我国台湾地区“金融消费者保护法”第 8 条，亦有与上述相同之规定，使上述规范广告之方式，进一步及于金融商品之范畴。是以，广告是否成为契约之内容，其判断方式已因上述法律之特别规定而有所改变，不再局限于传统要约或要约邀请的框架之下。

2. 消费社会之形成

拜印刷技术发展之赐，第一个英文广告于 1472 年问世，但当时仅具简单化之告知性，以海报、传单及报纸上之分类广告为主。但到了 18 世纪工业革命之时，机械的发明使生产质量大幅提升，因而有透过广告创

① 由“注意、兴趣、需求、记忆和购买决定”等一系列效果的英文字首组成。

造高效率传播系统之必要，以将产品信息传送到广大的市场；在这样的背景下，大众传播开始蓬勃发展。直到20世纪，随着电视、电脑之发明，科学方法被广泛运用在大众传播上，扩大了广告的样貌；最后是21世纪的今天，企业的规模膨胀到极大化，俨然成了全球竞争的环境，故企业经营者对广告之期待比过去更高，要求广告必须能达到“迅速有效”，足以影响消费者购买行为的效果。① 由此可见，广告在历史上之发展，与作为资本家的企业经营者自工业革命以来，大量生产和大量销售之需求息息相关；也因此，广告成为下述消费社会的典型特色之一，同时亦提升了其在法律上之意义。

有别于传统农业社会，自“二战”以后，由于经济的发展，成熟的资本主义社会开始形成，使大量生产、大量销售及大量消费成了这个时代的特色，故被称为消费社会。② 随着生产方式的改变，交易形态亦随之改变，包含非店铺交易、非对面交易形态之产生，使当事人缔约交涉的方式发生了改变，故如前所述，企业经营者必须建立行销网络以销售其商品。然而，在此结构下，大量生产之企业经营者由于具有专业知识与雄厚财力，与消费者在缔约磋商地位上形成了明显的差距，因而破坏了契约双方当事人之对等性；此一不对等，包含了前面所述的经济上不对等与信息上的不对等。广告作为企业经营者行销之手段，即属后者信息上不对等之一环，因企业经营者既统筹商品服务之销售，即可决定其所欲透露之相关信息，而消费者只能消极被动地接受其所传播之消息。此等交易形态的改变，使民法调整平等关系契约成立的原理受到了挑战；消费者保护法等特别规定应运而生，昭示了消费者问题已进展为权利意识的层次，因消费者权利保护，在生产者与消费者之间有财力、人力与信息力差距的情况下，已难以单凭民法本身之规范获得有效救济。

### （二）广告对于契约成立之影响

创造消费者之需求，是行销学上的理想，因企业经营者在行销途径中，借由电视、电脑网络、报纸、传单甚至是APP手机等媒介，多方广告，向消费者传播其商品的价值与美好，足以改变社会大众的观感甚至

---

① 吴承翰：《广告行销与民事责任》，硕士学位论文，台湾政治大学法律学系，2014年。

② 朱柏松：《消费者保护法论》，台北翰芦图书公司1998年版，第1—2页。

价值观，此由广告引领流行风潮之社会现象，不辩自明。上述理想的传播诚然具有比法律上更积极的意义，透过故事情节、感性的肢体动作、电视明星的发言等方式，展现出艺术性、文学性等更高的价值。但不可否认者，广告的式样繁多，亦有注重商品信息，作为消费者认识商品之主要来源的广告形态，故对于消费者之认知造成重大影响，而在企业成立之际，有正确性缔约之确保的必要。

1. 广告在缔约过程之功能

如前所述，由于营销观念之崛起，广告被作为企业传播之手段，加上媒体科技之创新、行销策略之运用，有复杂化、精密化之趋势，使广告的主要任务，由“报道、告知”转变为以“影响、说服”为主要目的；也使传播学者开始重视“信息与说服”以及“消费者的心理与行为”，甚至认为行销活动之成败在于“能否激发消费者之需求、欲望与需要”。[①] 广告在行销过程中的任务，就是要创造、激发或加强消费者的购买动机。[②]

此等广告功能与手法的改变，亦使消费者意思表示形成的方式随之改变。按照民法原初市民社会的思维，广告作为要约的引诱或邀请，并无拘束力，故广告对消费者心理层面的影响，若未于缔约过程中具体表明，则仅属于其一方的动机，原则上不受民法关于意思表示规定的保障。然而，在现代消费者社会中，企业经营者借由多层的销售网介入，与庞大的消费者建立销售或提供服务之关系，其间的契约行为多已不具有直接性与面对性，[③] 再加上若干广告之形态，有如知识结构化之趋势，不仅具有提供情报之功能，甚至是提供令消费者据以作交易决定之关键信息。例如预售房屋之销售，由于契约缔结时房屋尚未完工，故消费者只能透过其设计图与样品屋等广告之附属品，决定是否购买。因此，企业经营者运用这些不同于过去单纯面对面要约与承诺之方式缔约，可谓在交易行为居于主导地位。在此交易形态下，若仍坚守过去对于意思表示之基本观念，恐对消费者之保障有所不足。

---

① 柳婷：《广告与行销》，台北五南图书出版公司 1996 年版，第 8、10、71 页。

② 刘建顺：《现代广告学》，智胜文化事业有限公司 2004 年版，第 71 页。

③ 朱柏松：《论广告媒体业者之损害赔偿责任》，《月旦法学杂志》2002 年第 12 期。

2. 广告信息规范之效益

不实的广告，一方面会使诚实正当的事业，处于不利的竞争地位，而有不公平情事，并影响到公众对于有效竞争之利益。另一方面，不实广告会引致潜在交易相对人深进缔约接触阶段，进入产业及广告主的影响领域，在未缔结契约之情况下，导致时间金钱等缔约成本的无谓支出，或基于错误预想而成立契约的情况，事后发现契约不符合期待而想毁约，特别是在交易接触非常短暂迅速、几无磋商的制式交易下，广告表示之内容，即成为缔约时无须再多花时间讨论磋商的当然前提。在竞争压力之下，竞争者也往往试图经由不实信息的散布以取得竞争优势，因此，在自律规范无法发挥功能的情况下，法律对于契约准备阶段，应尽可能地避免增长交易成本之资源错误配置情况的发生，尽早发现及排除不实广告情形。① 因此，广告规范在市场竞争经济下，对于潜在交易相对人之缔约接触决定的保护，特别重要。

广告行销系基于企业经营者的市场利益而生，而非基于消费者的信息利益，因此广告与消费者信息必然产生利益冲突。在规范原则上，广告表示应符合真实原则，例如德国的《反不公平竞争法》与英国过去的《商品说明法》，皆以真实原则为规范基础；② 目前，英国订有《保护消费者免于不公平交易之规则》，转换自欧盟《不公平商业行为指令》，取代过去的《商品说明法》规范广告责任；而金融服务及市场法已不再区分访问交易与广告，不实广告或广告信息之揭露，自然适用 FPO、COBS 与 BCOBS 等规范。③ 我国消保法第 23 条第 2 款亦规定了经营者以广告所表明的质量应与实际状况相符，《广告法》第 4 条也规定了广告内容真实性要求。此外，虽不能期待产业者就自身不利之全部事情作详尽披露，但是某些重要的交易信息，其知悉与否，是交易相对人借以比较和决定的重要基础，为促使市场透明，产业者于特定情形下，应负披露义务。是故，信息提供义务可以增加市场透明度，强化自主决定的机会。而经

---

① 黄铭杰：《公平交易法之理论与实际——不同意见书》，学林文化事业有限公司 2002 年版，第 597—634 页。

② 张新楣：《金融交易之资讯义务——以金融机构之民事责任为中心》，硕士学位论文，台湾大学法律学院法律学研究所，2010 年。

③ 同上。

由信息提供义务的规范与市场有效竞争的运作，交易相对人个别交易关系下的缔约决定和契约期待，亦可一般性地获得促进及确保。

（三）保险广告信息的具体规制

1. 信息提供义务作为广告行销之调节机制

纵观民法在缔约阶段所能提供之规制，无论是消极隐匿型之欺诈，或是缔约上过失之成立，皆与信息提供义务之违反有关，故有探求信息提供义务，在广告行为所制造之交易机会中是否存在之必要。诚然，以行销学之眼光而论，行销的过程是一组相当复杂的活动，包含了产品（Product）、通路（Place）、价格（Price）与推广（Promotion）等不同元素。其中，前三者系用以制造竞争利益点，产生交易的机会，最后一项则是要与消费者建立沟通桥梁。[①] 广告与人员销售皆属于推广范畴之一，但分属不同的环节而有所区别，亦即当消费者与销售人员接触，并进入洽谈阶段时，虽仍使用广告所提供之资料，如不动产之设计图或金融衍生品之说明书，但实质上，双方已进入了最后推销或“临门一脚”阶段，与广告吸引消费者之原始意义并不相同。

然而，在此一阶段，广告却可能因具有提供缔约信息之机能，而对契约之缔结持续发生影响，故广告与行销行为在意义上虽有分别，但在实际运作下，却有“一体不可分”之特性，而应合并观察其对契约成立之影响。此在特别需要产品解说、示范及售后服务的类型，例如保险业、银行业等金融领域，在最后购买决策阶段尤为明显。因此，本书以为广告所提供之信息，若有造成消费者认知错误之可能性，即应在“人员销售之解说阶段”，课以广告主相关之信息提供义务，以化解广告可能造成之误导，因信息提供义务作为附随义务类型之一，可由诚信原则推导而来，并随对象调整其信息提供义务之程度，以当事人之间的缔约过程、契约相关文件以及交易习惯等因素综合缔约事宜，加以判断。

2. 域外法制之应对

（1）德国法

以德国法制而言，其原先并无一部专门关于消费者保护之法律，而系个别规定于其他法令之中，例如，德国1987年《反不正竞争法》修订

---

① 柳婷：《广告与行销》，台北五南图书出版公司1996年版，第8、10、71页。

第13a条规定，商品或服务购买人，因可刑罚之不实或足以使人误解的广告内容而订约，于订约后六个月内知悉该情况后，得及时行使解除权，使购买人有迅速解除买卖契约之可能性。[①]

唯德国于2000年6月27日起，直接将消费者与经营者之定义，规定至民法第13条与第14条，并将与消费者保护有关之访问契约、远距离契约及信用贷款契约之撤回权规定纳入民法典中，并使消费者保护之规定成为强制规定，不得另行约定而规避。[②] 本书以为在德国立法例中，将缔约后之撤回权落实在特殊销售型之买卖契约中，使消费者有消弭过于仓促作成之法律行为，以及事后重新考虑之机会，是其一大特色，足以应对现代化多样而复杂之交易形态，但应也是其跳脱传统买卖契约思维而造成最大冲击之处。

（2）日本法

然而，相对于德国将消费者之概念订入民法典的做法，日本学者方面却认为若将消费者之概念纳入民法，将会损及民法典中"把普遍存在的人当作法律主体"的核心基本概念，亦即将消费者、经营者与"人"划归为同一层次，并且日本与消费者保护相关之法律，有许多关于行政处分与惩罚之规定，并不适合放置于私法性质之民法典。[③] 因此，日本法制并未采纳德国之做法。唯日本在其特别法中，对于各种现代化之交易形态，特别是关于销售方式，有详细而深入之规定；目前拥有消费者基本法、消费者契约法、金融商品贩卖法及金融商品交易法等。分述如下：[④]

①消费者基本法

在消费者基本法中，有关于消费者基本权利之宣示，且其第1条特别揭示消费者与企业经营者之间具有情报质量与交涉能力落差之情势；其第2条所宣示之消费者应有的权利中，特别强调消费者有请求提供必

---

① Muriel Fabre-Magnan，Defects of Consent in Contract Law，in *Towards a European Civil Code* 398，404（2004）.

② 杜景林、卢谌：《德国民法典评注》，法律出版社2011年版，第9页。

③ ［日］中田裕康：《日本民法修正与消费者保护之现况》，政治大学法学院民法中心编：《民事法与消费者保护》，元照出版有限公司2011年版，第266—283页。

④ 吴承翰：《广告行销与民事责任》，硕士学位论文，台湾政治大学法律学系，2014年。

要信息之权利。此外，该法并有消费者之基本政策、主管行政机关及消费者政策会议之设置的相关规定。

②消费者契约法

消费者契约法，则大量针对“不当行销行为”加以规范，并鉴于传统民法之意思表示理论范围过于狭窄，不能适用于许多涉及“缔约动机”的情况，无法全盘解决消费者与企业经营者间，因信息不对称而对契约缔结的影响，故而透过特别立法之方式，将传统着重于“意思表示本身”之规范方式，改变为注重“相对人行为之式样”，以突破民法上错误、欺诈或胁迫等规定在要件上之限制，建构了与过去意思理论不同之处理模式。[①] 首先，依日本立法例，在消费者契约法第 3 条，课以企业经营者提供情报并说明之义务，并以本条为基础，在同法第 4 条，反面规范于缔约前阶段所发生之不当的缔约劝诱行为，将其分为使消费者误认事实之行为、使消费者误为判断之行为，以及使消费者因困惑而缔约之行为等三类，尤其是第一种类型又可再细分为“对于契约之重要事项告以与事实不符之告知”“提供武断之判断”以及“不告知不利益之事实”；企业经营者若违反上述义务，将赋予消费者较民法更容易行使之撤销权，如此即可弥平两者间信息不对称之现象，且相较于以行政监督方式介入，由消费者本于其理性与意思自由决定是否行使撤销权，更能实现市场经济之效率与活力。[②]

③金融商品贩卖法

上述消费者基本法与消费者契约法，主要还是针对购买一般实体商品的消费者赋予其保障，唯在现代金融社会中，贩售抽象权利之金融商品亦属普遍，且所涉专业知识可能远高过一般实体商品，因此，日本于2000 年，即制定通过金融商品贩卖法。而其立法目的与消费者契约法相似，亦是基于业者与消费者之间信息不对称的现象，故整个金融商品贩卖法，以课于金融业者相关之信息提供义务为主轴，以使消费者充分了解高度专业的相关风险信息，并使违反信息提供义务之金融业者，负担

① 陈洸岳：《不当行销行为对消费者契约效力之影响》，政治大学法学院民法中心编：《民事法与消费者保护》，元照出版有限公司 2011 年版，第 201—217 页。

② ［日］落合诚一：《消费者契约法》，有斐阁 2001 年版，第 72 页。

无过失之侵权行为损害赔偿责任。这些规定除了提供更为完整且直接的保障方式外，更重要的意义，应在于使购买抽象权利之投资人，因而被扩大并入了消费者的概念，使其权利问题得以受到更高度的重视。

④金融商品交易法

以规范金融商品销售行为为主要内容的金融商品贩卖法，为初步整合规范之法制。但由于规范内容不够全面与周延，因而开始检讨制定一部广泛包含所有投资型商品为规范对象的金融商品交易法。① 其一般行为规范中，与信息提供义务关联者有：标示之揭示义务（金融商品交易法第36—2条）、向不特定人为广告应积极表示之事项并禁止夸大之广告（同法第37条）、契约缔结前书面交付义务并记载特定事项（同法第37—3条）、缔约后交易报告书之交付（同法第37—4条）、不实告知之禁止（同法第38条第1款）、保证获利推介之禁止（同法第38条第2款）。金融商品交易法禁止不请自来的行销方式及再劝诱行为（第36条），预防突如其来、令人不胜其扰之行销方式，使消费者自我决定权受到影响。若已缔结契约，顾客受领书面后，在一定期间得书面解除契约（第37—6条）。②

（3）欧盟法及欧洲契约法

缔约前的陈述是否会产生拘束力，现行的欧盟指令只限于消费者买卖指令与套装旅游指令。从公共政策观点看，广告、手册、网络信息及其他公开陈述之形式，对当事人就契约标的之印象有重大影响，不只限于B2C契约，B2B契约亦同。③ 缔约前陈述产生拘束力，究竟是法律给予额外的保护，或是可成为一般性原则，仍有疑义。

PECL第6：101条④甚至直接设有信息契约化之规定，亦即将若干信息在符合一定条件下，使其构成契约之内容。其具体规定如下：

---

① 李智仁：《近来日本金融法制发展变革之观察》，《台湾金融财务季刊》2006年第2期。

② 杜怡静：《日本金融商品交易法中关于金融业者行为规范》，《台北大学法学论丛》2007年第12期。

③ Peter Mogelvang-Hansen, The Binding Effects of Advertising, in *New Features in Contract Law* 169, 170-72 (Reiner Schulze ed., 2007).

④ 曾品杰：《论不动产不诚实广告之契约效力（下）　法院相关判决评释》，《台湾本土法学杂志》2006年第5期。

第1款：一方当事人在缔结契约之前或订约之际所作之陈述，若考虑到他方当事人在下列情形对该陈述有合理之了解时，该陈述应发生契约上之义务：

（a）该陈述对于他方当事人具有明显重要性；

（b）该陈述是否在商业交易过程中所作；

（c）双方当事人关于专业技术的相对认知。

第2款：若一方当事人是营业供应商，其于销售、宣传商品服务之际，或在缔结该等交易之前，提供关于服务、商品或其他财务之性质或用途之信息者，关于信息之陈述应发生契约上之义务。但能证明他方当事人已知或可得而知前揭陈述为不真实者，不在此限。

第3款：上述信息以及由营业供应商从事广告企划或销售服务、商品或其他财务之人员，或是由位居该商业化网络之上游人员所作之其他承诺，皆应导致营业供应商之契约上义务。

综观上述条文，第1款应属一般性规定，故要件较为严格，须符合三项其中一项之情形，例如须对他方当事人具有明显重要性。唯第2款对于销售、宣传商品服务之际，或在缔结该等交易之前，其信息之陈述发生契约上义务，未设有如第1款之限制，系采取较宽松之方式，故应为第1款之特别规定，亦即对于行销行为（应包含广告在内）所提供与消费者之缔约信息，除了他方已知或可得而知其陈述为不真实外，一律发生契约上之义务。此外，第3款更辅以从事广告企划或销售服务、商品或其他财务之人员，甚至是商业化网络之上游人员，若有作出承诺，皆会发生契约上义务之规定。由此可知，欧洲契约法较诸德日法制系赋予大量特定类型之交易形态以较易成立之撤回权或撤销权，其立法方式为一般性抽象概括的规定，并着眼于信息此一关键性元素，使其成为契约义务而构成契约内容，而非设限于客观上交易之形态，如此或许更能适应层出不穷之各种行销手法所造成之消费者缔约弱势的现象，而无须不断增订特别法之撤回权的规定。

3. 我国法之规定及完善

本书举上述德日与欧洲法之立法例，乃有意凸显我国法制上，与其他国家有根本性之不同；这不仅涉及广告这一议题，而是攸关整个与现代交易形态改变而有的法律上之应对方式，故规范之主轴为企业经营者的行销行为，但广告在行销体系中扮演着重要角色，连带地也直接或间接地牵涉其中，而与销售行为存在一体不可分之关系。因此，在确认广告所表现的现代交易形态之意义下，进一步探讨其法律解释的问题时，对于我国现行私法体系解释的方向，本书以为在认知并比对上述外国立法例，即可发现我国虽在近年陆续修改消保法，使我国私法体系亦呈现特别法外接民法的结构，但细管其内容，其间具有较大之差异。表现为：第一，撤销权或撤回权在德日广泛运用于各种交易形态，例如远距离契约及信用贷款契约等不同的类型，但在我国却只限于网络、电视、电话、邮购等方式销售，始得享有无条件撤销权，故在弹性适用于各种交易形态上，实有不足；第二，相较于我国仅针对消费者健康与安全保障、定型化契约、特种买卖与消费者信息等事项，作简单之分类，日本法采取更深一层针对行销此一总括之法律事实，作客观形态上详细的分类，并赋予消费者以撤销权，使企业经营者之行为只要符合消费者契约法之规定，即可跳脱民法上意思表示是否健全的禁锢；此外，在规范金融商品之交易时，日本的金融商品贩卖法亦精确地着力于信息之披露与说明，就此一无论广告或销售都会涉及的核心问题来加以规范，因广告对于契约所造成之影响，无非系因企业经营者对于有利或不利其自身之信息加以掌控，因而造成消费者认识上之错误而决定缔结契约，也因此，虽然日本的消费者契约法或金融商品贩卖法，未如我国对于广告行为规范之强调（《广告法》之规定、《广告法》修订草案征求意见稿之加强），但实际上却是因为广告之问题已包含在行销这个更大的概念中，一并受到规制，故更能符合现实上交易的情境，并彻底解决交易上的实际问题；最后，欧洲契约法关于信息契约义务化之概括规定的立法方式，更是在讨论上仅限于广告相关争议的我国学界所远不及者。

比较了外国立法例之后，我国既未有如德国单轨制的民法典，纳入许多表征现代交易形态之契约类型，而赋予较易成立的撤回权；亦未如多轨制的日本法，在民法典之外，大量透过特别法深入交易形态之面貌，亦即其行销手法，而有不同于传统之规范方式，则在扣除现行消保法与《广告法》后，仍然只剩下以传统市民社会思维订立之民法可资使用。因此，在探讨广告此一攸关交易形态改变之议题时，欲作出合理并平衡兼顾消费者权益之法解释，只能在现有的体制内尽可能改变解释的方法，亦即依然是适用传统的缔约阶段所规定之错误或欺诈、契约成立所生之债务不履行与物之瑕疵担保责任，乃至于与契约责任得同时成立而产生竞合之侵权行为损害赔偿责任等一般性的规定，必须采取不同于传统兼顾“双方交易安全”之一贯解释方针，而着眼于“信息不对等”此一不利于消费者的大前提，逆向作对消费者较有利之解释，始能获得合理的规制。

结合前揭之规定，针对保险商品广告，本书认为应依社会一般道德、诚实信用原则及保护保险消费者之精神，遵守下列规则：（1）保险人应致力于充实保险消费信息及确保产品广告内容之真实，避免误导投保人，对投保人所负担义务不得低于保险广告之内容，并提供中文纸质文本，力求浅显易懂，以供投保人阅读与理解。例如，依靠“双十一”节日推销的“脱光险”，平时的“爱情险”“摇号险”“赏月险”“春节喜阳险”“高温险”“雾霾险”等[①]，这些“噱头”保险赢得大众的青睐，但是这些特色险种处于一种模糊状态，一般投保人难以直观了解其具体含义及要求；同时，业内人士也表示，险企推出此类产品本身的意义更多在于公司的品牌宣传，在面对类似宣传时，一定要警惕风险，看清条款，认清需求，切勿盲目购买。为此，保险人应提供产品的保障范围、免责等具体内容，确保投保人购买的需求性。以重庆监管局对保险代理人丁源行政处罚为例，经核对，《DM 重庆邮政广告》对“生命富贵花”产品的宣传中存在虚假内容，为此，重庆监管局认为丁源通过邮政广告夸大保险产品收益、将保险宣传为银行存款的行为，构成欺骗投保人的行为，违反《保险法》相关规定，给予有关处罚。[②]（2）对保险广告内容信息之揭露如涉及利率、费用、报酬及风险时，保险人应以衡平及显著的方式表达，并明确说明其真实含义，以供投保人抉择。例如，国内一些保险公司推出“0 元意外险”“1 元意外险”等广告，对于消费者具有极强的诱惑力；但据业内人士表示，赠送的保险一般是短期意外险，保费较低，市场价格大约几元或十几元，保障功能非常有限，而且很多所谓免费保险没有任何保单凭证、短信或者邮件提示，甚至连保单号码都不知

① 卞文志：《保险产品让人眼花缭乱，哪些值得信赖》，《保险经济》2014 年第 8 期。

② 中国保监会重庆监管局行政处罚决定书渝保监罚［2012］93 号。

道，根本无从查询或激活，形同“空头支票”。针对此一问题，保险人必须作出具体明确的说明，以使投保人明了真实广告内容，进而自主选择。（3）关于投资型保险商品，保险广告内容应揭示投资风险警语，不得使人误信能保证本金之安全或保证权利。

## 四　例外规定

### （一）德国法之参考

#### 1. 例外——巨灾保险

依《德国保险契约法》第 7 条第 5 款之规定，巨灾保险不适用该法第 7 条信息义务的规定。[①] 但此时若投保人为自然人时，保险人仍须在订约前以文字形式告知投保人该契约的准据法以及有权之监管机构。此一例外规定系基于直接保险指令而来。[②] 若非远距订约，且系提供投保人暂保承诺时，双方约定仅投保人请求时且至迟于交付保险单时提供即可。[③] 如涉及退休金账户，亦不适用本法第 7 条之规定。[④]

#### 2. 投保人信息权的放弃

立法者虽然希望透过《德国保险契约法》第 7 条信息提供义务的规定，让投保人得以获得足够的信息后再为订约决定，但法律也不能强制任何人必须承受立法者的好意，因此，本法第 7 条第 1 款同时规定，投保人得以书面方式放弃其信息权。投保人的弃权，必须是以明示且特别的书面方式为之。单纯的沉默或者默示，均不足以产生弃权效果。所谓“特别”指该放弃必须是一份额外的文件，不得与投保书为同一文件，以

---

① 第 7 条第 5 款规定：“第 1 款至第 4 款之规定对于第 210 条第 2 款所规定之巨灾保险契约不适用之。若此等契约之投保人为自然人，保险人应于契约订立前以文字形式告知其准据法及管辖之监督机关为何。”

② BT-Drucks. 16/3945，S. 61.

③ 《德国保险契约法》第 49 条第 1 款规定：“如果保险契约中规定了暂保条款，则保险人将会根据本法第 7 条第 1 款及第 2 款的规定将保险契约条款及相关信息及时告知投保人。前述规定不适用于依照《德国民法典》第 312b 条第 1 款和第 2 款订立的远程合同。”

④ 《德国保险契约法》第 21 条第 1 款规定：“保险人必须按照本法第 19 条第 2 款至第 4 款的规定在 1 个月内以书面形式行使其权利。当保险人知晓投保人违反告知义务时，上述期间开始起算。在保险人行使解除权时，其应当向投保人告知解除权的行使基础；如果本款第 1 句规定的时间界限没有到期，则其在行使权利的时候也应当告知对方相关权利基础。”

发挥警示效果。投保人必须在要约之前签署该放弃书。此等高度的形式要件障碍，一般认为是必要的，以免该法关于保险人信息提供义务的规定形同具文。

《德国保险契约法》允许投保人弃权的规定，遭到许多学者的批评，认为以信息义务强化消费者保护的立法目的极可能因此被架空，而且也质疑此一例外规定有违反欧盟指令的疑虑。因为2002/65/EG金融服务远程订约指令第12条第1款规定，该指令所赋予的权利不可放弃的,[①] 而人寿保险指令也没有允许放弃信息权的规定，故应认为投保人不得放弃信息权。不过，德国联邦政府草案认为，金融服务远程订约指令仅规定保险人负有信息提供义务，并不等同建立投保人的“信息权”，故该指令第12条第1款规定不得放弃之权利，并不包含“信息”在内并在本法第7条第1款的立法理由中表明此一立场。故亦有学者认为该指令并未禁止抛弃信息权，而投保人的弃权声明，仍符合亦适用于保险契约的私法自治原则，故该法第7条第1款并未违反欧盟指令；况且抛弃信息权受到严格的形式要件限制，故未必会损及投保人的利益。[②] 纵有上述争议存在，因该法第7条第1款已经明定投保人放弃信息权之要件，故在法律解释的层面上，投保人得放弃其信息权一事，似极明确。

在放弃信息权的情况下，现行法律适用所衍生的顾虑主要在于，放弃信息权的规定是否会遭到保险人滥用？保险人是否预先印制信息权放弃说明书供投保人使用？部分学者认为依照该规定的立法原意，应该是要求投保人必须用亲自手写弃权书的方式来放弃信息权，但多数学者认为并无此必要。也有人认为，基于定型化契约条款内容控制之考量，应认为保险人预先印制供投保人签名使用的弃权文书，系违反德国民法第307条第2款之规定,[③] 因为此种弃权方式与保险契约法禁止格式化的放

---

① 欧洲议会2002年9月23日欧盟关于消费者远程订立金融服务之指令（2002/65/EG）第12条第1款规定：消费者不得放弃依本指令所赋予之权利。

② Marlow/Spuhl, Das neue VVG Kompakt, 3. Aufl., 2008, S. 20.; Wandt, Versicherungsrecht, 4. Aufl., 2009, Rn. 285.

③ 第307条第2款规定：“在下列情形，以发生疑义为限，应当认定为不适当损害利益：①一般交易条款中的规定与所背离之法律规定的实质性基本思想不相符合，或者②一般交易条款中的规定对因契约性质而产生的实质性权利或者义务加以限制，致使契约目的之完成受到妨碍的。”参见杜景林、卢谌《德国民法典评注》，法律出版社2011年版，第126页。

弃权利此一重要基本思想不合。不过，多数见解认为，即使本法第7条第1款规定的权利放弃系例外规定，但并不意味法律禁止保险人使用预先印制好的弃权声明文件。该法第7条的立法理由中确实提到，以格式化之约定使投保人放弃信息权的情况，应该予以避免，但其意旨应系指保险人不得在定型化保险条款中加入使投保人放弃信息权的方式，全面地排除其信息权；由投保人书写或机打的弃权声明既然符合弃权的形式要件，单单排除保险人预拟弃权声明书并无实质意义。需要管制者，乃保险人是否以诸如隐瞒或欺诈等不正当的方法使投保人签署弃权声明书。而此种不正当行为，并不是保险契约法或定型化契约条款的规范问题，而应以保险业监管法以及不正当竞争法来加以避免。[①]

若投保人放弃其信息权利，则该等信息应在契约订立后不迟延地提供给投保人。此部分前已论述，不再重复。

（二）我国法之规定与完善

1. 主动说明之例外

讨论保险人说明义务的同时，也须考量以下因素：[②]（1）投保人自身负有基本的交易谨慎及注意义务，因此就保险人所提出之契约条款应予阅读，并就相关问题向保险人询问。以信息披露要求更严格之证券交易为例，证券投资者负有收集、理解信息之注意责任，保险契约中容易被忽略。（2）并非所有的保险条款投保人均欠缺理解能力，需要考量在某些投保人有自行理解能力的情况下，免除保险人告知义务。因此，以下两种事项应免除保险人主动说明义务：首先，非消费性保险契约：保险人说明义务制度主要在保障保险契约关系中之弱势方，主要在于平衡缔约实力之不平等，因此，非消费性保险契约例如工程保险、产品责任保险、公共责任保险等，契约双方当事人应有同等交易谈判能力，无须特别保障。其次，个别商议条款：保险人与投保人经过个别协商所达成之条款，是经由双方谈判而成立，相较于一般定型化契约条款，应可真实反应当事人之意思，因此，保险人无须主动尽说明义务。

---

① 叶启洲：《从德国保险人资讯义务规范论要保人之资讯权保障》，《政大法学评论》2012年第2期。

② 李理：《保险人说明义务若干疑难问题研究》，《河北法学》2007年第12期。

同时，依我国《〈保险法〉司法解释（二）》第10条①之规定，保险人对于“法律、行政法规中的禁止性规定情形”尚无主动说明之义务。因禁止性规定是法律的强制性规定，任何人都应遵守，不能以不知道该法的存在而主张不适用该法律，故投保人有主动知道禁止性规定的义务。而且作为法律强制性规定，禁止性规定一般较为容易理解，且其具体如何应依据有权部门的解释来确定，不以保险人的说明为转移。故对于法律、行政法规的禁止性规定，投保人对其概念、内容应当理解，只是不知道被保险人违反禁止性规定将导致保险人免责的后果。如果保险人就上述后果通过充分的提示使投保人知道违反禁止性规定与保险人免责之间的直接关联性，则保险人的上述行为就已经符合本司法解释第11条的要求，达到了《保险法》第17条第2款的立法目的和效果，即达到了明确说明的标准，投保人、被保险人、受益人不得再以保险人未履行明确说明义务为由主张相关免责条款不生效。因此，此处也显示出保险人主动说明之例外。在司法实务中，在叶某、葛甲、葛乙、葛丙诉某保险公司一案②，法院认为保险公司所送达的摘要说明中“［责任免除摘要］”一栏项下的记载，因饮酒驾驶引起的保险事故属于责任免除范围，该内容文义清晰、通俗易懂，且该摘要说明将“［责任免除摘要］”以黑体粗字形式列明，足以引起投保人和被保险人的注意。又因饮酒驾驶属于社会所普遍知晓和认同的交通违法行为，保险公司无须对饮酒驾驶的含义和免责等做进一步的说明。从而认定本案葛某饮酒后驾驶系引起案涉事故的原因，符合合同约定的保险公司免责事由，保险公司不承担责任。上海某物流有限公司与某保险股份有限公司上海市分公司一案③中，因交通事故发生时原告持有的驾驶证有效期已届满，符合三者险约定的免责条件，而被告在其制作的保险单已用黑体字对责任免除及投保人和被保险人义务作了重要提示，至于原告提出被告没有就免责条款履行明确说明义务，不能对原告发生法律效力，根据《〈保险法〉司法解释（二）》

① 《〈保险法〉司法解释（二）》第10条：“保险人将法律、行政法规中的禁止性规定情形作为保险合同免责条款的免责事由，保险人对该条款作出提示后，投保人、被保险人或者受益人以保险人未履行明确说明义务为由主张该条款不生效的，人民法院不予支持。”

② 浙江省杭州市中级人民法院（2010）浙杭民终字第2358号民事判决书。

③ 上海市黄浦区人民法院（2013）黄浦民五（商）初字第731号民事判决书。

第10条规定，人民法院不予支持。

在实践中，出于维护社会公共利益、规范保险市场等需要，有些保险条款是由保险监管机构直接制定，或者由保险公司拟定后经过监管机关批准的。对于保险监管机构制定或批准的免除保险人责任的条款，保险人是否负担提示和明确说明的义务，存在争议。有的观点认为，出于公共政策的需要，保险监督管理委员会依据法律授权制定的强制性保险条款，对保险人和投保人都具有强制性。此种情形下，保险人能证明投保人收到了免责条款即视保险人完成了明确说明的举证义务，[①] 即可不承担赔偿或者给付保险金的义务。其实质上是认为将保监会所制定或者批准的保险免责条款纳入到保险契约作为免除保险人责任的事项，可以减轻保险人提示和明确说明的义务。有的观点认为，保险监管部门制定或者批准的保险免责条款属于法定的免除保险人责任的条款，应当鼓励保险人对此类免责条款向投保人进行提示和明确说明，但是没有明确说明的，免责效力并不受影响，保险人仍然可以拒绝承担保险责任。换言之，对保监会制定或者批准的保险免责条款，可以免除保险人提示和明确说明义务。也有观点认为，保险监管部门审批或者制定的免除保险责任的条款，保险人提示和明确说明义务不能减轻或免除。其理由主要有两点：第一，保险监管部门所制定或者批准的保险条款，在效力上并不属于法律、行政法规，甚至也不属于部门规章，不能认定为其公布后即产生效力，也不应认为人人皆知悉，不可作为法定免责条款。第二，保险监管机构对保险条款的监管是从行业规范的角度出发，虽然涉及社会公共利益内容，但并非所有的相关条款都与社会公共利益有关。因此，不能认定这类条款属于投保人知道或者应当知道的内容，保险人的提示和明确说明的义务不能减轻或者免除。为防止不当扩大保险人免除责任的范围，对于法定免责条款和《〈保险法〉司法解释（二）》第10条解释规定的禁止性规定都应限于法律、行政法规中规定的，而保险监管机构制定的保险条款显然非由全国人大及常委会或者国务院制定的法律、行政法规，所以应该不能作为法定免责条款或者本条解释所认定的禁止性规定，而

---

① 陆志明：《保险合同诚信义务之司法规制——略论保险合同当事人的明确说明与如实告知》，《山东审判》2009年第3期。

减少或者免除保险人提示和明确说明的义务。[①] 因此，保险监管部门制定或者批准的保险免责条款，保险人应承担提示和明确说明义务。

此外，投保人就同一险种再次投保，且保险人在投保人上一次投保时已明确说明责任免除条款，在此情况下，保险人对该免责条款的明确说明是否可以减轻或者免除，对此也存在不同认识。一种观点认为，投保人或被保险人就同一险种再次投保或多次投保，或者虽先后投保的险种不同但免除保险人责任条款相同的，则只要之前保险契约的保险人已经就相关免除保险人责任条款进行提示并明确说明的，应该认为投保人已经知悉该条款内容及法律后果，之后签订保险契约的保险人对相同免责条款的提示和明确说明可予免除。[②] 例如，《广东省高级人民法院关于审理保险纠纷案件若干问题的指导意见》第9条第2款规定："投保人或被保险人就同一险种再次或多次投保，被保险人以保险人未履行明确说明义务为由主张保险人责任免除条款无效的，不予支持。"另一种观点则认为，尽管之前订立保险契约的保险人已经就相同免责条款进行提示和明确说明，但仅对本次契约有效，任何保险人以相同免责条款订立保险契约，仍需进行提示和说明。例如，《福建省高级人民法院民事审判第二庭关于设立保险合同纠纷案件的规范指引》第19条规定："保险人的分支机构与投保人订立保险合同时，不因为其他分支机构已与该投保人订立有同类保险合同而减轻或免除说明义务。"折中观点认为，此种情形下保险人的提示和明确说明不能完全免除，但可以减轻。例如，《北京高级人民法院关于审理纠纷案件若干问题的指导意见（试行）》第3条规定："保险人与同一投保人再次或多次签订同类的保险合同时，保险人的说明义务可以适当减轻；但保险人仍然应当履行保险法规定的明确说明义务。"

本书认为，对此应坚持第二种观点，即保险人仍须进行提示和明确说明义务。首先，如减轻或免除将不利于倡导保险人履行提示和明确说明义务，违背强化保险人信息提供义务的潮流与初衷。保险人的提示和明确说明义务不仅是法定义务，也是诚信原则对保险人的要求。不管任

---

① 江必新主编：《保险纠纷》，法律出版社2014年版，第139页。

② 李理：《保险人说明义务若干疑难问题研究》，《河北法学》2007年第12期。

何情形下，保险人对于免除责任条款都应进行提示和明确说明。其次，投保人与保险人就同一保险条款第二次订立保险契约时，保险人在第一次订立保险契约时就相关免除保险人责任的条款已经提示且明确说明的，并不能当然推定投保人已经知道或者应当知道该免责条款的具体含义和法律后果。保险人是否履行明确说明义务在实践中将转化为证据问题，保险人通常是以具有投保人签字确认的文件来证明其已经履行提示和明确说明义务，但证据本身并不等于客观事实，投保人签字确认的文件虽能证明对保险人已经履行提示和明确说明义务，但并不意味着投保人真正知悉相关免责条款的内容和法律效果。即使投保人在签订第一份保险契约时已经理解相关条款，但投保人与保险人订立两份保险契约的时间间隔可能比较长或者具体情况发生变化等，投保人可能忘记先前保险人说明的内容或者要重新考虑实际情形等，这都需要保险人再次履行提示和明确说明义务。最后，保险产品类型多样、复杂，免除保险人责任条款的表述存在较大差别，对于哪些情况下保险人明确说明义务可以减轻或免除难以统一规范。为此，为维护投保人之权益，防止保险人滥用免除规则，应强化保险人提示和明确说明义务。

2. 文本提供免除之商榷

依《〈保险法〉司法解释（二）》第12条[①]之规定，肯认保险人采用网页、音频等方式的提示与说明，体现了鼓励保险创新的理念，符合立法之精神。但是，对于是否仍须合理时间内提供纸质文本，以供投保人事后阅读，此处尚未规定，本书认为值得商榷。参照前述《德国保险契约法》之规定，如果保险契约系基于投保人之要求而使用通信方式订约，而依该通信方式之性质，投保人作契约表示之前保险人无法先以文字形式提供其信息者，保险人例外地不负缔约时之信息提供义务；但是保险人仍须在契约订立之后，不迟延地补行提供法定信息。针对上述两者之差异，我国法侧重于成本与效率之考量，德国法更注重于安全的规范。为此本书以为，我国的网络保险起步较晚，在规范化、人们的认识程度

---

① 第12条："通过网络、电话等方式订立的保险合同，保险人以网页、音频、视频等形式对免除保险人责任条款予以提示和明确说明的，人民法院可以认定其履行了提示和明确说明义务。"

等方面与西方发达国家存在较大差距，在鼓励创新的同时，更应注重保护消费者之权益，坚持安全优于效率的原则。

从1997年保险网销模式的初现到互联网保险规模的急速扩大，我国互联网保险已经过18年的发展，在企业数量与保费规模上取得了突破性的发展。如图4—1所示，据保险业协会2014年发布的《互联网保险行业发展报告》显示，2011—2013年，国内经营互联网保险业务的公司从28家上升到60家，平均增长达46%；规模保费从32亿元增长到291亿元，三年间增幅总体达到810%，平均增长率达202%；投保客户数从816万人增长到5437万人，增幅达566%。[①] 但是，当事人通过网络、电话等方式订立的保险契约，与传统保险契约订立方式存在较大差别，带来一些法律问题；并且市场上产生了一些不规范行为，如网络营销的模糊话术、噱头彩头等，引发不少争议。不管是基于解决纠纷，还是规范市场及维护保险双方当事人利益，都应采取谨慎的态度，在效率与安全间寻找平衡点，调和多方之利益。在我国实务中，袁某诉某保险公司纠纷案[②]中，关于电话销售保险业务中保险人履行明确说明义务的认定，法院通过保险公司提交了本案完整的录音及投保回执，坚持了文本提供的证明作用，以此认定保险公司履行了其责任，不负赔偿责任；张某、姬甲、姬乙诉某保险股份有限公司运城中心支公司芮城支公司案[③]中，保险公司辩称在姬某购买"玉"卡时已出具了客户手册，客户手册用黑体字载明了责任免除范围，且"玉"卡在激活过程中须阅读保险条款，其中的责任免除内容也以加黑体字体足以引起投保人注意，但法院认为保险公司尚未以书面形式向投保人进行明确说明，应承担赔偿责任；洪某诉某保险股份有限公司金华中心支公司案[④]中，法院认为网络页面应属于"书面"形式，本书认为乃书面的扩大解释，有待商榷。为此，针对上述之现状，参照德国法，本书认为应要求保险人于契约订立之后，及时提供纸质文本给投保人，以让投保人有进一步认真阅读与冷静考虑的机会，

① 《互联网保险：有苗不愁长》，《人民日报》2014年2月26日，第10版

② 上海市浦东新区人民法院（2010）浦民六（商）初字第6992号民事判决书。

③ 山西省运城市中级人民法院（2011）运中民终字第1256号民事判决书。

④ 浙江省浦江县人民法院（2010）金浦民初字第1422号民事判决书。

从而改变或坚持前期的行为，进而维护自身之权益。

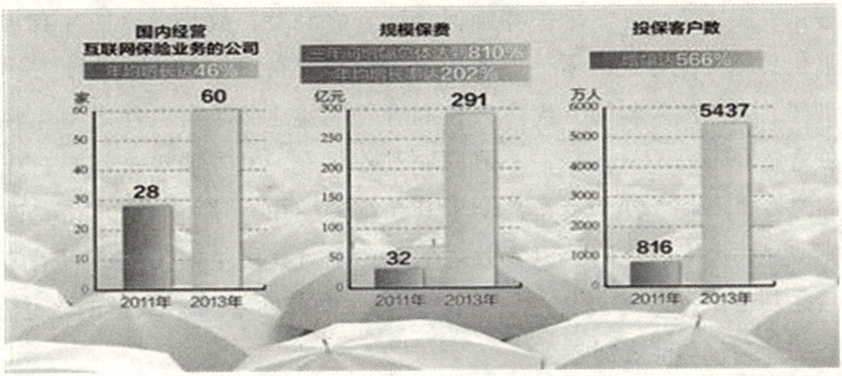


**图4—1　2011—2013年互联网保险行业经营数据**

## 第五节　信息提供义务与契约条款解释

课予保险人缔约信息提供义务，固然可以平衡保险人与投保人之信息落差或不对称，确保投保人自主选择之权益。唯在讨论保险人信息提供义务时，无可避免须涉及对契约之解释，保险人已作信息提供，但契约条款存在疑义而投保人未及时发现；或是条款文义虽明确，但超过一般人对契约应有之合理期待，此时契约有解释与调整之必要。以下从契约条款解释角度，思考与保险人信息提供义务之关联性。

### 一　定型化契约解释原则之特性

#### （一）一般定型化条款之解释概述

定型化契约条款之形成，或由企业者、经营者单方所形成，或由前者与顾客或消费者双方协商所定，或由公正之第三人所形成；要之，消费者于缔约时，除有接受或不接受之权利外，对契约之内容并无商量之余地。是以解释定型化契约条款，传统探求当事人真意之原则虽有适用，但更应客观求诸该条款所拟定适用对象之平均、合理理解之可能性为基准；且由于定型化契约条款具大量性而适用于不特定之多数人，故解释其条款无须着重考量订约时之偶然环境与当事人之个别意思表示，而统一为之。更由于契约条款之使用，形式上虽系因企业者为使其集团契约合理化，实质上则为了维护并确保企业者之利益，故其内容往往有维持或强化其经济优势之因素，如使用免除或限制自己责任、加重他方当事人责任，剥夺或限制他方当事人权利等不利益之条款，致使定型化契约条款之解释不得不从严控制，或限制其作扩充、补充或类推解释；或使条款之疑义不利于使用者；甚至于其条款之使用有违反公序良俗、诚信原则或显失公平时，则处以无效之效果，以对其所生不公正之后果施以最后之制裁。是以透过契约解释之运用，将有助于当事人目的之达成，与契约社会化功能之加强。

唯契约之多重解释原则，如客观解释、统一解释、合目的解释、限制解释、调和解释等，虽有助于理想之达成，然重要者仍需求助于实务上法官之妥适运用，与消费者诉讼制度之建立，是以司法程序仍占有极其重要之地位。换言之，契约条款之解释，无论系条款适用之解释或条款效力之解释，均含有极厚重之价值色彩，且由于定型化契约种类繁多，常涉及各行业之专门知识，非但有赖于法官之高度智慧，对消费者利益、公共利益及企业利益做详细分类及衡量外；尤须其具有开放而合理之性格，能对社会事实做客观、正确之理解，如此方不致困于己见，而契约目的、意义关联、交易习惯及当事人利益衡量等较多具体因素考量后，寻求一最符合公平正义之决定，务使企业发展不致侵害消费者合法之利益；而消费者之保护亦不影响企业健康发展。

（二）保险契约条款之解释要求

保险契约多以定型化条款之方式拟定，其中亦有以定型化条款附加个别商议条款之方式拟定，一般契约条款基于双方当事人平等之角度。以我国台湾地区为例，原则上契约之解释依我国台湾地区“民法”第 98 条规定：解释意思表示，应探求当事人之真意，不得拘泥于所用之辞句。我国台湾地区“保险法”第 54 条第 2 款①规定系承袭第 98 条规定而来，唯以第 54 条第 2 款前段规定来解释包括定型化条款乃严重错误；且若单

① 第 54 条第 2 款：“保险契约之解释，应探求契约当事人之真意，不得拘泥于所用之文字；如有疑义时，以作有利于被保险人之解释为原则。”

以第54条第2款后段规定解释个别商议条款，亦属错误。因此，解释保险契约条款时，须区分定型化条款与个别商议条款而分别讨论，且不得单以我国台湾地区“保险法”第54条第2款前段或后段之规则来解释定型化契约条款与个别商议条款。[①]

首先在个别商议条款部分，解释之方式应为：（1）契约文字已经明确时，应直接依照契约文字解释；（2）契约文字不够明确时，应探求当事人之真意；（3）契约条款有疑义时，应为不利于拟约者之解释。[②] 至于定型化契约条款之解释，德国与美国则有不同之解释体系。德国的解释方法是：（1）先判断条款是否订入契约；（2）其次再判断定型化契约是否有效；（3）接着对于未订入契约部分或不生效力部分以法律相关规定补充；（4）最后才进行定型化契约条款之解释。而美国乃判例法国家，仅在累积案例制定之统一商法典（UCC）第2之312条针对定型化条款以及个别商议条款中之免责条款或责任限制条款作出解释规定，并未如德国法一般就定型化条款如何订入契约、是否有效以及条款有无订入契约、如何补充规范做出规定，因此，在法院实务发展下，产生合理期待原则及疑义利益解释原则作为解释原则。[③]

我国旧《保险法》第31条[④]在2009年修正前仅采取有利于投保人之解释方式，且未限定于定型化契约条款，与《合同法》第41条[⑤]之条款解释方式不同，显然忽略民法意思表示应先探求当事人真意再作不利条款拟定人之解释原则。有鉴于此，我国《保险法》2009年修正改列第30条，在由保险人拟定之定型化契约条款解释时，应先依通常解释探求当事人之真意，有疑义时再作不利保险人之解释。

---

① 萧冠中：《两岸保险契约当事人告知说明义务比较研究》，硕士学位论文，台湾政治大学法律学系研究所，2010年。

② 刘宗荣：《论保险契约的解释》，《月旦法学杂志》2008年第8期。

③ 同上。

④ 2009年修正前《保险法》第31条：“对于保险合同的条款，保险人与投保人、被保险人或者受益人有争议时，人民法院或者仲裁机关应当作有利于被保险人和受益人的解释。”

⑤ 第41条：“对格式条款的理解发生争议的，应当按照通常理解予以解释。对格式条款有两种以上解释的，应当作出不利于提供格式条款一方的解释。格式条款和非格式条款不一致的，应当采用非格式条款。”

## 二 疑义利益解释原则与信息提供义务

### （一）疑义利益解释原则之界定与适用

疑义利益解释原则，系指用语有疑义时，应对使用者为不利益的解释。疑义利益解释原则起源于法谚“Verba fortius accipiuntur contra proferentem”，意指发言者承担语言的异常风险。这一法谚后来演变为“doctrine of contra proferentem”：“有疑义应为表意人不利之解释”。疑义利益解释原则一度被适用于法律及各种契约的解释，但现在却主要适用于以保险契约为代表的附合契约。① 以美国为例，疑义利益解释原则成为保险契约解释的重要原则，是以保险业的两个革命为契机的。首先是寿险业的异军突起。在1843年，纽约的第一个现代寿险公司——互助人寿保险公司成立。到1904年，24万美国人花费14.6亿美元购买寿险保单，使寿险成为国民的主要储蓄手段。② 其次，保险业开始出售火险。因为火是一个城市的祸害，保障成为经济上的必要。③ 火险公司成为庞大的专业承保人，采用标准定型化契约。面对单一条文的含义可能会影响成千上万人的标准化保单，法院开始采用疑义利益解释原则。因此，疑义利益解释原则本是契约法的一个古老原则，但现在已在保险诉讼中处于中心地位。

契约文字无法全然消除疑义实属可能，故发动保险契约疑义利益解释原则，法院首需确认“疑义”（ambiguity or vagueness）之存在。此所谓“疑义”，系指于订约时即已存在契约条款中，而非为适用此一原则于解释时由司法机关创造。关于疑义，我国学说、实务鲜有定义，实则疑义乃指契约与用语具不确定性或不精准及该用语存在两个以上解释之谓。因保险契约为典型之附合契约，保险契约之内容，除订制型保单（Tailor-made policy）外，通常由保险人事先拟定，而投保人或被保险人仅得选择接受与否，故为避免保险人预作有利于己之规定，法院应就疑义部分为

---

① Kunin v. Benefit Trust Life Ins. Co., 910 F. 2d 534, 539 (9th Cir. 1990).

② Art Budros, The Making of an Industry: Organization Births in New York's Life Insurance Industry, 1842 - 1904, 70 *Soc. Forces* 1013, 1015 (1992).

③ Morton J. Horwitz, The Transformation of American Law, 1780 - 1860, at 230 - 320 (1977).

有利于被保险人之解释。[1] 所不同者，于后者情形，法院应自多个可能之意义中，以被保险人所采之解释为据；而于前者情形，则法院需要就不明确之文意赋予疑义，然此非谓法院得恣意给予某一用语任何定义，而需考量当事人双方之公平性、契约目的与效率，甚或诚信原则等，冀可对契约文意为合理之发现。[2] 另法院亦需将有关决定某一字意是否具有说服力之外在证据列入考量。[3] 而在保险契约中，保险人既预拟契约条款，在契约文字具控制力，对投保人即负担契约条款明确表现之义务，某条款不明确，即属保险人之义务违反，法院在解释之际，自当对不明确之文意，赋予对被保险人有利之意义。[4] 法院在操作此一解释方法时，对保险人是否对该疑义有消除之可能之事，毋庸再加审酌，一旦确认疑义发生，即对保险人为不利之解释。

具体实践上，美国早期之 Prince v. Phoenix Mutual Life Ins. Co. 一案中[5]，保险人在人寿保险投保书中询问被保险人是否罹患风湿症（rheumatism），被保险人患有亚急性风湿症（sub-acute rheumatism），然在投保书询问事项中为否定之回答。嗣后被保险人发病，保险人以被保险人违反告知义务为由拒绝理赔，但明尼苏达州最高法院则认 rheumatism 一词存在疑义，因无法知悉其是否包含 sub-acute rheumatism，故为有利于被保险人之解释。另在 Vlastos v. Sumitomo Marine & Fire Ins. Co. （Europe），Ltd 一案中[6]，火灾保险契约约定保险标的房屋三楼需以作为清洁工之居所（janitor's residence）之目的而使用，然于火灾发生时，三楼仅部分空间作为清洁工居所之用，其他空间则由被保险人之按摩院使用。保险人争执：契约中标的房屋三楼需作为清洁工居所使用，乃指需排他（exclusive）作为该目的使用。然联邦第三上诉巡回法院则认关于使用目的之特约既未约定三楼之唯一用途乃清洁工居所，且要求清洁工使用三楼之目

---

① 林勋发：《商事法精论——保险法》，今日书局2007年版，第545页。

② 张冠群：《保险契约条款疑义之认定与解释》，《月旦法学杂志》2012年第11期。

③ Trident Center v. Connecticut General Ins. Co.，847 F. 2d 564，567－69（9th Cir，1988）.

④ Kenneth S. Abraham，A Theory of Insurance Policy Interpretation，95 *Mich. L. Rev.* 531（1996）.

⑤ 17 Minn. 497（1871）.

⑥ 707 F. 2d 775（3d Cir. 1983）.

的仅系为火灾发生时有人及时注意而可予应变，自不宜采保险人较狭隘之解释，仍应以被保险人之解释为准。

（二）信息提供义务与疑义利益解释原则之调和

如前述，疑义利益解释原则之适用，以契约条款客观上存有“疑义”为前提。易言之，倘保险契约条款文意内容明确，或无多个合理解释并存之情形，且文字已足显示当事人意思，纵其内容对投保人或被保险人不公，甚或对保险人有利，法院仍不得逸脱契约文意而别为对被保险人有利之解释，否则即违反本解释方法发动之前提要件，[①] 显见有利于被保险人解释原则亦具有其局限性。为此，本书认为疑义利益解释原则之适用，并不能弱化保险人信息提供义务，因即使保险契约文字之表示，客观上清楚明了、简单易懂，但由于投保人或被保险人群体之差异化，以及契约文字排版、标示等复杂化等因素，投保人亦可能无法理解或知晓保险契约之全体内容及内涵，仍应强化保险人之信息提供义务。

另外，保险人已针对契约条款提供信息，该条款是否可以排除不利解释原则之适用，亦值得商榷。关键在于保险人信息提供义务之履行，是否可代表双方当事人对该条款意义之理解达成一致。由保险人信息提供义务之目的观察，其是在使投保人有理解契约条款之机会，其作程序上规定，投保人未及时反对而经过一段时间后，仅代表该条款可以依保险人之理解加以执行，并不表示保险人与投保人之间对该条款达成确切一致之合意。故本书认为，信息提供义务亦无法排除疑义利益解释原则之适用，二者相得益彰，形成严密、和谐的法律制度设计[②]。例如，咸丰县某水电开发有限责任公司诉某保险公司湖北分公司恩施中心支公司一案[③]，法院根据旧《保险法》第 17 条、第 18 条及第 31 条之规定，即信息提供义务与不利解释原则之综合考量，认为“暴雨、洪水”亦应属于保险契约约定的保险责任范围，保险公

---

① Dudi Schwartz, Interpretation and Disclosure in Insurance Contracts, 21 *Loy. Consumer L. Rev.* 105, 118 (2008).

② 徐卫东主编：《商法基本问题研究》，法律出版社 2002 年版，第 408 页。

③ 湖北省高级人民法院（2008）鄂民二终字第 00104 号民事判决书。

司应承担责任。

## 三 合理期待原则与信息提供义务

### (一) 合理期待原则之内涵与适用

合理期待原则最早见于 Gaunt v. John Hancock Mut. Life Ins. Co. 一案[①]。美国联邦第二巡回法院指出：保险人对契约内容特定用语固有其解读方式，然契约内容之解释不应服从保险人之理解，反而应探求一般对人身保险契约精密内容极不熟悉者，以一般人通用方式理解之内容而定，亦即应依该一般人之理解为准，非一百人中仅一人所持之理解。然该判决并未明确指出其法律意见形成所凭之法律原则为何。其后，在 Kievit v. Loyal Protection Life Ins. Co. 一案中[②]，争伤害险条款中规定承保范围为因直接且独立原因所致之意外体伤（resulting directly and independently of all other causes from accidental bodily injuries），并排除损失肇因于疾病或与疾病相关者。系被保险人之残废经判定部分系因其帕金森氏症所致，法院仍认被保险人之残废应属承保范围，理由为：大众购买保险即有权利于保满足其合理期待之必要程度内，享较广之保险保障。"合理期待"一语，首现于法律意见之中。

基顿教授于 1970 年在《哈佛大学法学评论》上撰文正式建构此一理论，并补充该原则内容。[③] 基顿教授指出：原则上，法院应保护投保人、被保险人及受益人关于保险契约承保范围之合理期待，即便经仔细检视，发现契约条款与保险人明示之意思抵触者亦然。[④] 此所谓"合理期待"，指一具平均知识经验之人立于被保险人地位对特订约款所持之理解而对承保范围所生之期待，该期待将不受契约文字之限制，无论契约文字如何明晰皆然。申言之，保险人于保险契约中所加之限制或除外条款与具一般平均保险知识之被保险人对承保范围之合理期待相抵触者，不应允许。此际，法院应就被保险人期待之合理

① 160 F. 2d 599 (2d Cir. 1947).

② 170 A. 2d 22 (N. J. 1961).

③ Robert E. Keeton, Insurance Law Rights at Variance with Policy Provisions, 83 *Harv. L. Rev.* 961 (1970).

④ Robert E. Keeton & Alan I. Widiss, INSURANCE LAW 633 (1988).

性为衡酌，倘被保险人主张之期待被视为非合理者，仍不得享有保险保障。① 此原则下，文字疑义之有无纵非全然与被保险人合理期待之判定无关，然无论有无疑义，被保险人均得主张其对承保范围真实之期待为何，而法院将有较大弹性依大众对保单文字之理解以决定被保险人合理期待之存否为判定。② 此际，保险人倘欲阻碍法院依一般被保险人之合理期待为契约之解释者，应对个案中被保险人期待之不合理性，即一般被保险人不致依该被保险人对契约条款之理解方式及保险人之解释为唯一公平之解释等事项，负举证责任。

由上观之，美国法合理期待原则适用案例可分为两类：第一类情况，投保人之期待是由于保险人的误导，通常在订约当时即发生此种误导，但契约订立后产生之期待亦有适用；第二种情况，则较接近于法院的期待，认为该种条款不应该出现在契约当中，此为法院造法，英国法与美国法的相同之处大多集中在第一类案例。③ 在对定型化契约条款内容之控制方面，德国透过四阶段方式而将契约解释置于最后，而美国是直接进入解释阶段，看似略过契约生效与补充规范之判断，唯美国法院在判断条款是否为不公平时，事实上已判断过条款是否定入契约、是否生效。此外，德国法在判定条款未定入契约或无效而以相应之法律规定补充时，由于当事人之期待若为合理，则会与法律规定之法律效果相同。因此，两个体系下判断出的结果是一致的。④

（二）合理期待原则与信息提供义务之互补

课予保险人信息提供义务，虽然可以使投保人更加理解契约之内容，使双方对于契约内容更有机会达成合意，但若该契约条款之存在本身即

---

① Selected Risk Insurance Company v. Bruno, 718 F. 2d 617, 671 (3rd. Cir. 1983).

② Atwater Creamery Co. v. Western Nat'l Mutual Ins. Co., 366 N. W. 2d 271, 278 (Minn. 1985).

③ 郭珍君：《合理期待原则与保险争议之解决——以保险契约条款之解释为中心》，硕士学位论文，东吴大学法律学系，2006 年。

④ 刘宗荣：《论保险契约的解释》，《月旦法学杂志》2008 年第 8 期。

显不合理，[①] 则即使保险人已于保险契约订明，该条款亦不生效力。因此，合理期待原则事实上是要求保险人对保险契约条款之告示及说明必须在契约成立前于保险单外，以明示方式向投保人为说明。[②] 且若保险人未于交付保险单之前另以书面告知投保人该类条款之不利后果，而与保险单同时或之后交付，对于投保人而言，将造成无法影响条款效果之后果，该信息提供义务不生效力，投保人得主张合理期待原则。

保险人信息提供义务虽课予保险人主动说明、告知或被动回答之义务，唯考量契约条款之文义解释原则有其极限，保险人即使于保险契约内明示说明，亦无法作为不合理条款存在之依据。因此，合理期待原则可以从根本上督促保险人订立合乎一般人期待之保单条款。此外，保险人有时对于契约条款之说明避重就轻，事故发生后投保人难以主张权利，若采取合理期待原则，则可降低投保人权利维护之成本。因此，合理期待原则可以辅助保险人信息提供义务制度，补充其不足。

概言之，合理期待原则与信息提供义务既有区别，又有联系。合理期待原则是事后规制，而信息提供义务是事前规制，二者互补，共同规制保险契约之内容。在具体适用上，合理期待原则与信息提供义务是协作关系，可以同时适用。从信息经济学的角度而言，这两个规则的经济原因，皆可归结为保险契约信息不对称之矫正上。但是，推进一步，其最终目的仍要回到一般经济学假设之“完全市场、充分信息”的场景下，因为在这个场景之下，才能实现法律上的“私法自治”，平等和自由的观念始能得到确认和宣扬。

## 本章小结

法律的生命在于实施，而实施的基础乃规范的明确、体系的完整。

---

① 例如在 C & J Fertilizer v. Allied Mutual Insurance Co.，227 N. W. 2d 169（Iowa，1975）案中，投保人购买盗窃险，保险人在承保范围加注必须限于“有明显破坏痕迹时”始为承保之保险事故，本案投保人遭窃时，窃贼并未破坏门窗，对于这种技巧性的侵入，无疑地属于盗窃损失，惟保险人却引用该条款拒绝理赔，法院认为投保人可以合理期待任何形式之盗窃损失均在保险范围内，因此判令保险人应予理赔。Leo P. Martinze，John W. Whelan，Case and Materials on General Practice Insurance Law，*West Group*，$4^{th}$ ed，2001.

② 李庭鹏：《保险合同告知义务研究》，法律出版社 2006 年版，第 145 页。

信息提供义务之最终目标在于将其理念、规则运用到保险实务中，确保其效能之实现。统领于保险人缔约信息提供义务之建构准则，乃形式要求之告知后同意原则与实质要求之适合性原则。告知后同意原则主要包含披露及同意两个方面，保险人应以合理努力而指出保险产品之信息，使投保人能够了解与认识；而同意应以投保人对其与保险人间之意思表示一致有所了解为前提。适合性原则要求保险人与投保人订立保险商品或服务之契约前，应尽量充分了解投保人之基本情况及依不同保险商品或服务之特性，建立差异化事前审查机制，以确保该保险商品或服务对投保人之适合度。基本准则之确认与遵守，将从整体上指导与规范信息提供义务的制定与实施，也为司法者自由裁量时，提供了衡量的标准，是克服保险法律局限性的工具。

在信息提供义务之履行规范中，保险人信息提供义务之时间点为契约订立前或缔约过程中；在保险缔约双方当事人合意变更保险契约内容时，保险人亦应及时提供信息。保险人履行信息提供义务之方式应以书面形式为主，并辅以口头方式。保险人在订约前，应提供相关书面材料给投保人，并针对该重要事项，主动对投保人以口头方式解释与说明，并针对投保人之询问详细解答。另外，针对电话、网络等行销方式的说明与提示，我国《〈保险法〉司法解释（二)》第12条有所规定，但尚未规定是否须纸质文本，尚待商榷。本书认为应参照德国法，保险人仍须在契约订立之后，不迟延地补行提供法定信息，以文本形式为之，以利于投保人事后阅读与冷静思考，权衡利弊，维护权益。保险人信息提供义务应坚持全面、真实、准确、及时、有效的原则，采用理性社会人的标准，以投保人的确实理解为目标，通过主观与客观、实质与形式相结合的模式；并坚持公开透明化原则，以利投保人审慎作出最适切的决定，从而最大限度地实现保险双方之利益。保险信息提供义务之范围，包括但不限于保险契约之重要内容与风险、保险交易上之交易成本、可能之收益及风险、免责条款及除外危险、一般定型化条款、保险人之基本信息等；另外，本书认为保险广告亦应纳入信息提供义务范围，应保证广告内容之真实；再者，例外规定主要指非消费性保险契约与个别商议条款，对于“法律、行政法规中的禁止性规定情形”尚无主动说明之义务，仅有提示义务。此外，在讨论保险人信息提供义务时，无可避免须涉及契约之解释，疑义利益解释原则与合理期待原则皆为保障投保人之权益，与信息提供义务之适用无本质上的冲突，其为互补关系并相互强化，于个案中更好地保护投保人之利益，于制度上更能有助于保险业的健康发展。

# 第五章

# 违反缔约信息提供义务之法律责任

法律规范通常规定，在特定条件下会有特定的义务发生、变更或消灭。① 法律责任作为其特定义务之一，是法律运行的保障机制，是法治不可缺少的一个重要环节。当前，我国保险人违反信息提供义务之责任体系，是残缺不全的，规定比较零散，缺乏系统性与可操作性，尚无健全的保险纠纷解决机制。② 本章将具体阐释信息提供义务之法律责任体系，使信息提供义务制度更加完善。

## 第一节　违反信息提供义务之民事责任

### 一　缔约上过失责任之适用探讨

（一）概述

德国缔约上过失责任制度之发展，一百五十余年来历经学说与判例相互影响，乃成为一庞大有机体。在耶林发现缔约上过失这块新领域时，其所讨论之事例仅限于已经成立之契约或已有意图缔结之契约及外观上或表面上已履行契约之缔结，然却因故而无效之类型。鉴于德国侵权行为法之不足，特别是对于保护客体之限制，乃促使学说与判例对此有机体不断予以灌溉使其成长，致使缔约上过失责任扩于契约磋商或准备之

---

① ［德］齐佩利乌斯：《法学方法论》，金振豹译，法律出版社 2012 年版，第 39 页。

② 刘兴丽、赵磊：《我国保险消费者权益保护探索》，《保险研究实践与探索》2013 年第 1 期。

加害行为、缔结不利内容之契约与契约交涉中断之类型。[①] 更甚者是，耶林明确指出缔约上过失而生之损害赔偿责任，系涉及契约当事人间之问题，故参与契约缔结之第三人对之不负赔偿责任，实务与学说却致力于摆脱耶林提出之观点，借助巴勒施泰德（Ballerstedt）之信赖观点，建构第三人缔约上过失责任，透过信赖观点赋予其持续伸展之力量，又进而发展出事务管理人责任。

以信赖观点为核心思想而不断扩张契约上过失责任之射程，受学者大力批评，或有谓藉由信赖原则所导出之损害赔偿请求权，破坏法官依法裁判之原则，流于恣意，更易造成法律体制之混乱，形成"逃入一般条款之现象"；[②] 或有谓缔约上过失所处理之事例啃食侵权行为法之领域，致使侵权责任与契约责任界限模糊，在本质上属于侵权行为规范之缔约上过失责任，故应回归侵权行为领域处理。学说上对于缔约上过失责任之肯认纵然有所争执，但犹如学者汉斯·多勒（Hans Dölle）在《法学上的发现》一文中所言：耶林关于缔约上过失之发现，为如何规律公正与理性的社会生活开拓了一条途径。[③] 呼应汉斯·多勒之观点，关于缔约上过失责任之扩张，亦为规律公正与理性之高科技化或专业化之社会生活开辟了一条蹊径。进入 21 世纪，德国立法者摆脱过去迟疑之立法态度，毅然将实务与学说所孕育之缔约上过失责任制度，在德国民法第 311 条第 2 款与第 3 款、第 241 条第 2 款和第 280 条予以明文化，因而建立当事人缔约上过失责任与第三人缔约上过失责任之一般原则，又以抽象性与一般性之立法方式，留予实务与学说继续发展缔约上过失责任类型之可能性。

（二）责任类型化——信息提供义务之违反

缔约上之过失责任在判例法与学说长期培育下，成长为一个体系庞大、适用广泛之民事责任体制。为掌握缔约上过失责任制度之适用范围，学者以缔约上过失责任之核心概念——先契约上之注意义务为基调，将缔约上过失责任分为三种类型：（1）保护或维护义务之违反；（2）信息

① 向明恩：《德国缔约上过失理论之发展》，《台北大学法学论丛》2009 年第 11 期。

② 林元祥：《契约效力主观范围之研究》，博士学位论文，辅仁大学法律学系，2000 年。

③ 向明恩：《德国缔约上过失理论之发展》，《台北大学法学论丛》2009 年第 11 期。

提供义务之违反；（3）契约促成义务之违反。在义务类型上，保护或维护义务系涉及固有利益之维护，而信息提供义务与契约促成义务则涉及契约目的之维护。[①] 此处仅以信息提供义务之违反为论述（见图5—1）。

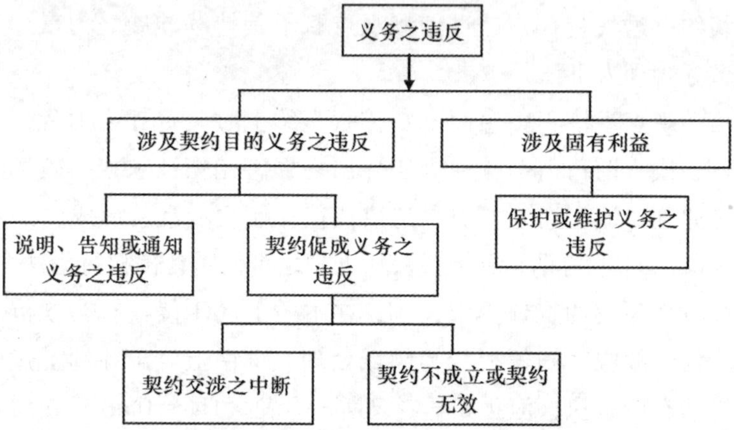


**图5—1 信息提供义务之违反**

在契约磋商的过程中，应本于诚实信赖原则，就当事人一方之缔约决定具有重要性事项者，他方当事人负有说明、告知或通知等信息提供义务，而他方当事人违反此义务，例如不作陈述、作不真实或不完全陈述时，致所缔结契约之内容，与他方合理期待之契约不符，致他方遭受损害，就此义务之违反应负缔约上过失责任。所谓不作真实或不作完全说明，系指当事人一方作明示之陈述，而其陈述之内容对他方当事人契约之缔结具有决定性时，其陈述之内容应真实完全。所谓不作陈述，系指当事人之一方对可能会阻止契约目的与对契约缔结决定有重大意义之事情有所知悉，却沉默不向他方当事人陈述，而他方当事人依交易观点，可合理期待他方之告知。此种类型之缔约上过失，学者或称为“缔结不利内容之契约”。

依传统契约法责任之基本理论而言，原则上在契约磋商阶段，双方当事人间不负有说明、告知或通知等义务，因当事人在缔结契约时，应

① 向明恩：《德国缔约上过失理论之发展》，《台北大学法学论丛》2009年第11期。

自先行充分调查与契约有关之事宜与危险。然而，在Luisin灯光案判决中首次例外地承认，先契约与缔约有效成立后之义务是相同存在的，若将契约形成过程看作一个有机体，则毋庸置疑地，亦会将促使契约成立之磋商行为与契约之缔结视为统一的整体。[①] 依此，在契约磋商之阶段，当事人一方知其不利契约之事情，对他方当事人决定契约之缔结有重大意义者，在交易习惯观点下，依诚实信赖原则，有足以使他方当事人合理期待契约之内容，则当事人一方即对他方负有说明、告知或通知等义务，进而使双方当事人在契约缔结时，系出于平等之地位。

依上所述，先契约说明、告知或通知等信息提供义务之成立与范围，系依诚实信赖原则与公平交易观点检视与界定，然此将抽象性法概念落实到具体个案时，自逐一观察个案之事实，亦即当事人间之关系、契约各自之类型以及当事人知识与教育之状况，均为重要考量因素。在权衡上述因素时，德国新近判决关于此类型义务之重要案例，为具有专业知识者违反说明告知或通知等义务，致使技术上、经济上或交易上之无经验或弱势者，因信赖专业知识者之陈述或不陈述而缔结契约，因而发生损害时，自亦得请求缔约上之过失责任。[②]

## 二　我国法之规定及反思

契约法一方面要引导完整契约的订立，减少因信息不完整而生的策略行为，另一方面亦须考虑完整契约所生的信息成本，必须合理分配。[③] 缔约前虽不存在契约关系，但与交易密切相关，故应自契约法理思考。据此，以《合同法》第42条为主要探讨内容。

### （一）契约有效型

比较法上的信息提供义务探讨，主要系就契约有效成立的案例类型。关于合同有效场合的缔约上过失问题，在学说上由德国学者莱昂哈德于1896年最早提出，经过多年的演变，1912年4月26日被德国法院判决采

---

① RGZ 95，58. 转引自向明恩《德国缔约上过失理论之发展》，《台北大学法学论丛》2009年第11期。

② BGH NJW 1964，S. 2440；BGH NJW 1983，S. 2630.

③ 苏永钦：《缔约过失责任的经济分析——从现代交易的阶段化谈起》，《台大法学论丛》2004年第33卷第1期。

纳，自此以后，肯定合同有效缔结场合的缔约上过失一直成为通说见解。[①] 德国法的缔约上过失与不完全给付立于互有交集的状态，德国民法第311条第2款毋庸拘泥于契约是否有效成立。大致上，如一方陈述已构成契约之内容（即契约条款），则可发生契约不履行、瑕疵担保问题，如未构成契约内容，自有依缔约过失予以救济之必要。另一方面，欧洲契约法原则第6：101条第1款、第2款与英国契约陈述，在一定条件下，提升缔约前陈述为契约内容之一部分，使受害方得以主张违约救济。[②] 日本在继受缔约上过失理论上，分为四种类型：（1）契约虽已缔结，但契约有不成立、无效或被撤销之情形；（2）契约虽有效成立，但其为一不利于一方当事人之契约；（3）缔约过程中因一方当事人之过失，对他方当事人造成身体、财产等损害情形；（4）契约交涉于中途中断，致未缔约之情形；其中之一即为契约有效型之状态。[③]

对于合同有效型缔约上过失责任，我国学理多不予承认。其实，在现代社会生活中，最初罗马法上典型的于自始客观不能契约无效的情形，是非常少见的；而大量存在的，则是契约有效型的缔约上过失问题；特别是与消费者保护相关联，这一类型的缔约上过失责任，如上所述，在国外的判例和学说上得到多姿多彩的展开。《合同法》第42条第2项虽未言及契约成立与否，其实已经为契约有效型缔约上过失责任留有了法律上的存在空间，违反信息提供义务的情形即为之一。[④]

（二）主观要件

英国法的不实陈述与德国法的缔约上过失，主观上皆不限于故意。德国法上缔约过失，仍采用与债务不履行一致的过失归责原则，使传统的契约责任及侵权责任相衔接。根据我国《合同法》第42条第1项、第2项之规定，恶意磋商与情报提供义务违反，均要求先合同义务违反方为“故意”，压抑缔约上过失责任，使其可适用性及订定实益降低。我国台

① 韩世远：《合同法总论》（第三版），法律出版社2011年版，第129页。

② 张新楣：《金融交易之资讯义务——以金融机构之民事责任为中心》，硕士学位论文，台湾大学法律学院法律学研究所，2010年。

③ ［日］松尾弘：《日本缔约上过失理论之继受与发展》，陈洸岳译，《月旦法学杂志》2003年第8期。

④ 韩世远：《合同法总论》（第三版），法律出版社2011年版，第129页。

湾地区有学者指出，以完整契约为目标，仅处理恶意欺诈显然不足。而恶意欺诈型在第三人欺诈情况，亦仅以交易相对人有过失为必要，无须故意。如过失造成信息不足或不实结果，受不利之一方如不能撤销契约，在规范上不够平衡，但如需投入过高的避免信息不足或不实的缔约成本，使交易已无期待之利益可言，自不能论以过失。[①] 亦有论者认为在消费关系之场合，对缄默欺诈之定位，倾向逾越"诈欺从其文义，必出于故意"之概念限制，如负有信息提供义务之企业经营者，明知系争议信息，因故意或过失未为告知，致使消费者维持错误而订约，将构成缄默欺诈。[②] 另有论者自公平衡量、法律经济、实务需求及特别法增加之论点，传统民法信息责任的故意理论，需作某程度的缓和，或是转变为以"过失责任"为原则。[③]

比较法与学者之见解，皆相同。以过失为主观归责要件，即可作为行为人行为界限的合理控制。因此，有别于欺诈之故意责任，我国《合同法》第 42 条第 1 项主观要件限于"恶意"，应修法使违反信息提供义务责任之主观要件回归至抽象轻过失，以合理保护缔约阶段当事人之利益。

（三）客观要件

"重要事实"这一概念，赋予法官在审案中自由裁量权，但什么属于"重要事实"，法官难以把握，学术界也未有一致通说。这增加了实践中操作的难度，应予以有效规范。透过实务或学说肯认，除了具备信息的重要性，尚须依据诚信原则衡量更多要素，例如信息取得成本与信息落差、风险分配、相对专业、相对人之期待、信赖关系，对交易特殊性作利益权衡，无法一概论之。然而，因为各国法院的规范态度不同，所衡量之各要素亦重心有别，例如德国法重视分配正义、社会观点，而英国法重视经济、自由观点，二者对信息提供义务即存在不同之态度。[④]

---

① 苏永钦：《缔约过失责任的经济分析——从现代交易的阶段化谈起》，《台大法学论丛》2004 年第 33 卷第 1 期。

② 曾品杰：《论资讯提供义务——从缄默诈欺谈起》，《东海大学法学研究》2007 年第 3 期。

③ 杨宏晖：《缔约前资讯义务之研究》，博士学位论文，政治大学法律学研究所，2009 年。

④ 张新楣：《金融交易之资讯义务——以金融机构之民事责任为中心》，硕士学位论文，台湾大学法律学院法律学研究所，2010 年。

信息提供义务之内容及范围应依据个案之具体情况，依照诚信原则及交易习惯，考量请求权人的信息需求（是否无法自主获取重要信息）与义务人信息期待可能性（特殊专业、义务人的行为与表示、契约交易性质、特别信赖表征等）作适当决定。信息提供义务功能，主要在于克服信息不对称所造成的契约机能或公平交易之障碍，在规范上要求一方对他方提供信息，应参考交易习惯、特定行业之职业伦理及个别契约之具体情形而定，消费者或相对人特别需要保护者，法律甚至可以明文规定企业经营者之信息提供义务。① 信息提供义务之范围亦应依照诚信原则，考量阻碍契约生效之特别情况、标的物特性、其他对契约相对人作成决定的重要因素，例如履行之障碍、定型化契约之内容与效力范围，特别是契约相对人的欠缺经验。

（四）法律效果

损害赔偿为缔约上过失之法律效果，《合同法》第 42 条意旨将损害赔偿范围限定于信赖利益。比较法上，除了损害赔偿效果，如情节严重者，受害人有解除契约之权利，不再维持契约效力，即契约效力否定。为使无意履约之被害人彻底从履约义务中脱离，根本解决之道，系赋予被害人解除权，方符合受保护当事人之真意并简化二次法律关系，减少涉诉之社会成本。② 在日本，森章泉教授则认为，随着交易之多样化，现代契约法未给予信息弱势之消费者有效保护武器，故借由缔约过失责任理论之运用，令交易地位上处于优势之当事人，负有提供义务，以防止利用弱势之他方当事人进行不当之交易，更借以排除契约之际，对于信息弱势之当事人在其意思形成过程中加以不当之干预。因而主张因缔约过失而被害之当事人，可请求损害赔偿或赋予其解除契约之权限加以救济。③

（五）缔约上过失理论与其他相关理论之比较分析

诚如王泽鉴教授每次于公开场合所指，法律人在面对法律条文时应

---

① 黄茂荣：《缔约上过失》，《植根杂志》2002 年第 7 期。

② 林美惠：《缔约上过失及其诸类型之探讨》，《月旦法学杂志》2002 年第 8 期。

③ 杜怡静：《论对金融业者行销行为之法律规范——以日本金融商品贩卖法中关于说明义务及适合性原则为参考素材》，《台北大学法学论丛》2005 年第 2 期。

时常自问：若无此项规定，依现行法又将如何？借此自问自答过程，探求该法条存在上的意义以及价值。

1. 缔约过失与债务不履行

二者虽同属违反契约上附随义务，但二者得自义务违反的时点不同加以区分。亦即主张缔约上过失时，限于义务违反发生于缔约之前，至于损害究竟爆发于缔约前或缔约后，在所不问；反之，不完全给付的债务不履行责任多因违反义务乃发生于契约履行中，至于损害自然也多产生于缔约之后。如此观之，契约上附随义务之违反，本即可能同时发生于同一契约缔约前及缔约后、履行中，因此按理推论，即使在同相当事人间、基于同一法律原因，亦可能同时产生缔约上过失责任以及不完全给付的债务不履行责任，此时二者存在上并存，选择上亦并存，当可构成请求权竞合。这正是比较法上，包括希腊、意大利、以色列民法及德国民法或是日本判例学说上何以明确承认缔约上过失理论，毋庸拘泥于契约终局是否有效成立，仅须其他主客观要件具备，均可请求的理由。简言之，二者应立于互有部分交集的状态。

2. 缔约过失与不当陈述

在英美法上，由于受到严格的客观主义以及买受人应注意等原则的支配，本应无缔约上过失理论适用的余地。然而为弹性应对可能过度僵化的法律机制，乃有两个相对应的理论存在，即不当陈述的理论和禁反言的理论。不当陈述是英美法上应对虚假情报提供者责任而顺势发展的产物。依据学者萨蒙德（Salmond）之见可分类为二，一为原告信赖被告所提供之虚假信息而行动，结果令原告受有损失，一般称为狭义的不当陈述；另一则为被告将与原告有关的信息提供第三人，第三人因而有所行动，其结果致原告受有损害，一般称为有害的虚言（injurious falsehood）。[①] 萨蒙德的上述分类显然较偏重于自行为客观面及其结果面切入，换言之乃即由因缔约之便获得信息，进而行动者，与受害人是否同一而作区分，在前者，原告系因自身信赖被告的信息而行动并蒙受损失；后者则系第三人获得被告的信息而行动，进而导致原告蒙受损害。若再自被告主观构成要件进一步分析，传统

---

① Salmond, The Law of Torts (16ed, Heuston 1972).

英美法上的不当陈述可区分被告为：(1) 明知情报不实仍故意虚假告知的情况，即欺诈的不当陈述；(2) 因过失而不知的情况，即过失的不当陈述；(3) 善意且无过失而告知的情况，即善意的不当陈述。仔细检视之后，不难发现真正符合我国《合同法》第42条的主观构成要件者仅限于第一种，即欺诈的不实陈述，若属过失不当陈述的情况，充其量仍然只能视为能否符合侵权行为要件论断侵权行为责任，至于善意不当陈述则根本不在民事责任规范序列之内。综合上述，我国《合同法》第42条之规定，与其说接近德国民法第311条第2款或者日本判例学说上形成的缔约上过失理论，恐怕不如说它更接近英美法上的“欺诈的不实陈述”。

## 第二节　违反信息提供义务之具体情形及其认定

### 一　具体情形之一般规定

#### （一）未为履行

在交易过程中，当事人未为履行可区分为二种类型：缄默欺诈、过失遗漏。兹作分析如下。

1. 缄默欺诈

所谓缄默欺诈，一般指负有信息提供义务之经营者，明知所争论的争议所涉及的信息存在，却因故意未告知消费者，且合理预见消费者继续陷于错误而订约之行为，得成立缄默欺诈。① 另外，学者在论及行为人以消极不告知交易上重要信息，致相对人陷于错误而为意思表示的场合，曾提出下列观点：基于企业经营者与消费者之间，因专业知识、技术、信息以及资本等方面之因素，所造成之契约地位不平等现象，在解释适用民法关于意思表示被欺诈之规定时，特别是在认定消极不作为之欺诈是否成立时，法律政策上应根据诚实信用原则，

① 曾品杰：《论资讯提供义务——从缄默诈欺谈起》，《东海大学法学研究》2007年第3期。

课予企业经营者更高之诚实义务，提供其告知说明义务之程度，扩大其应告知说明事项之范围。①

就前述观点而言，在保险领域，保险人与投保人间本质上是一种消费关系，对于投保人合法的询问，其回答必须真实完整，否则，可构成欺诈；对于保险人应主动说明、告知、建议等信息，沉默亦构成欺诈。在保险缔约阶段的信息提供义务，应与欺诈规定作共同的考虑，在维护投保人利益的关系中或以信赖之共同合作为前提的法律关系中，保险人信息提供义务的要求应被提升与强化。为此，在保险契约中不存在单纯的缄默，亦即是说，缄默即构成欺诈及具有违法性，保险人应承担相应的法律责任。②

2. 过失遗漏

就过失违反信息提供义务而言，系指当事人对于：应告知或说明的重要事项、他方的信息需求或未为事项对于他方的缔约影响，或应负信息提供义务，产生误认或虽知悉上述事实的存在，非出于故意而是在履行过程中过失地遗漏应为的信息提供。对于保险人过失责任而言，责任成立的一个重要条件，为保险人在交易过程中应主动告知、说明之情形。

（二）不实履行

1. 不实履行与信息提供义务

对于信息提供义务的相关问题，一般系透过不实履行和欺诈之侵权行为诉讼处理。不实履行系指对事实不实说明、告知及回答等，致使他方因而缔结契约而言，意见或法律的表述，亦包括在内。不实履行的成立，绝大部分是针对足以影响当事人决定缔约与否，或以何种条件缔约之重要事实，但不仅限于此。重要与否，原则上系依客观标准认定，取决于该不实履行部分对于一合理相对人在决定缔约与否时，是否重要而定，但若是故意欺诈者，则无此一条件的要求。此外，不实履行须被信赖，才会影响到决定的作成，履行方可证明相对人事实上未信赖该履行

① 曾品杰：《论资讯提供义务——从缄默诈欺谈起》，《东海大学法学研究》2007 年第 3 期。

② 于海纯：《保险人缔约说明义务制度研究》，博士学位论文，中国政法大学，2007 年。

而免责。①

在英美法中，原则上并无信息提供义务的规定，一般而言，沉默不会构成不实履行，② 因为并无将影响他方缔约与否的事实予以披露的义务，此原则系源自契约自由与平等谈判力量的契约理论。只有在例外情形下，契约当事人一方始负有履行义务，其中之一即最大善意契约或者是信赖或忠实关系的存在：保险契约属最大善意契约，投保人决定缔约与否，取决于保险人所提供的信息。在大陆法系中，信息提供义务属于法定义务，在此义务之下，一方当事人应未经询问，就对方所不知而对其决定债之关系的成立和履行之重要事情为说明、告知等。另外，即使在没有主动告知、说明的场合下，当事人也不能积极地为错误相信的提供，当事人若回答他方的询问，则回答必须合乎真实，否则，即承担一定法律责任。③

2. 保险人不实履行之类型

在保险契约中，保险人不实履行可区分为两种类型：欺诈不实履行、过失不实履行。

（1）欺诈不实履行

虚构不真实之事实所为之不实履行，以促使相对人为一定之意思表示，故构成欺诈。保险人欺诈不实履行系指信息不实提供符合下列情形之一者：①明知不实提供；②不相信该不实提供为真实者；③鲁莽地不管提供的真假。

（2）过失不实履行

过失不实履行系指当事人一方作出不实履行，而无合理理由相信该履行为真者。在 Hedley Byrne & Co. Ltd. v. Heller & Partners Ltd. ［1964］AC 465④

---

① 李礼仲：《美国契约法析论》，《法学丛刊》2008 年第 4 期。

② 同上。

③ Kurt Sieher：《德国新债法之缔约过失》，侯英冷译，《月旦法学杂志》2003 年第 8 期。

④ 本案事实略为：原告为广告代理商，代理 E 公司订立电视台播放广告契约，依约原告须向电视公司负责，原告透过其本身银行向被告银行查询 E 公司的信用情况，因 E 公司为被告银行客户，被告乃表示 E 公司信用良好，实此陈述并无根据，原告依被告银行之回答，继续赊账于 E 公司 17000 英镑，被告虽无不知原告身份，但原告银行清楚表示，此报告乃应银行客户要求而作，被告回信有“我们对此不负责任”之前言，上议院依该前言声明，判决被告不须负责，但最高法院认为疏忽不实陈述引致诉讼原因，判决被告败诉。

一案中，英国法院将普通法上的过失侵权延伸至过失不实履行，认为履行方应负有注意义务，以确保履行的重要性，而不管当事人间是否存在忠实关系或契约关系。此一注意义务，在当事人间有特别关系时，即会存在。至于特别关系的决定，法院并未具体说明，但当事人间的相邻性或对履行被信赖的合理期待可能性，应加以考虑，如当事人的专业身份（诸如律师、会计师、保险人、经纪人等），或者是当事人一方具有较优的知识与经验，致接受方可合理信赖履行的事实。

基本上，普通法上的过失不实履行，必须证明特别关系的存在、注意义务的存在、违反注意及导致可预见的损害，在诉讼上难度较高，但适用范围上不以诱使缔约的不实履行为限。就此，英国 1967 年颁布之不实履行条例第 2 条第 1 款[①]中关于过失不实履行的规定，与普通法有三个重要的差异点：①无须证明特别关系的存在；②在适用范围上，要求不实履行必须导致契约的缔结；③举证责任倒置，即由履行方证明合理相信事实履行为真，方可免责。依此，该条例所规定的过失不实履行，在诉讼上较容易主张，也较为容易成立责任。

## 二　保险领域之特殊认定

比较法上关于保险人违反信息提供义务之主观要件，德国保险契约法第 7 条、法国保险契约法第 L112—2 条等尚无明确规定；日本金融商品贩卖法中关于金融业者之损害赔偿责任，并不以其具有故意或过失为必要，只要顾客能证明业者违反信息提供义务与其损害具有因果关系即可，[②] 由此观之，保险人主观要件上尚无故意与过失之区分，实行无过失责任。

我国《保险法》第 17 条有关保险人说明义务之规定，对于保险人主观要件尚无规定，在司法实务中亦无探讨，即不论保险人主观上有无过

① Section 2 (1) of Misrepresentation Act 1967：当事人一方因他方当事人为不实履行而订立契约，并因此遭受损失者，倘若为不实履行之一方于欺诈性不实履行应负赔偿责任者，则尽管该不实履行非出自欺诈，其亦应负赔偿责任。但若其能证明于契约订立时，有合理理由相信所履行之事实为真者，不在此限。

② 杜怡静：《金融业者于金融商品贩卖时之说明义务——以日本金融商品贩卖法为例》，《月旦法学杂志》2005 年第 10 期。

错，只要其未尽说明义务，或者不能证明已履行说明义务，均构成说明义务之违反，在主观认定上采取无过失责任。我国台湾地区保险人违反信息提供义务时，其法律效果依“金融消费者保护法”第11条①之规定，应负损害赔偿责任。其规定金融服务业之责任亦为无过失责任，并将因果关系之举证责任转换由金融服务业负担。相对于金融消费者，金融服务业具有信息、交涉能力上之高度优越地位，故应课予高度责任。在此情形下，即使金融服务业者所销售为其他业者所发行之金融商品，该销售业者亦不得主张其不知悉该商品之风险而无从说明，并主张免责。由此观之，在保险领域，保险人违反信息提供义务应实行无过失责任，在主观上不考虑保险人之主观要件。

## 第三节　违反信息提供义务之法律效果

### 一　“不生效力”之解释：《保险法》第17条第2款之规定

我国《保险法》第17条第2款规定保险人未就免除责任的条款向投保人提示或明确说明者，该条款不产生效力。不生效力之解释，有认为应从文义解释，所谓不生效力即是否定免责条款之正当性，事故发生后，保险人仍应负保险给付责任。② 而实务上法院也作如此之解释，就段天国诉中国人民财产保险股份有限公司南京市分公司保险合同纠纷一案，江苏省南京市江宁区人民法院一审认为：“保险人在订立保险合同时必须向投保人就责任免除条款作明确说明，否则该免责条款不产生效力。”以及“即使该条款可以被理解为医报外用药不予理赔，也不能发生相应的法律效力”③。亦有认为应该是赋予投保人解除权，或是透过契约解释来保障投保人，无须作不生效力之规范；④ 另外，保险人虽未尽说明义务，但不

① 第11条：“金融服务业违反前二条规定，致金融消费者受有损害者，应负损害赔偿责任。但金融服务业者能证明损害之发生非因其未充分了解金融消费者之商品或服务度或非因其未说明、说明不实、错误或未充分揭露风险之事项所致者，不在此限。”

② 金琴、花苗：《保险人明确说明义务之研究——以审判思维的困惑与调整为视角》，《淮阳师范学院学报》2008年第6期。

③ 参见段天国诉中国人民财产保险股份有限公司南京市分公司保险合同纠纷案，《中华人民共和国最高人民法院公报》2011年第3期。

④ 樊启荣：《保险告知义务制度论》，中国政法大学出版社2004年版，第318页。

生效力与无效并不相同，应保留保险人补正之机会，并给予投保人选择之权利。[①] 所谓不生效力之解释，应该是针对免除保险人责任条款所作之规定，唯保险人说明义务不限于此，因此，违反说明义务之法律效果不应仅限于条款不生效力，解释上除了《保险法》第 17 条第 2 款明文规定外，应该检讨除主张条款不生效力外，投保人是否尚有其他权利可得主张。

在咸丰县某水电开发有限责任公司诉某保险公司湖北分公司恩施中心支公司一案[②]中，保险公司主张，即便法院认定保险公司就免责范围未尽说明义务，依照保险法规定，引起的法律后果为该条款不发生法律效力，并不能因此推定免责范围亦为保险范围。两审法院对此争议采取了类似的态度，即由于“暴雨、洪水”作为双方签订的保险契约中列出的“责任免除”事项，而保险人没有依法履行“明示告知和明确说明”的义务，因此，依据保险法之相关规定，该责任免除不产生法律效力，进而推断当保险契约双方就“暴雨、洪水”是否属于保险责任范围发生争议时，根据保险法的规定，作出不利于保险人的解释，所以“暴雨、洪水”亦应属于保险契约约定的保险责任范围，保险公司应该承担保险赔偿责任。本书认为此实务中的解释与运用，给予“不生效力”更好的诠释，利于保险纠纷之解决，较有可取之处。

## 二　投保人主张之权利或抗辩

### （一）保险契约之撤销

保险人违反免除责任条款之提示或明确说明义务，我国保险法规定为不生效力，而对于违反一般定型化契约条款之说明义务，则无规定，似乎有沦为训示条款之疑虑。除此之外，两款规定均有相同之问题，亦即投保人得否另行主张解除契约或撤销意思表示？从民法角度观察，保险人未尽信息提供义务导致投保人误信而缔结保险契约，投保人本来即得主张意思表示错误或受欺诈而撤销意思表示，我国《合同法》第 54 条有具体之规定。但反对说则认为投保人投保的目的在于取得保障，解除

① 于海纯：《论保险人违反说明义务之法律效果》，《大连理工大学学报》2008 年第 2 期。
② 湖北省高级人民法院（2008）鄂民二终字第 00104 号民事判决书。

契约违反投保人投保之目的，因此限制保险人之免责抗辩即可保障投保人。[①]

本书认为反对说有待商榷，投保人与保险人缔结保险契约并非仅单纯考量得否获得赔偿，应该同时考虑投保人缔结契约之自由意志。保险法课予保险人订约前之信息提供义务，其目的在于消除信息不对称的现象，确保投保人得于订约前获得充足且必要的契约内容与风险，以作为是否订约的判断基础。若保险人违反此项信息提供义务，致使投保人订立其原本不至于订立的契约，则“契约之订立”本身即可认为是投保人的“损害”。则除去此种损害的主要救济方法，除了损害赔偿外，即是直接赋予投保人消除或脱离契约关系的权利。例如德国保险契约法第 8 条规定投保人原则上享有 2 周之无条件撤回订约表示之权，而若保险人违反同法第 7 条规定之信息提供义务时，则第 8 条规定之 2 周的撤回权期限不起算；换言之，投保人得随时撤回其缔约之意思表示，使保险契约归于自始无效。日本消费者契约法亦在业者有不实告知、不利益事宜之不告知或使消费者困惑为难而订约等情况，赋予消费者得撤销契约之权利。无论撤回权或撤销权，均得使消费者脱离该契约关系，对其权益保障更为周全。

（二）保险人免责权之丧失

我国《保险法》第 17 条第 2 款规定保险人对于免除责任条款未作提示或者明确说明的，该条款不生效力，此种法律效果可以由失权效之法理来解释。学说上认为，保险人违反信息提供义务，法律效果应为丧失自身权利（例如抗辩权），若保险人未尽其法定义务，则于保险事故发生时，对于投保人或被保险人所提出之赔偿请求权，保险人不得抗辩以减少其赔偿金额。[②] 理由在于保险法上之应尽义务非可强制执行，且在不履行时带有损害赔偿效果之法律上义务，它只是保险契约上为保存某种请求权之先决条件，违反之效果仅为保险人丧失权利，投保人并不得主张解除契约；另外则有认为应赋予投保人解除权，其理由在于抗辩权属于消极性权利保障，只能作为否认相对人权利主张的事由存在，而契约目

---

① 刘婷：《保险人说明义务制度研究》，硕士学位论文，华东政法大学，2006 年。

② 江朝国：《保险法论文集》，瑞兴出版社 1997 年版，第 96 页。

的的实现则需要其他法律手段如撤销权、解除权的保障。

上述两种方式各有优点，保险人未尽信息提供义务时，若投保人在短时间内即发现，则可主张解除契约，采取此种规范方式者为韩国商法，韩国《商法》第638条第2款规定，若保险人违反说明义务，投保人可以在保险契约成立之日起一个月内取消该契约。一个月为除斥期间自取消之日起该保险契约无效（韩国民法第141条），保险人应返还保险费及利息（《商法》第648条）；至于若于保险契约生效一段期间后始发现保险人违反信息提供义务之情事，且此时保险事故已经发生，则采取限制保险人权利行使之方式较佳。因此，理想的规范方式是从积极和消极两方面规定投保人的权利，即在保险人违反信息提供义务的情况下，一方面赋予投保人契约解除权，使其可以自由选择是否继续契约关系或另选其他保险人缔约；另一方面规定保险人在违反信息提供义务的情形下，其所享有的特定抗辩权的丧失，如终止契约或免除赔偿给付之权利等。[①]在司法实务中，在李某诉某保险公司一案[②]，法院即认为保险公司虽然将载有免责条款的产品说明手册作为证据提交，但是产品说明手册本身不能证明向李某之子佟小某说明了免责条款，因此免责条款对佟小某不产生法律效力，保险公司应承担赔偿责任；在聂某、骆某诉某保险公司一案[③]，法院认为保险公司在保险契约释义条款中“系统性红斑狼疮”的理赔条件是公司根据精算基础对重大疾病条件所做的约定，实质上构成了保险公司的免责事由，但保险公司尚未进行充分的告知义务，应承担赔偿责任。

综上所述，在失效权之观点下，保险人违反信息提供义务之效果如下：[④]（1）保险人故意违反缔约信息提供义务，投保人得主张撤销契约及要求退还全部保险费并同时享有损害赔偿请求权；（2）针对投保人或利害关系人之义务内容与违反之效果未据实说明时，保险人不得主张投保人或利害关系人违反该义务；（3）且对于投保人或利害关系人得主张之

---

① 徐晓、梁君：《论保险人的订约说明义务》，《金陵法学论坛》2006年春季卷。

② 河南省方成县人民法院（2009）方民商初字第132号民事判决书。

③ 广东省惠州市中级人民法院（2009）惠中法民二终字第168号民事判决。

④ 饶瑞正：《保险法先契约据实说明义务之再建构（下）——波希米亚的狂想》，《台湾本土法学》2006年第6期。

权利内容及效果未据实说明时，保险人不得主张罹于时效或除斥期间之利益；（4）此外，民法虽以故意过失为归责原则，但考量保险人专业上之优越地位，应无须区分保险人是否可归责。关于此处的过失，究竟采主观意义之过失，抑或采客观意义之过失？对此固然应当具体分析，唯自一般论而言，现代国外的判例及学说多采所谓过失标准客观化或典型化，认为行为人如欠缺同职业、同社会交易团体分子一般所应具有之智识能力时，即应受到非难；这种过失标准的客观化或典型化也正是拉伦茨教授所谓的“过失责任原则已受到担保责任原则之修正”。[①] 这样，我们在理解缔约上过失责任时，便不应再固守“无过错便无缔约上过失责任”之立场，承认个别场合可有无过错之“缔约上过失”责任存在。

（三）投保人请求损害赔偿

保险人缔约信息提供义务，性质上属于先契约义务，违反先契约信息义务属于缔约上过失，属于法定债之关系，投保人无法直接向保险人请求负债务不履行之契约责任，因此应援引《合同法》第 42 条向保险人主张缔约上损失之损害赔偿责任，且其法律适用上，得与侵权行为责任及欺诈之规定发生竞合关系，而所请求之损害赔偿范围，以信赖利益为限，不包括履行利益。以下为保险人违反信息提供义务时投保人所得主张之损害赔偿范围。

1. 所受损害

保险人违反信息提供义务时，依据债法之一般原则，系推定为可归责。若投保人证明其若事先知悉该信息，即不至于订立保险契约，或将订立其他对自己更为有利之契约者，即可认为投保人受有损害，且缔约过失本身即为一种损害。此项损害赔偿之内容，并非如一般债务不履行系填补债权人的履行利益，而系填补其信赖损害；投保人得依恢复原状之规定请求解除契约，并请求返还保险费。如在汪某以未对保险术语进行说明为由诉保险公司双倍返还保险费纠纷案[②]中，法院认定保险人尚未对“现金价值”这一专业术语进行解释与说明，判决保险公司返还汪某所支付的保险费 2768 元。当保险事故已经发生，且投保人得证明其因信

---

① 韩世远：《合同法总论》，法律出版社 2011 年版，第 132 页。

② 黄再再：《案说新保险法》，法律出版社 2009 年版，第 61 页。

息提供义务违反，致未能了解保险契约的保障漏洞，并因而受到财产上损失者，亦得请求赔偿其损失。对此，北京市高级人民法院在《关于审理保险纠纷案件若干问题的指导意见（试行）》中就规定，保险人未履行对一般保险条款的说明义务时，应当赔偿投保人或被保险人因此而产生的实际损失。如钱某诉保险公司未明确说明的免责条款无效纠纷案①中，法院在审理后认为，在契约订立时保险公司未能就免责条款向钱某作出明确说明，故依法判决保险公司承担赔偿第三者损失2.4万元及货车损失7900元。

唯当保险类型为投资型保险时，已无法单纯以返还保险费之方式处理，所涉及的是损害赔偿额之计算。日本保险实务采差额说，投保人解除保险契约后，通常将解约返还金额由所支付之保险费中扣除后之金额作为赔偿额；此外，在保险公司违反信息提供义务，而银行未违反信息提供义务，且信贷契约有效之情况下，保险契约除赔偿根据差额说而得出之损失外，尚须将因融资信贷而支付之利息金额作为违反信息提供义务之赔偿额。②

2. 所失利益

所失利益指的是当事人一方未违约之情况下，他方合理期待可取得之利益。在保险契约中，保险人未尽信息提供义务，除了可能使投保人面对出乎意料之保险人免责条款之外，投保人亦有可能因保险人之花言巧语而缔结保险契约，丧失与其他保险人缔结更有利保险契约之机会。保险人对于免责条款未尽说明义务，保险事故发生时保险人主张投保人所不知之免责事由，致使投保人获得保险理赔之期待落空，所得请求所失利益之损害赔偿是否等于原本应得之保险给付则有疑问：首先，就因果关系判断，若保险人除了该免责条款外，尚有其他免责事由时，则即使投保人得以主张免责条款不生效力，投保人仍无法获得理赔，因此，保险人对该项免责条款未尽说明义务与投保人无法获得理赔并无因果关系，投保人不得以保险给付作为所失利益之损害赔偿额度；其次，保险人未尽告知义务，以前述失权效之观点，保险人丧失原得主张之解除权

---

① 黄再再：《案说新保险法》，法律出版社2009年版，第64页。

② ［日］山下友信：《保险法》，有斐阁2005年版，第190—191页。

或抗辩权，投保人若得请求保险给付，亦无必要向保险人请求所失利益之损害赔偿。[①]

因此，请求所失利益损害赔偿之适用，应限于无保险人失权效适用之情形，例如保险契约之承保范围，当保险人所提供保险之承保范围无法符合投保人需求，但保险人未加以说明时，由于将来所发生之事故自始不在承保范围内，保险人非基于免责条款而免除责任，投保人丧失获得保险理赔之机会。若缔约当时，事实上有其他保险公司提供符合投保人需求之同类险种时，投保人有可能主张原本改向其他保险公司投保可期待获得之保险理赔作为所失利益之损害赔偿。但实务上通常认为保险经纪人以外之行销主体并不负有提供其他保险公司产品信息之义务，因此仅就所销售产品之重要事项进行说明即可，投保人似乎无法借此主张向其他保险人投保所可得之保险给付作为损害赔偿，唯保险人在投保人订立保险契约时，有义务为投保人提供适合性之指导建议，因此，若保险人违反该义务，且投保人与其他保险人之间可以订立其他适合投保人之保险合同时，保险人应承担该责任。[②]

本书认为，以可能与其他保险人订立保险契约获得之保障作为所失利益之损害赔偿，理论上有所不妥。两保险契约之条件不同，且投保人另订其他保险契约将来是否可符合理赔要件亦属未知，仍为单纯之期待，是否几近确定可以发生仍有疑问。因此，应属个案判断，或许可以考虑在保险人恶意对于免责事项以外之事项未为说明时，始规定以原可取得之保险给付作为所失利益之损害赔偿。

（四）保险契约之调整

因故意或过失违反信息提供义务所导致的契约撤销或解除，其结果系将契约取消并进行给付的返还，但这种处理方式，有时可能不太符合投保人的利益。投保人可能认为虽有误导情事，但给付的落差，并没有大到需要撤销或废止契约的程度；又或者投保人购买保险之目的乃是未来生活之保障，对于契约的存续仍有利益。唯契约结果毕竟跟投保人的

① 萧冠中：《两岸保险契约当事人告知说明义务比较研究》，硕士学位论文，台湾政治大学法律系研究所，2010 年。

② 于海纯：《论保险人违反说明义务之法律效果》，《大连理工大学学报》2008 年第 2 期。

预想有所不同，实际契约结果，跟若无误导时应有的契约结果，有所落差；这段落差便成为投保人维持契约效力时需要处理的问题，经由事后的调整，使契约结果能够变得更加符合当事人的预期。

虽然契约调整相对于契约废止，是一种较少成本的处理方式，因契约撤销或解除后的清算成本与风险，相对于契约效力的维持，会耗费较多成本。我国《合同法》第77条[①]与《保险法》第20条[②]，亦有所规定；但是否可以主张契约调整，仍有争议。[③]

1. 契约调整之依据

(1) 损害赔偿请求权

缔约当事人一方违反信息提供义务时，投保人依侵权行为或缔约上过失，有损害赔偿请求权；而依恢复原状规定，投保人在信赖信息及预想正确的情形下，对于超支的部分，可以请求损害赔偿。此一契约调整，其前提为投保人要能证明在获得正确信息或信息披露时，将可跟违反信息提供义务之他方当事人或其他第三人，缔结一个较有利条件的契约。因此，在契约调整中，涉及的是损害如何计算的问题，而非契约废止般，只须确认损害有无的问题。在契约废止的情形，若投保人证明契约将不会缔结，则依恢复原状原则，以恢复加害行为未发生前的状态，即投保人废弃契约，双方为给付返还。唯此一大损害赔偿的方式，可能不符合投保人利益，因此，保留给付、请求返还部分价金之小损害赔偿，便成为替代选项。在假设保险人为正确信息提供的情形下，若投保人仍会缔结相同内容之合同者，则无损害的发生，也就没有损害赔偿请求权。但是，若投保人证明会以较低对价缔结契约，也能证明保险人就较低对价的契约也会同意时，则价差即会构成应赔偿的损害。对此，参照德国法院所采取的免除因果关系证明或采用推定之做法[④]，可认为投保人有选择

---

① 第77条："当事人协商一致，可以变更合同。法律、行政法规规定变更合同应当办理批准、登记等手续的，依照其规定。"

② 第20条："投保人和保险人可以协商变更合同内容。变更保险合同内容的，应当由保险人在保险单或者其他保险凭证上批注或者附贴批单，或者由投保人和保险人订立变更的书面协议。"

③ 杨宏晖：《缔约前资讯义务之研究》，博士学位论文，台湾政治大学法律学研究所，2009年。

④ Emmerich，Ds Recht der Leistungsstörungen，6. *Aufl.*，2005，S. 139.

权，可以选择废弃契约，或者维持契约而请求超额支出部分的赔偿。若选择契约之调整，对于契约应以何种内容成立，投保人无须证明，而是借由推定的方式，法院认为在契约调整时免除因果关系的证明，系因为假设性的契约结果难以证明，而投保人维持契约效力时，损害即可被加以掌握，契约调整应避免契约关系维持时，损益因素难以调查的困难。

然而，即使不要求有利契约之因果关系的证明，仍然会面对如何计算损害范围及调整额度的困难，因为损害赔偿原则基本上仍是依差额说决定损害额度，而差额的确定，取决于假设契约内容的确认，亦即若保险人履行信息提供义务时，契约内容将会如何形成；换言之，假设契约内容的探求，仍然是免不了的。假设契约内容的推敲，系假设当事人在正确信息行为下会协商出何种条件及内容的契约，实际上很难证明。一个可作为计算基础的方式，是考量给付与对价给付间客观财产价值的失衡关系，即投保人请求赔偿自己给付与保险人给付间的价值差额。不过，在决定契约缔结本身是否构成损害，以决定是否违反信息提供义务而可取消契约的情况，法院即不考虑给付的客观均衡关系；若在契约调整的场合，再来考虑给付的客观均衡关系，恐会造成矛盾。因此，给付与对价给付的客观失衡关系，便不宜成为法院调整决定的必要条件。

事实上，假设契约的证明是很困难的，不仅涉及投保人无干扰之意思形成的推测，也涉及投保人协商地位如何受到影响的认定，以及保险人可能的意思形成，均有待减轻证明程度的运用，方能达成。不过，减轻举证责任，也需要对于当事人的假设行为，存在可掌握的参考基准，否则，便会成为凭空猜测。然而，投保人在无误导情形下会跟第三人订立另一契约的参考标准，很多时候并不存在。从而，市场价格或市场关系便成为较有利契约的替代指标，但是，也有可能并无市场价格的存在，或投保人实际上径依市场价格缔结契约，或投保人缔结之客观不利契约与市场价格因素无关，此时，市场价格即无法作为契约调整的立足点。

（2）减少价金

另外一种法律依据及计算方式，则是类推适用瑕疵担保责任减少价金的计算方式。[①] 减少价金的计算，是以契约订立时作为基准，而契约调

---

① 黄茂荣：《买卖法》，中国政法大学出版社 2002 年版，第 341 页。

整的结果，则是投保人依其错误预想所可能期待的契约利益，可以获得赔偿。如果信息提供义务的违反也同时涉及物之瑕疵担保责任的话，则减少价金的计算方式，将使契约调整与瑕疵担保责任的减少价金规定，具有相同内容。

契约调整的方式，系赔偿权利人因不实预想所超支的部分，其比例关系应以赔偿权利人的主观想象为基础，而非依契约价格与真实价格的差额，否则会破坏当事人约定的价值关系和违反主观等价原则，故契约价格应在维持原来的价值关系下，依比例减少。将减少价金的规定，作为违反缔约时信息提供义务之调整请求权的计算基准者，此一减少价金实际上系在实现投保人依契约约定所可期待的给付利益，亦即履行利益。

2. 损害赔偿范围

（1）信赖利益

对于缔约上过失损害赔偿的范围，一般认为系赔偿信赖利益，而不赔偿履行利益，目的在恢复到契约未缔结前的状态，被害人的状态并不能比缔约前有变好或变坏的情形。不过，本书认为从恢复原状规定的内容来看，损害赔偿的范围并没有跟义务履行时的假设内容作联结，因此，赔偿范围的问题，应从义务违反的内容予以观察。若义务之目的系为避免不正确的契约期待者，则赔偿信赖利益；若义务之目的系为实现契约期待者，则赔偿履行利益。

缔约信息提供义务的目的，在于改善意思决定的信息基础，使投保人能够做出符合需求的决定，避免因错误想象而缔结不符期待的契约。因此，本书认为信息提供义务的目的，并不是在透过相对应的契约缔结，以实现权利人的预想，否则，信息提供义务的要求，便会变成依信息请求权人正确预想的强制缔约，这样的结果，并非信息提供义务的保护目的。为此，违反信息提供义务的损害赔偿，应不包括履行利益，而只有信赖利益，否则，等于承认保险人负有强制缔约之义务。是故，缔约信息提供义务的违反，不管是故意还是过失，通常只有信赖利益赔偿的问题，而无履行利益的赔偿，但并不限制信赖利益不能超过履行利益。①

若依据上述立场，如果投保人能够证明，在获得正确信息的情况下，

---

① 王泽鉴：《民法学说与判例研究》（第六册），三民书局1994年版，第19页。

可以就同一标的物与保险人或其他保险人缔约较有利内容之契约时，则其可在不解除契约的情形下，请求信赖利益的损害赔偿。理论上，投保人所受的损害，系实际契约中给付与对待给付的关系，与假设契约比较所受的利益，虽然这损害涉及假设契约的内容计算，但仍属信赖利益，因为依据假设契约内容所为的损害计算，系以未违反信息提供义务时的假设结果为依据，而不是推测给付期待的发生。虽然损害赔偿的结果常是差额给付，但其性质仍属恢复原状的范畴，因投保人所受的损害，为其因受误导而超出给付义务所支付的部分，或者说是给付请求权的价值减损，差额给付将假设的均衡关系予以恢复，故其意义并非不能恢复原状时的金钱赔偿，其请求亦不以无法取消契约作为前提，若投保人尚未提出自己给付时，则契约调整也包括契约变更，对于他方的给付请求，亦有拒绝履行之抗辩。

然而，契约调整基本上并不在调整给付与对价给付的客观价值关系，性质上还是属于主观均衡的调整，以投保人能够证明有利契约的可能性作为条件。如果投保人在他方未违反信息提供义务的情况下，合同内容亦为一样时，即欠缺因果关系，特别是当契约的不利益与未说明之事项系属无关者。而主观均衡调整的观点，其结果其实已跟物之瑕疵担保减少价金的情形相似，对于这种情况，纵以信赖利益为名，其实已是履行利益的赔偿了。

（2）履行利益

是故，若差额计算的比例关系是以赔偿权利人的主观想象作为基础时，纵给付关系仍保持客观等价时，被害人仍属受有损害时，此时，损害赔偿的结果，相当于实现被害人的给付期待，即履行利益，使被害人处于较契约未缔结时更佳的状态，获得相应的给付。[①] 虽然缔约上过失损害赔偿系针对信赖利益，但因缔约上过失案件具有多样式，也不排除在例外情况或特殊情形，允许履行利益的赔偿，即若能证明加害人纵无误导，亦会订立有利于被害人的契约。例如：投保人欲前往土耳其度假而与保险公司签订旅游平安险，保险公司建议购买欧洲保单较为有利，其后投保人在土耳其的亚洲地区发生意外，保险公司以事发地点不在保单

---

① 黄立：《民法债编总论》，中国政法大学出版社2002年版，第46页。

保障内而拒绝赔偿。在这种情况中，投保人对于证明可跟第三人缔结一能涵盖土耳其全区之旅游平安险一事并无困难，因此，投保人就信息提供义务之违反，可请求不履行之损害赔偿。[①] 但是，因为加害人的主观意思难测，因此，德国法院认为决定性因素，还是被害人在正确信息时会如何选择，故信赖信息正确所为之费用超支部分，即为应赔偿之损害。[②] 若不能证明假设契约的存在，即只能解除契约及请求信赖利益赔偿。

（3）排除损害之必要费用及损益相抵

若投保人自己支出费用以排除因不利契约所生之不利益时，若属排除损害所必需者，亦可依恢复原状请求该费用的赔偿。虽然投保人系基于自己意思而支出该费用，而投保人事实上也可以选择废止契约而无须支付该费用，但此费用的请求，并不能因此而被排除，法律上并未规定废止契约应优先适用，故只要该费用支出系在因果关系范围内者，应即可请求。

而依差额说的观点来决定损害赔偿范围时，损益相抵须来自信息提供义务违反行为，若投保人依契约标的物获得利益者，通常该利益于假设契约时亦会发生者，该利益即与误导无因果关系，而无须纳入计算。至于投保人为取得信息所支出的费用，如投保人为确认保险人是否违反信息提供义务，而另行鉴定所支出之费用，应可请求赔偿。

3. 契约调整的适当性控制

（1）均衡关系的修正

契约调整的实益，在于投保人对于契约存续有值得保护的利益，故主观均衡关系因误导所受之破坏，是调整措施的合理化基础。但是，倘若无法依据投保人的主观期待，也无法依双方当事人的假设意思作调整时，德国学者格里格雷特（Grigoleit）认为基于信息提供义务的保护目的与私法自治的合理限制，可承认法院可以依据诚实信用原则，依据客观标准，对于契约内容进行适当性控制，此可于投保人无法证明假设契约存在但又不预解约的情形下，作为契约调整的替代考量方案。契约调整系以当事人约定的均衡关系作为出发点，亦即如果应说明之事项有披露

---

① Pohlmann, a. a. O., S. 124.

② BGH NJW 1989, 1793; 1991, 1819.

的话，当事人即会修改约定内容。但是，依客观标准而为适当性控制，则是一种利益的公平协调，双方当事人亦可期待均衡关系的修正。

（2）符合信息提供义务保护目的

适当性控制在投保人无法证明假设契约因果关系的情形，可以实现契约调整，其适用的正当性，可从缔约信息提供义务的目的导出。因并无明文规定将缔约上过失责任限制在契约废止一种上，缔约上过失责任的内容，需要透过法律创造予以具体化，契约调整系使投保人在维持契约效力的情形下，亦可受免于误导的保护；而契约内容的适当性控制，则是在无法证明假设契约时，唯一比较能够实现信息提供义务保护目的之方法，可以补充损害赔偿的不足，性质上也属于较缓和的责任形式。此一内容控制并不是单方面取决于信息请求权人的期待，但也没有要求须达到完全的客观均衡。这样的折中价值判断，其实在民法的其他规定中也是有迹可循的,[①] 如情势变更原则，虽然信息责任与情势变更两者有所不同,[②] 但是，并不影响适当性控制作为信息责任的法律效果。信息责任的均衡调整，是以义务人的可责性作为先决条件，此一责任既然可以合理化契约地废止，自也可以合理化契约地调整，因为契约正确性担保的欠缺，系肇因于义务人的误导，故调整也可作为契约废止的替代选项，其相对于契约废止，方式较为缓和。因此，既然契约废止可以被正当化，则契约调整当然也可以被正当化。

另外，契约适当性控制的结果，可能与单方的缔约强制或契约变更相当，涉及契约自由及私法自治的限制。在私法自治与缔约保护的冲突中，因义务人有可归责事由，故可合理化私法自治的限制。

4. 契约调整与契约废止之适用关系

对于契约调整与契约废止的适用关系，究为自由选择，抑为有先

---

① 参阅德国民法第 315 条规定：“（1）由契约当事人一方决定给付者，于疑义时，应依公平衡量确定之。（2）前项确定应向他方当事人以意思表示为之。（3）依公平衡量确定给付者，其确定仅于符合公平时始对他方当事人有拘束力。其确定不符公平时，应以判决确定之；确之有迟延时，亦同。”

② 如：信息责任须一方具可责性，而情势变更的适用，须一方受有特别不利益；情势变更须契约内容的维持对当事人一方系不可期待；契约调整在信息责任中，是解约以外的另一选择，但在情势变更则是应优先解除契约的缓和手段。

后关系，有不同见解。对此，德国法院认为被害人有选择权，可以选择废止契约，或是就维持契约而请求超出部分的赔偿，而且契约废止的不能或不可期待，也不是选择契约调整的先决条件。[①] 但有学者认为契约调整相对于契约废止，系较缓和的手段，应优先适用。但亦有学者认为契约调整系类推适用德国民法第 251 条第 1 款及减少价金规定的结果，系以恢复原状为不可能或无期待可能性为基础，损害赔偿并不像瑕疵担保，受害人可选择是否金钱赔偿，而是应以恢复原状（契约废止）为优先，始符合损害赔偿的基本原则。德国债法的修正，虽意识到这个问题，但仍未对此作出明确的安排，而留由学说及实务去解决。

损害赔偿之方法，系以恢复原状为原则，故契约的废止是恢复缔约前状态的方法，唯契约的清算与给付的返还，总是比较耗费社会成本，因此，损害赔偿权利人若欲选择维持契约效力而请求差额赔偿之方式，应无禁止之理。此外，物之瑕疵担保责任规定中关于解除契约与减少价金的选择关系，也可作为一论证。故解释上，一般损害赔偿权利人应可依自身考量，选择契约废止或契约调整，似为妥当。针对保险契约而言，投保人签订保险契约之目的，乃系透过相对应的契约缔结，在于免除个人经济生活之忧虑，进而扩展人生目标追求之多元化。[②] 为此，本书认为，亦应给予投保人根据自身利益之诉求，任意选择之自由，较为确切。

### 三　保险契约审阅期之确立及实施

按企业经营者为能应对与不特定多数人订立相同契约，遂单方面预先拟定契约内容，以节省缔约时间与成本，此所谓定型化契约。因定型化契约通常是由具实务经验之企业经营者所拟定，消费者对缔约信息通常并不熟悉，无法作出精确的判断。在工业化国家和一些新兴市场国家如新加坡，长期保险产品的审阅期非常普遍，并广泛覆盖了其他保险产

---

① 杨宏晖：《缔约前资讯义务之研究》，博士学位论文，台湾政治大学法律学研究所，2009 年。

② 罗俊玮：《论保险人资讯提供之义务》，《财产法及经济法》2010 年第 1 期。

品，如澳大利亚。[①] 因此，我国台湾地区主管机关为维护消费者知的权利，使其在定型化契约前，有充分了解定型化契约条款之机会，遂于2002年12月增订“消费者保护法”第11条，明定消费者之定型化契约审阅期，并明定企业经营者未提供合理审阅期之法律效果。[②] 同时，我国新《消费者权益保护法》第24条[③]、第25条[④]规定了消费者之撤回权，但其是否能适用于保险领域，尚有争议。因投保人、被保险人等是否属于消保法所称之消费者，以及保险契约是否属于消保法所称之商品，二者都存在一定的争议。为此，针对投保人撤回权确立问题，实有讨论之必要。

（一）审阅期对保险契约之适用情形

保险契约所载之条款亦多由保险人预先拟定，虽然是否购买保险，是由投保人自主决定，但在通常之时，对契约内容仅得表示接受或不接受，难有商榷余地，即使有心，亦因缺乏经验与知识而无法为之，故细究保险契约之属性亦为定型化契约之一。为避免保险人利用预先拟定保险契约内容之机会，有损投保人或被保险人之权益，我国《合同法》与《保险法》对定型化契约条款明定了解释规则，并且在《关于规范人身保险经营行为有关问题的通知》中明定有关保单犹豫期之规定，以及《健康保险管理办法》中第15条亦规定有犹豫期；但是相较于我国台湾地区“消费者保护法”中对定型化契约一节规范体系构架而言，包括契约解

① 世界银行：《金融消费者保护的良好经验》，中国人民银行金融消费权益保护局译，中国金融出版社2013年版，第60页。

② 卓俊雄：《消费者知的权利保护》，《法学新论》2012年第3期。

③ 第24条：“经营者提供的商品或者服务不符合质量要求的，消费者可以依照国家规定、当事人约定退货，或者要求经营者履行更换、修理等义务。没有国家规定和当事人约定的，消费者可以自收到商品之日起七日内退货；七日后符合法定解除合同条件的，消费者可以及时退货，不符合法定解除合同条件的，可以要求经营者履行更换、修理等义务。依照前款规定进行退货、更换、修理的，经营者承担运输等必要费用。”

④ 第25条：“经营者采用网络、电视、电话、邮购等方式销售商品，消费者有权自收到商品之日起七日内退货，且无需说明理由，但下列商品除外：（一）消费者定作的；（二）鲜活易腐蚀的；（三）在线下载或者消费者拆封的音像制品、计算机软件等数字化商品；（四）交付的报纸、期刊。除前款所列商品外，其他根据商品性质并经消费者在购买时确认不宜退货的商品，不适用无理由退货。消费者退货的商品应当完好。经营者应当自收到商品之日起七日内返还消费者支付的商品价款。退回商品的运费由消费者承担；经营者和消费者另有约定的，按照约定。”

释、审阅期、契约内容控制、意外条款排除等，显然有所不足；[①] 而规定犹豫期间内投保人与被保险人均得无条件解除契约，但保险人得酌收部分费用，此与其他国家规定亦有所不同。

按美国大部分州保险法规中多明定保险人在人寿与健康保险契约中须提供“免费检视期”（free look period），允许保单所有人在收到人寿与健康保险契约后特定期间内（通常十日），将保单退回保险公司并请求退还全额已缴保险费。以美国纽约州保险法为例，该州保险法明定保单所有人收到人寿与健康保险契约后，十日到三十日内得不附理由、不负担费用径行解除契约。另在人寿保险与年金契约进行转换时，取代之保险公司亦须提供至少六十天的免费检视期间，以供保单持有人对契约内容进行检视。[②] 另值得一提的是，美国保险实务运作中所谓“保单检视送达”（delivery for inspection）制度，用于提供投保人更长时间检视契约内容。因美国保险实务中，大部分人寿保险业在投保书多会记载，保险契约须视保险人、同意承保、制定保险契约、保险契约送达以及投保人在被保险人身体状况良好的情形下缴付第一期保险费，上述条件全部满足后，保险契约始发生效力。故若投保人认为需要较长时间检视契约内容时，可与保险人约定，请保险人在制作完整保险契约后，先将该保险契约寄送投保人检视，以弥补契约撤销期间或不足之处。唯应注意的是，在“保单检视送达”期间内，保险契约尚未发生效力，双方均不受该契约内容拘束。[③]

至于日本对投保人契约检视权之规范，称为冷静期制度，指非经医师体检以及保险期间一年以上之人寿保险契约之投保人得于收到保险契约八日内，以邮寄或直接方式将表示撤回契约之申请书寄回保险公司，请求退还保险费。[④] 德国保险契约法第 8 条第 1 款系规定：投保人得于两周之内将其缔约表示撤回。撤回应以文字形式对保险人为之，且无须附有理由；关于期限之遵守，及时的发送即为已足。第 8 条第 2 款规定：撤

---

① 曾品杰：《附合契约与定型化契约之基本问题》，《东海大学法学研究》2006 年第 2 期。

② See New York State Bill A8965.

③ 卓俊雄：《消费者知的权利保护》，《法学新论》2012 年第 3 期。

④ 同上。

回期限于下列文件以文字形式到达投保人时起算：保险单与包括一般保险条款在内之契约约定以及第7条第1款、第2款规定之其他信息；且文件到达投保人之事，应由保险人负举证责任。投保人行使撤回权之法律效果，依照同法第9条之规定，契约归于无效，保险人原则上应退还投保人所缴之全部保险费。但若双方约定保险保障在撤回期限终了前即已开始者，则保险人仅须退还撤回之后的保险费。①

（二）我国保险契约审阅期之规范

因消保法为保护消费者权利而设之权利，故具消费关系之保险契约始适用消保法，对此应无疑义。惟契约审阅权之目的在于捍卫消费者意思表示与缔约自由，使消费者在订约前享有合理之审阅期间，可事先阅读了解契约条款之内容，了解当事人之权利义务关系，比较契约条款与市场上其他从业者所使用条款之利弊得失，俾能决定是否签订该契约。②比较各国立法例，大致可分为两种：（1）美国，在合同审阅期间保险契约未成立；（2）德国与日本，保险合同在审阅期间已成立并生效，但投保人有撤回权。上述两种立法方式差别在于期间内保险契约是否已生效，唯实务上并无差别，即使采取第一种方式，实务上亦多规定犹豫期间内发生保险事故者，保险人仍须负保险理赔责任。至于投保人本来即可随时终止保险契约，此种终止权与审阅期间之解除权差别在于后者投保人解除契约，仅须付出工本费而保险人即无息退还所收取之保险费；前者则须扣除保险人营业费用而返还保单价值准备金。

我国《保险法》第17条规定保险人对于免责条款违反说明义务时，效果为该条款不生效力。若如同德国保险契约法第5条③一般在保险法中

---

① 叶启洲：《人寿保险适用消费者保护法契约审阅期间之问题研析》，《保险专刊》2012年第1期。

② 曾品杰：《不动产消费关系救济途径之溢流——以契约审阅权为例》，《台湾律师》2009年第10期。

③ 第5条规定了针对个别条款的审阅期规则："（1）保险单之内容违反申请书或达成之协议者，若投保人于收受保险单后1个月内未以书面异议，对于该违反视为同意。（2）前项同意仅保险人于交付保险单时告知投保人，于收受保险单后1个月内未以书面异议者视为同意，始得适用。该项告知应以特别之书面通知或于保险单中以显著之附注为之；各个不符合之处加以指明。（3）保险人违背第二项之规定者，该违背之部分对投保人无拘束力且该保险合同内容于该范围内视为合意。（4）约定投保人抛弃因错误而得撤销合同之权利者，该约定无效。"

明定投保人之审阅期，是否代表应课予投保人于审阅期内一定的注意义务，亦即在审阅期过后，限制投保人原本得依第17条主张之抗辩？有学者认为既然有审阅期之制度，则第17条第2款不生效力应解释为效力未定，投保人在审阅期中负有一定的注意义务，保险人未尽说明义务时，若投保人未在审阅期内提出争执，则免责条款定入契约成为有效之条款，不得主张不生效力。①

本书认为审阅期为投保人所得主张之撤回权，是专为保护投保人所设计之制度，其间过后所代表的是契约生效、投保人不得无条件解除契约，并不代表保险人已尽说明义务而契约无瑕疵，上述学者之说法将架空第17条第2款之规范目的。保险人违反说明义务时投保人之解除契约系针对保险人说明之瑕疵而来，若要课予投保人注意义务，应该是投保人主张解除权或损害赔偿时，与有过失之问题，因此审阅期仍有存在之必要，与投保人之解除权并无冲突。保单审阅期之实施将达到保障投保人知的权利之目的，进而能在投保人充分了解保险契约内容信息后为投保行为，减少甚至避免对契约内容认知不同所生纠纷，增进我国保险市场交易之健全发展。在我国保险市场，保险产品适用审阅期较常见，例如中意年年创意理财投资连结险、泰康e理财C款投资连结险、信诚“福连金生”投资连结险B款等，其一般都规定10天审阅期。② 在司法实务中，耿荣军诉中国太平洋人寿保险股份有限公司大连分公司人身保险合同纠纷一案③中，法院认为原告于10天犹豫期内要求退保，属于合同约定的犹豫期内解除合同，被告应无条件为原告退保，原告胜诉；在卞昊诉新华人寿保险股份有限公司、新华人寿保险股份有限公司上海分公司人身保险合同纠纷一案④中，法院认为原告签订合同之前不核实情况，合同订立后又不仔细阅读条款，存在疏忽大意的过失，对回访电话也不实回复，丧失在犹豫期内解除合同制机会。为此，参考德国保险契约法

① 曹兴权：《反差与调适：保险人说明义务的履行——兼论〈保险法〉第17、18条的修改》，《求索》2005年第2期。

② 胡大雁：《我国保险领域冷静期制度发展现状、检视与展望》，《证券与保险》2014年第11期。

③ 大连市沙河口区人民法院民事判决书（2014）沙民初字第677号。

④ 上海市虹口区人民法院民事判决书（2014）虹民五（商）初字第232号。

之规定，本书主张确立14天之投保人撤回权制度。

另外，欧洲保险契约法原则（PECIL）第2：303条[①]第2款规定，下述情形下，保单持有人不得撤销合同：（a）合同有效期不足一个月；（b）合同依据第2：602条延期；（c）合同为暂保、责任保险或者团体保险。同时德国保险契约法第8条[②]第3款亦规定了在下列情况下投保人不能行使解除权：（1）保险期间不足1个月的合同；（2）暂保合同，除非上述保险合同属于《德国民法典》第312b条第1款和第2款规定的远程保险合同；（3）雇用合同中规定的养老金保险，除非上述保险合同属于《德国民法典》第312b条第1款和第2款规定的远程保险合同。针对上述之除外情况，我国消保法第25条所规定的网络、电视等特殊方式所销售之商品，亦应包含保险产品。此外，本书亦认为保险合同有效期不足1个月的，投保人无14天之审阅期，即无撤回权。

截至目前，我国关于修改《中华人民共和国保险法》的决定（建议稿）[③] 中作出了审阅期之规定，增加一条，作为第31条："保险期间超过一年的人身保险合同，投保人签收保险单之日起10日内，有权解除保险合同。保险公司扣除成本费用后，应当退还全部保险费。"在法律中作出明确规定，有助于有效保护投保人合法权益。但是其规定于人身保险合同章节，尚不针对财产保险，区别于德国保险契约之规定；其时间规定于10天是否合理或其遵循之依据有待考证，是否能给予投保人充足的时间予以思考及选择；对于保险期间等于或少于一年之人身保险合同之适用规范，亦不明确，造成实务操作之困难，等等。上述之规定，虽体现了成熟保险市场的通行做法，完善相关制度，加强保险消费者保护，值得肯定；但仍需出台相关之细则，以及考虑财产保险之相关问题，进一步完善审阅期制度，使其能真正维护消费者权益，亦利于保险市场之健康发展。

---

① 欧洲保险合同法重述项目组：《欧洲保险合同法原则》，韩永强译，梁慧星主编：《民商法论丛》（第48卷），法律出版社2011年版，第679页。

② 孙宏涛：《德国保险合同法》，中国法制出版社2012年版，第64页

③ 中国保监会办公厅关于征求对《关于修改〈中华人民共和国保险法〉的决定（建议稿）》意见函，保监厅函［2014］455号。

# 本章小结

在比较法上，对于信息提供义务的规范，除特别法规定之外，民法传统中的基本规定，大致相似；大体上是以故意欺诈责任为基础，纵使条文未明定信息提供义务，但在概念解释上，亦经由诚信原则将信息提供义务与缄默导入欺诈行为之中（如德国法）；又或者进一步明文并列不实陈述的欺诈与缄默欺诈（如欧洲契约法原则），甚至将信息提供义务的考量因素与诚信原则的适用，加以明文规定（如欧洲契约法原则）。除故意欺诈规定外，对于过失信息责任的发展，一般是透过缔约前行为义务与缔约上过失予以扩大，使之及于过失不实陈述，甚至于过失违反信息提供义务的情形。对于缔约前阶段的责任成立，诚信原则或善意概念的解释，逐渐受到重视，并以之作为缔约重要事项披露义务的诠释依据。

对于缔约前当事人一方利用信息的不实陈述或隐瞒，影响他方当事人意思形成的行为，在我国法，缔约上过失已经演变为处理缔约接触阶段的重要制度，并获得一定程度的法典化，而信息提供义务在缔约阶段，居重要地位，也是缔约上过失的重要内容。因现代经济情势变更、交易复杂化与专业化所引发的信息落差与信息保护需求所致，对于投保人因信息问题而缔结契约之法律救济，除了撤销契约、限制保险人免责权、请求损害赔偿等救济之外，亦应引入契约调整机制作为救济选项，在维持保险契约效力的情形下，赋予投保人损害赔偿的救济。另外，关于投保人之撤回权，保险法尚无规定，但新消保法规定于特殊方式销售商品之无理由退货，并参考域外之规定，因消费者“毫无防备”或“意想不到”，本书主张应确定撤回权，以利于投保人有效地选择保险契约。

# 结　论

信息不对称产生的交易地位不对等及如何平衡的问题，不仅是个古老的法律问题，在现代社会中也备受关注。随着现代经济社会的高度分工、专业化与产品复杂化，缔约当事人间信息不对称的情形日益加重，成为一个亟待解决的法律问题。信息提供义务对于信息不对称的调和功能，被认为是经济与技术专业分化结果后的自然互动。缔约准备与缔约接触过程中的信息提供义务，其目的主要在于确保及改善当事人在缔约时的信息地位。从契约自由的角度来看，信息提供义务的功能在于保障信息请求权人的自主决定之实质意思不会落空，避免缔结一个不符合当事人期待的契约或避免当事人所期待的契约不能成立。因此，信息提供义务系一法律工具，是最为温和的法律干预形式，经由逆转或突破信息取得自我负责之基本原则，来达成实质契约自由，作为法律秩序对当事人缔约地位不对等问题的回应。

在保险市场中，真正帮助消费者享受权益的办法，不是通过“纵向原价监管”来减少单笔交易间的价格或服务离差，而是让保险人信息公开、充分竞争、形成稳定而透明化的交易平台，从而让消费者通过“横向实时比价”来获得权益。我国保险法应明定保险人在缔约过程中的信息提供义务，提升投保人的实质地位，使投保人在缔约时能够依其需求，做出最有利于自己的决定。保险人缔约信息提供义务，为广义之信息提供义务，指保险契约缔约过程中，保险人就影响投保人决定之客观事实、契约选择风险、成本与收益，以及商品适合度等有关信息，以投保人能充分了解方式予以说明、告知、提醒、建议及回答，并确保信息内容真实、全面、准确与及时的义务；在法律性质上，保险人缔约信息提供义务乃先契约附随义务；保险人缔约信息提供义务是对法律创造的实质化，从作为与不作为两方面构建特殊的信息提供义务体系。保险人缔约信息提供义务是一种自主模式及事前救济机制，乃较优的选择，亦为投保人知情权益实现的必然途径。

在建构信息提供义务的具体制度上，应坚持告知后同意原则与适合性原则之基本准则，统领于信息提供义务的制定与实施。在具体规范中，保险人信息提供义务之时间点为契约订立前或缔约过程中；在保险缔约双方当事人合意变更保险契约内容时，保险人亦应及时提供信息。保险人履行信息提供义务之方式应以书面形式为主，并辅以口头方式。保险人在订约前，应提供相关书面材料给投保人，并针对该重要事项，主动对投保人以口头方式解释和说明，并针对投保人之询问详细解答。通过网络、电话等方式订立的保险契约，保险人仍须在契约订立之后，不迟延地补行提供法定信息，以文本形式为之。保险人信息提供义务应坚持全面、真实、准确、及时、有效的原则，采用理性社会人的标准，以投保人的确实理解为目标，通过主观与客观、实质与形式相结合的模式，并坚持公开透明化原则。保险信息提供义务之范围，包括但不限于保险契约之重要内容与风险、保险交易上之交易成本、可能之收益及风险、免责条款及除外危险、一般定型化条款、保险人之基本信息、保险广告等；此外，例外规定主要指非消费性保险契约与个别商议条款，对于“法律、行政法规中的禁止性规定情形”尚无主动说明之义务，仅有提示义务。

对于缔约前当事人一方利用信息的不实陈述或隐瞒，影响他方当事人意思形成的行为，在我国法，缔约上过失已经演变为处理缔约接触阶段的重要制度，并获得一定程度的法典化，而信息提供义务在缔约阶段居重要地位，也是缔约上过失的重要内容。因现代经济情势变更、交易复杂化与专业化所引发的信息落差与信息保护需求所致，对于投保人因信息问题而缔结契约之法律救济，除了撤销契约、限制保险人免责权、请求损害赔偿等救济之外，亦应引入契约调整机制作为救济选项，在维持保险契约效力的情形下，赋予投保人损害赔偿的救济。另外，关于投保人之撤回权，保险法尚无规定，但新消保法规定于特殊方式销售商品之无理由退货，并参考域外规定，因消费者“毫无防备”或“意想不到”，本书主张应确定撤回权，以利于投保人有效地选择保险契约。此外，唯在讨论保险人信息提供义务时，无可避免须涉及契约之解释，疑义利益解释原则与合理期待原则皆为保障投保人之权益，与信息提供义务之适用无本质上的冲突，其为互补关系并相互强化，在个案中更好地保护投保人之利益，在制度上更能有助于保险业的健康发展。

# 参考文献

## 一　中文文献

### （一）中文著作


[1] 安建主编：《中华人民共和国保险法（修订）释义》，法律出版社2009年版。

[2] 曹兴权：《保险缔约信息义务制度研究》，中国检察出版社2004年版。

[3] 陈聪富：《侵权归责原则与损害赔偿》，元照出版有限公司2008年版。

[4] 陈新民：《法治国家论》，新学林出版股份有限公司2001年版。

[5] 陈自强：《民法讲义Ⅱ》，法律出版社2004年版。

[6] 杜景林、卢谌：《德国民法典评注》，法律出版社2011年版。

[7] 杜怡静：《IT社会关于消费者保护之课题》，元照出版有限公司2006年版。

[8] 樊启荣：《保险契约告知义务制度论》，中国政法大学出版社2004年版。

[9] 樊志育：《广告学新论》，三民书局1993年版。

[10] 韩世远：《合同法总论》（第3版），法律出版社2011年版。

[11] 何颖：《金融消费者权益保护制度论》，北京大学出版社2011年版。

[12] 胡康生主编：《中华人民共和国合同法释义》，法律出版社2009年版。

[13] 黄立：《民法债编总论》（第3版），元照出版有限公司2006年版。

[14] 黄立：《民法总则》（第4版），元照出版有限公司2005年版。

[15] 黄茂荣:《买卖法》，中国政法大学出版社 2002 年版。
[16] 黄茂荣:《债法总论》（第 2 版），中国政法大学出版社 2003 年版。
[17] 黄铭杰:《公平交易法之理论与实际——不同意见书》，学林文化事业有限公司 2002 年版。
[18] 黄再再:《案说新保险法》，法律出版社 2009 年版。
[19] 江必新主编:《保险纠纷》，法律出版社 2014 年版。
[20] 江朝国:《保险法基础理论》，中国政法大学出版社 2002 年版。
[21] 李庭鹏:《保险合同告知义务研究》，法律出版社 2006 年版。
[22] 李玉泉主编:《保险法——理论与实务》，高等教育出版社 2007 年版。
[23] 梁慧星:《民法总论》，法律出版社 2012 年版。
[24] 林群弼:《保险法论》（第 2 版），三民书局 2003 年版。
[25] 林勋发:《商事法精论——保险法》，今日书局 2007 年版。
[26] 林益山:《消费者保护法》，五南图书出版公司 2001 年版。
[27] 刘建顺:《现代广告学》，智胜文化事业有限公司 2004 年版。
[28] 刘宗荣:《新保险法：保险契约法的理论与实务》，中国人民大学出版社 2009 年版。
[29] 柳婷:《广告与行销》，五南图书出版公司 1996 年版。
[30] 潘秀菊:《保险法入门》，元照出版有限公司 2000 年版。
[31] 邱锦添、邢海宝、王怡然、邱慈惠:《最新两岸保险法之比较》，文史哲出版社 2010 年版。
[32] 苏号朋:《格式合同条款研究》，中国人民大学出版社 2004 年版。
[33] 苏永钦:《寻找新民法》（增订版），北京大学出版社 2014 年版。
[34] 孙宏涛:《德国保险合同法》，中国法制出版社 2012 年版。
[35] 覃有土主编:《商法学》（第 3 版），高等教育出版社 2012 年版。
[36] 王静:《保险类案裁判规则与法律适用》，人民出版社 2013 年版。
[37] 王文宇:《新金融法》，元照出版有限公司 2004 年版。
[38] 王泽鉴:《债法原理》（第 2 版），北京大学出版社 2013 年版。
[39] 肖和保:《保险法诚实信用原则研究》，法律出版社 2007 年版。
[40] 谢哲胜:《财产法专题研究》，三民书局 1995 年版。
[41] 徐卫东主编:《商法基本问题研究》，法律出版社 2002 年版。

[42] 许文义:《个人资料保护法论》，三民书局2001年版。
[43] 杨东:《金融消费者保护统合法论》，法律出版社2013年版。
[44] 杨琴:《日本市场规制法研究》，贵州大学出版社2013年版。
[45] 杨宜良:《海上货物保险》，法律出版社2013年版。
[46] 杨召南、徐国平、李文湘:《海上保险法》，法律出版社2009年版。
[47] 姚志明:《诚信原则与附随义务之研究》，元照出版有限公司2003年版。
[48] 应飞虎:《信息、权利与交易安全——消费者保护研究》，北京大学出版社2008年版。
[49] 袁宗蔚:《保险学——危险与保险》，首都经济贸易大学出版社2000年版。
[50] 张海棠主编:《保险合同纠纷》，法律出版社2010年版。
[51] 张利宾:《美国合同法：判例、规则和价值规范》，法律出版社2007年版。
[52] 张清溪、许嘉栋、刘莺钏、吴聪敏:《经济学》（上册），双叶书廊1995年版。
[53] 张维迎:《博弈论与信息经济学》，上海人民出版社2004年版。
[54] 郑玉波:《保险法论》（第5版），刘宗荣修订，三民书局2003年版。
[55] 政治大学法学院民法中心:《民事法与消费者保护》，元照出版有限公司2011年版。
[56] 中国保险业协会:《保险诉讼典型案例年度报告》，法律出版社2011年版。
[57] 周玉华:《最新保险法条文释义与案例解析》，人民法院出版社2009年版。
[58] 朱柏松:《消费者保护法论》，翰芦图书公司1998年版
[59] 朱广新:《信赖保护原则及其在民法中的构造》，中国人民大学出版社2013年版。

（二）中文译著

[1] [德] 迪尔克·罗歇尔德斯:《德国债法总论》，沈小军、张金海译，中国人民大学出版社2014年版。

[2] [德] 格哈德·瓦格纳:《损害赔偿法的未来——商业化、惩罚性赔偿、集体性损害》,王程芳译,中国法制出版社 2012 年版。
[3] [德] 克里斯蒂安·冯·巴尔等主编:《欧洲示范民法典草案——欧洲私法的原则、定义和示范规则》,高圣平译,中国人民大学出版社 2012 年版。
[4] [德] 莱茵哈德·齐默曼:《德国新债法》,韩光明译,法律出版社 2012 年版。
[5] [德] 齐佩利乌斯:《法学方法论》,金振豹译,法律出版社 2012 年版。
[6] [德] 维尔纳·弗卢梅:《法律行为论》,迟颖译,法律出版社 2013 年版。
[7] [德] 维克多·J. 范伯格:《经济学中的规则与选择》,史世伟、钟诚译,陕西人民出版社 2011 年版。
[8] [加拿大] 大卫·戴岑豪斯:《合法性与正当性》,刘毅译,商务印书馆 2013 年版。
[9] [加拿大] 威廉·台特雷:《国际海商法》,张永坚等译,法律出版社 2005 年版。
[10] [美] 艾里克·拉斯缪森:《博弈与信息——博弈论概论》(第 2 版),王晖、白金辉、吴任昊译,北京大学出版社 2004 年版。
[11] [美] 弗里德里奇·凯斯勒、格兰特·吉尔摩、安东尼·T. 克朗曼:《合同法:案例与资料(上)》(第 3 版),屈广清等译,中国政法大学出版社 2005 年版。
[12] [美] 加里·S. 贝克尔:《人类行为的经济分析》,王业宇、陈琪译,格致出版社 2011 年版。
[13] [美] 凯斯·R. 孙斯坦:《风险与理性——安全、法律及环境》,师帅译,中国政法大学出版社 2005 年版。
[14] [美] 康斯坦斯·M. 卢瑟亚特等:《财产与责任保险原理》,英勇、于小东译,北京大学出版社 2003 年版。
[15] [美] 科斯等:《契约经济学》,李风圣等译,经济科学出版社 2006 年版。
[16] [美] 肯尼斯·S. 亚伯拉罕:《美国保险原理与实务》,韩长印等

译，中国政法大学出版社 2012 年版。
[17]［美］理查德·波斯纳：《法律的经济分析》（第 7 版），蒋兆康译，法律出版社 2012 年版。
[18]［美］罗宾·保罗·马洛伊：《法律和市场经济——法律经济学价值的重新诠释》，钱弘道、朱素梅译，法律出版社 2006 年版。
[19]［美］罗伯特·考特、托马斯·尤伦：《法和经济学》，张军等译，上海三联书店 1991 年版。
[20]［美］罗斯科·庞德：《法律与道德》，陈林林译，中国政法大学出版社 2003 年版。
[21]［美］曼昆：《经济学原理：微观经济学分册》（第 4 版），梁小民译，北京大学出版社 2006 年版。
[22]［美］米尔顿·弗里德曼、罗丝·弗里德曼：《自由选择》，张琦译，机械工业出版社 2013 年版。
[23]［美］尼古拉斯·麦考罗、斯蒂文·G. 曼德姆：《经济学与法律——从波斯纳到后现代主义》，朱慧、吴晓露、潘晓松译，法律出版社 2005 年版。
[24]［美］帕特里克·博尔顿、［比］马赛厄斯·德瓦特里庞：《合同理论》，格致出版社 2008 年版。
[25]［美］皮特·纽曼：《新帕尔格雷夫法经济学大词典》，许明月等译，法律出版社 2002 年版。
[26]［美］乔治·E. 瑞达：《风险管理与保险原理》，申曙光译，中国人民大学出版社 2006 年版。
[27]［美］乔治·迪翁主编：《保险经济学前沿问题》，朱铭来等译，中国金融出版社 2007 年版。
[28]［美］所罗门·许布纳：《财产和责任保险》，陈欣等译，中国人民大学出版社 2002 年版。
[29]［美］沃恩：《危险原理与保险》（第 8 版），张洪涛译，中国人民大学出版社 2002 年版。
[30]［美］小哈罗德·斯凯博等：《国际风险与保险：环境——管理分析》，荆涛等译，机械工业出版社 1999 年版。
[31]［美］小罗伯特·H. 杰瑞、道格拉斯·R. 里士满：《美国保险法精

解》，李之彦译，北京大学出版社 2009 年版。

[32] [美] 约翰·F. 道宾：《美国保险法》，梁鹏译，法律出版社 2008 年版。

[33] [美] 约瑟夫·斯蒂格利茨：《信息经济学：基本原理》，纪沫等译，中国金融出版社 2007 年版。

[34] [日] 圆乾治：《保险总论》，李进之译，中国金融出版社 1983 年版。

[35] [英] M. A. 克拉克：《保险合同法》，何美欢等译，北京大学出版社 2002 年版。

[36] [英] 哈耶克：《个人主义与经济秩序》，邓正来译，三联书店 2003 年版。

[37] [英] 亚当·斯密：《国民财富的性质和原因的研究》，郭大力、王亚南译，商务印书馆 1974 年版。

（三）期刊论文

[1] 白冬虎：《试论我国保险的网络销售》，《经济师》2011 年第 6 期。

[2] 白江：《对消费者撤回权立法模式的反思》，《法学》2014 年第 4 期。

[3] 卞文志：《保险产品让人眼花缭乱，那些值得信赖》，《保险经济》2014 年第 8 期。

[4] 陈聪富：《社会问题与契约管制的界限》，《月旦法学杂志》2006 年第 7 期。

[5] 陈群峰：《保险人说明义务之形式化危机与重构》，《现代法学》2013 年第 6 期。

[6] 陈肖：《保险消费者权益保护机制构建》，《中国保险》2014 年第 6 期。

[7] 陈彦良：《未明文法律制度之法典化——德国民法上的缔约过失》，《台北大学法学论丛》2005 年第 11 期。

[8] 杜怡静：《日本金融商品交易法中关于金融业者行为规范》，《台北大学法学论丛》2007 年第 12 期。

[9] 高雷、杨爱军：《欧美网络保险的最新发展及对我国的启示》，《保险研究》2010 年第 11 期。

[10] 葛先园：《社会国原则的理论基础》，《苏州大学学报》（哲学社会

科学版）2010 年第 3 期。
[11] 韩世远:《我国合同法中的缔约过失问题研究》,《法学家》2004 年第 3 期。
[12] 黄立:《德国新民法债务不履行规定的分析》,《政大法学评论》2005 年第 83 期。
[13] 黄立:《契约自由的限制》,《月旦法学杂志》2005 年第 10 期。
[14] 解亘:《格式条款内容控制的规范体系》,《法学研究》2013 年第 2 期。
[15] 李礼仲:《美国契约法析论》,《法学丛刊》2008 年第 4 期。
[16] 李理:《保险人说明义务若干疑难问题研究》,《河北法学》2007 年第 12 期。
[17] 李世刚:《法国〈合同法改革草案〉解析》,《比较法研究》2014 年第 3 期。
[18] 李志锋:《论被保险人于危险事故后之通知义务》,《东吴法律学报》2012 年第 1 期。
[19] 李智仁:《近来日本金融法制发展变革之观察》,《台湾金融财务季刊》2006 年第 2 期。
[20] 梁鹏:《新〈保险法〉下说明义务之履行》,《保险研究》2009 年第 1 期。
[21] 廖伯钧:《初探 2008 年德国新保险契约法——以保险人咨询建议义务为中心》,《法学新论》2010 年第 8 期。
[22] 林诚二:《再论诚实信用原则与权利滥用禁止之机能》,《台湾本土法学杂志》2001 年第 5 期。
[23] 林建智:《论合理期待原则》,《保险专刊》1993 年第 3 期。
[24] 林俊民、武力超:《关于网络保险发展和监管的若干思考》,《上海保险》2011 年第 1 期。
[25] 林于新:《保险电话营销问题研究》,《金融教学与研究》2010 年第 6 期。
[26] 林育廷:《论金融专业人员之信赖义务》,《东吴法律学报》2009 年第 4 期。
[27] 刘保玉、周彬彬:《民事责任与义务的界分问题再思考》,《政法论

从》2009 年第 4 期。
[28] 刘兴丽、赵磊：《我国保险消费者权益保护探索》，《保险研究实践与探索》2013 年第 1 期。
[29] 刘学生：《保险合同法修订理念及立法基础问题评述》，《法学》2010 年第 1 期。
[30] 刘宗荣：《论保险契约的解释》，《月旦法学杂志》2008 年第 8 期。
[31] 鲁忠江：《保险人说明义务立法思路之调整》，《安徽大学学报》2013 年第 6 期。
[32] 陆青：《论消费者保护法上的告知义务——兼评最高人民法院第 17 号指导性案例》，《清华法学》2014 年第 4 期。
[33] 陆志明：《保险合同诚信义务之司法规制——略论保险合同当事人的明确说明与如实告知》，《山东审判》2009 年第 3 期。
[34] 罗璨：《保险说明义务程序化蜕变后的保险消费者保护》，《保险研究》2013 年第 4 期。
[35] 马辉：《格式条款信息规制论》，《法学家》2014 年第 4 期。
[36] 马宁：《保险法如实告知义务的制度重构》，《政治与法律》2014 年第 1 期。
[37] 孟子艳、李鑫：《网络时代的新消法应对——以后悔权为例》，《湖北社会科学》2014 年第 10 期。
[38] 弭元英、张清彩：《保险信息不对称及其应对策略》，《情报科学》2007 年第 12 期。
[39] 牟宪魁：《说明义务违反与沉默的民事诈欺构成——以“信息上的弱者”之保护为中心》，《法律科学》2007 年第 4 期。
[40] 潘红艳：《论保险人的免责条款明确说明义务》，《当代法学》2013 年第 2 期。
[41] 饶瑞正：《保险法最大善意原则之辨证》，《月旦法学杂志》2002 年第 10 期。
[42] 饶瑞正：《论保险契约之特约条款及其内容之控制》，《月旦法学杂志》2003 年第 3 期。
[43] 任自力：《保险法最大诚信原则之审思》，《法学家》2010 年第 3 期。

[44] 施文森:《诚信原则与格式条款外之求偿》,《月旦法学杂志》2010年第7期。
[45] 孙良国:《论新〈消费者权益保护法〉中的主要规制技术》,《当代法学》2014年第4期。
[46] 汤小夫、刘振:《保险免责条款效力认定中的20个审判难点问题》,《人民司法》2010年第15期。
[47] 汪信君:《保险法告知义务之义务性质与不真正义务》,《台大法学论丛》2007年第1期。
[48] 汪涛、张颖杰:《保险人的缔约过失责任——以新〈保险法〉第34条为视角》,《广西社会科学》2010年第9期。
[49] 王和:《2012年我国财产保险市场综述》,《中国保险》2013年第1期。
[50] 王静:《我国〈保险法〉第19条司法适用研究——基于保险格式条款裁判的实证分析》,《政治与法律》2014年第11期。
[51] 王利明:《典型合同立法的发展趋势》,《法制与社会发展》2014年第2期。
[52] 王文宇:《物权法定原则与物权债权之区分》,《月旦法学杂志》2003年第2期。
[53] 温世扬:《保险人订约说明义务之我见》,《法学杂志》2001年第2期。
[54] 吴勇敏、胡斌:《对我国保险人说明义务制度的反思和重构》,《浙江大学学报》2010年第3期。
[55] 席恰、宋殿清:《理性社会人视角——可持续城市化道路的新动力》,《技术与管理创新》2011年第6期。
[56] 向明恩:《德国缔约上过失理论之发展》,《台北大学法学论丛》2009年第1期。
[57] 谢哲胜:《契约自治与管制》,《河南省政法管理干部学院学报》2006年第4期。
[58] 熊进光:《论金融商品销售的适合性原则——美、日金融商品销售行为规范的经验与启示》,《甘肃社会科学》2013年第3期。
[59] 徐文刚、魏久峰:《保险行业形象不佳问题原因分析与对策建议》,

《中国保险》2013 年第 1 期。
[60] 许绿叶：《保险人责任免除条款的明确说明义务》，《人民司法》2010 年第 23 期。
[61] 许小民：《浅析保险法司法解释（二）对保险人明确说明义务的新要求》，《中国保险》2014 年第 3 期。
[62] 许政贤：《定型化契约条款内容控制的问题导向论证》，《东吴法律学报》2013 年第 2 期。
[63] 杨东：《论金融消费者概念界定》，《法学家》2014 年第 5 期。
[64] 杨宏晖：《新经济时代的反托拉斯法挑战》，《政大法学评论》2004 年第 2 期。
[65] 杨立新：《非传统销售方式购买商品的消费者反悔权及其适用》，《法学》2014 年第 2 期。
[66] 杨立新：《我国消费者保护惩罚性赔偿的新发展》，《法学家》2014 年第 2 期。
[67] 杨茂：《完善我国保险人明确说明义务的法律思考》，《现代法学》2012 年第 2 期
[68] 姚志明：《诚信原则》，《月旦法学杂志》2001 年第 1 期。
[69] 叶启洲：《从德国保险人资讯义务规范论要保人之资讯权保障》，《政大法学评论》2012 年第 2 期。
[70] 叶启洲：《人寿保险适用消费者保护法契约审阅期间之问题研析》，《保险专刊》2012 年第 1 期。
[71] 叶启洲：《台湾保险消费者之资讯权保护》，《月旦法学杂志》2013 年第 3 期。
[72] 于海纯、吴民许：《日本法上保险人说明义务制度及其启示》，《保险研究》2009 年第 8 期。
[73] 于海纯：《保险人缔约信息义务的边界》，《比较法研究》2011 年第 2 期。
[74] 臧彦：《保险契约信息不对称的法律规制》，《法制与社会发展》2002 年第 6 期。
[75] 曾品杰：《附合契约与定型化契约之基本问题》，《东海大学法学研究》2006 年第 2 期。

[76] 曾品杰:《论不动产不诚实广告之契约效力(下)法院相关判决评释》,《台湾本土法学杂志》2006 年第 5 期。
[77] 曾品杰:《论资讯提供义务》,《东海大学法学研究》2007 年第 3 期。
[78] 张冠群:《保险契约条款疑义之认定与解释》,《月旦法学杂志》2012 年第 11 期。
[79] 张冠群:《金融商品销售适合性原则之法制分析》,《法学论丛》2009 年第 5 期。
[80] 张家勇:《论前合同责任的归责标准》,《法学家》2014 年第 1 期。
[81] 张旭:《保险公司免责条款的司法认定》,《人民司法》2011 年第 15 期。
[82] 张雪楳:《保险人说明义务若干问题探析》,《法律适用》2010 年第 8 期。
[83] 张运书、高毅:《保险消费者权利保护的法律路径分析》,《现代经济探讨》2014 年第 2 期。
[84] 郑子薇:《日本 2008 年新保险法告知义务新制及检讨》,《东吴法律学报》2013 年第 1 期。
[85] 钟国才、谢菲:《论免责条款的效力》,《武汉大学学报》2010 年第 6 期。
[86] 朱柏松:《论广告媒体业者之损害赔偿责任》,《月旦法学杂志》2002 年第 12 期。
[87] 朱广新:《论合同订立过程中的格式之战问题》,《法学》2014 年第 9 期。
[88] 卓俊雄:《消费者知的权利保护》,《法学新论》2012 年第 3 期。

(四)学位论文

[1] 卢景芳:《保险人说明义务之研究》,硕士学位论文,政治大学保险研究所,1990 年。
[2] 蔡意文:《论诚信原则于保险法之适用》,硕士学位论文,东吴大学法律学研究所,1994 年。
[3] 陈彦希:《契约法之经济分析》,博士学位论文,台湾大学法律研究所,1994 年。

[4] 张志侨:《商品之瑕疵担保责任与品质保证之研究》,硕士学位论文,台湾成功大学,2004 年。
[5] 戴志杰:《美国惩罚性赔偿金制度之基本问题研究》,博士学位论文,中正大学法律研究所,2006 年。
[6] 刘婷:《保险人说明义务制度研究》,硕士学位论文,华东政法大学,2006 年。
[7] 郭丽珍:《合理期待原则与保险争议之解决——以保险契约条款之解释为中心》,硕士学位论文,东吴大学法律学系,2006 年。
[8] 于海纯:《保险人缔约说明义务制度研究》,博士学位论文,中国政法大学,2007 年。
[9] 游明慧:《论先契约之责任》,硕士学位论文,台湾大学法律所,2008 年。
[10] 杨宏晖:《缔约前资讯义务之研究》,博士学位论文,台湾政治大学法律学研究所,2009 年。
[11] 张新楣:《金融交易之资讯义务——以金融机构之民事责任为中心》,硕士学位论文,台湾大学法律学院法律学研究所,2010 年。
[12] 梁冠中:《两岸保险契约当事人告知说明义务比较研究》,硕士学位论文,台湾政治大学法律学系研究所,2010 年。
[13] 罗俊玮:《最大诚信原则于海上保险契约之适用》,博士学位论文,台湾政治大学风险管理与保险研究所,2010 年。
[14] 王冠华:《保险格式条款合理期待解释原则研究》,博士学位论文,中南财经政法大学,2013 年。
[15] 林家如:《我国台湾地区惩罚性赔偿金制度之再反省》,硕士学位论文,台湾大学法律学院法律学研究所,2014 年。
[16] 冯玥:《商法中的外观主义》,博士学位论文,中南财经政法大学,2014 年。
[17] 吴承翰:《广告行销与民事责任》,硕士学位论文,政治大学法律学系,2014 年。

(五)民事判决

[1] 安徽省蚌埠市禹会区人民法院(2013)禹民二初字第 00313 号民事判决书。

[2] 北京市大兴区人民法院（2012）大民初字第1198号民事判决书。
[3] 大连市沙河口区人民法院（2014）沙民初字第677号民事判决书。
[4] 广东省惠州市中级人民法院（2009）惠中法民二终字第168号民事判决书。
[5] 河南省方成县人民法院（2009）方民商初字第132号民事判决书。
[6] 河南省南阳市西峡县人民法院（2013）西民商金初字第62号民事判决书。
[7] 河南省中牟县人民法院（2010）牟民初字第213号民事判决书。
[8] 湖北省高级人民法院（2008）鄂民二终字第00104号民事判决书。
[9] 江苏省江阴市人民法院（2008）澄民二初字第2099号民事判决。
[10] 江苏省连云港市中级人民法院（2005）连民二终字第36号民事判决书。
[11] 江苏省南京市中级人民法院（2005）宁民二终字第467号民事判决书。
[12] 江苏省徐州市中级人民法院（2009）徐民二终字第0661号民事判决书。
[13] 江苏省徐州市中级人民法院（2013）徐民终字第1661号民事判决书。
[14] 山西省运城市中级人民法院（2011）运中民终字第1256号民事判决书。
[15] 上海市第二中级人民法院（2005）沪二中民三（商）终字第394号民事判决书。
[16] 上海市第二中级人民法院（2013）沪二中民六（商）终字第240号民事判决书。
[17] 上海市虹口区人民法院（2014）虹民五（商）初字第232号民事判决书。
[18] 上海市黄浦区人民法院（2013）黄浦民五（商）初字第731号民事判决书。
[19] 上海市浦东新区人民法院（2010）浦民六（商）初字第6992号民事判决书。
[20] 浙江省杭州市江干区人民法院（2010）杭江民初字第1594号民事

判决书。
[21] 浙江省杭州市中级人民法院（2010）浙杭民终字第2358号民事判决书。
[22] 浙江省金华市中级人民法院（2014）浙金民终字第455号民事判决书。
[23] 浙江省浦江县人民法院（2010）金浦民初字第1422号民事判决书。

## 二 外文文献

[1] Bill Thorness, The Explosive Nature of Evidence, *Claims*, June 1997.
[2] Dean R. Dietrich, Obtaining Informed Consent, 80 - *SEP Wis. Law.* 22, 22 (2007).
[3] Derek Kroft, Informed Consent: A Comparative Analysis, 6 *J. Int'lL. & Prac.* 457, 459 (1997).
[4] Douglas Andrew Grimm, Informed Consent for all No Exceptions, 37 *N. M. L. Rev.* 39, 41 (2007).
[5] Dudi Schwartz, Interpretation and Disclosure in Insurance Contracts, 21 *Loy. Consummer L. Rev.* 105, 118 (2008).
[6] Eugene R. Anderson, James J. Fournier, Why Courts Enforce Insurance Policyholders' Objectively Reasonable Expectations of Insurance Coverage, 5 *CONN. INS. L. J.* 335 (1998).
[7] Florencia Marotta-Wurgler, Does Contract Disclosure Matters? 168 *Journal of Institutional and Theiretical Economics* (2012).
[8] Franklin G. Miller, Research on Medical Records without Informed Consent, 36 *J. L. Med. & Ethics* 560, 561 (2008).
[9] Fred H. Cate, Protecting Privacy in Health Research: The Limits of Individual Choice, 98 *Cal. L. Rev.* 1783 (2010).
[10] Hanoch Dagan & Michael A. Heller, The Liberal Commons, 110 *Yale L. J.* 549, 568 (2001).
[11] J. Lowry and P. Rawlings, Insurance Law: Doctrines and Principles, *Oxford*, pp. 73 - 103, 1999.
[12] Jana L. Fischer, What Constitutes an Invalid "Blanket Consent" within

the Purview of Illinois'Mental Health and Developmental Disabilities Confidentiality Act? 22 *N. I11. U. L. Rev.* 535 (2002).

[13] John Lowry and Philip Rawlings, Insurance Law: Doctrines and Principles, *Oxford*: *Hart*, p. 116, 2005.

[14] Keith N. Hylton, Punitive Damage and the Economic Theory of Penalties, 87 *Georgetown Law Journal*, 421 (1998).

[15] Larry Bates, Administrative Regulation of Terms in Form Contracts: A Comparative Analysis of Consumer Protection, 16 *Emory Int'l L. Rev* 1 (2002).

[16] Matthias E. Storme, Information Requirements and Remedies in the Principles of European Contract Law, *Acquis Communautaire*, 231, 232 - 33 (2003).

[17] Michael K. Wolensky, Securities Law and the Internet Enforcement Issues: Application of suitability Obligations, 1127 *PLI/Corp* 251, 254 (1999).

[18] Mitchell Polinsky & Steven Shavell, Punitive Damages: An Economic Analysis, 111 *Harvard L. Rev.* 902 - 903 (1998).

[19] Omri Ben-Shahar, The Failure of Mandated Disclosure, 159 *University of Pennsylvania Law Review* (2011).

[20] Oren Bar-Gill, Omri Ben-Shahar, Regulatory Techniques in Consumer Protection: A Critique of European Contract Law, 50 *Common Market Law Review* (2013).

[21] Paul M. Schwartz, Privacy and Democracy in Cyberspace, 52*Vand. L. Rev.* 1684 (1999).

[22] Peter Macdonald Eggers and Patrick Foss, Good Faith and Insurance Contracts, *London*: *LLP*, p. 268, 1998.

[23] Peter Mogelvang-Hansen, The Binding Effects of Advertising, in New Features in Contract Law 169, 170 - 172 (Reiner Schulze ed., 2007).

[24] Robert Merkin, Insurance Law an Introduction, *London*: *Informa*, pp. 70 - 71 (2007).

[25] Shaun B. Spencer, Reasonable Expectations and the Erosion of Privacy, 39 *San Diego L. Rev.* 892 (2002).

[26] Shmuel I. Becher, Asymmetric Information in Consumer Contracts: The Challenge That is Yet to Be Met, 45 *Am. Bus. L. J.* 723, 734 (2008).

[27] Stefan Bechtold, An Economic Analysis of Trade-Secret Protection in Buyer-Seller Relationships, 27 *J. L Econ. &Org.* 137, 138 - 139 (2011).

[28] WilliamMock, On the Centrality of Information Law: A Rational Choice Discussion of Information Law and Transparency, 17 *J. Marshall J. Computer & Info. L.* 1069, 1072 (1999).

# 后　记

历经多年求学，终于跨出了小小的一步。这一步走得艰辛，心中却充满感激。在摸索中学习，在挫折中成长，顺逆甘苦，都让我受益良多。本书的出版，即为这段人生经历的小结；值此之际，谨以此书感谢曾助益我的人、事，以示感恩及不忘！

2005 年 9 月怀揣着梦想，带着家人的嘱咐、亲人的祝福，第一次离开家乡，来到中南财经政法大学求学，当时的欣喜与茫然，一幕幕犹如昨日，历历在目。在中南大，一待就是 10 年，感恩学校的培养与老师的教诲，顺利完成学业，走上工作岗位，开启新的征程。今年，正值母校 70 周年华诞，七秩风雨不忘初心，七度分合砥砺成歌，为母校的繁荣与发展送上最深情的祝福。

本书是在我的博士学位论文基础上进行修改而完成的。对于保险法的研习，实为“误打误撞”的闯入者，感谢导师樊启荣老师的“不弃”。

在论文撰写过程中，老师以其深厚渊博的学术涵养，指导学生依个人兴趣拟定论文研究的方向与框架，适时导正学生观念上的错误，启发学生的思考，为学生解开写作过程中产生的疑惑，并且不时叮咛关心学生的论文进度，谆谆教诲学生应尽快完成自己人生中现阶段的任务，始得心无挂念地迎向人生的下一个阶段。老师对学生的关心，不仅只于论文上的指导，更及于学生的人生方向与目标，学生心中对此深表感激，深深感谢老师对学生学术上的启发，以及生活上的关心与爱护。

感谢陈小君老师、温世扬老师、雷兴虎老师、赵家仪老师、麻昌华老师、徐涤宇老师、张红老师、高飞老师、耿卓老师，以及校外曹诗权老师、俞江老师等诸位。老师们以其博大精深的学术涵养以及其丰富的法律经验，于开题、答辩时提出学生思虑不周而未能考虑之处，并提点学生做一更深入且更广泛的思考。感谢老师们对学生论文的缺失以包容的态度所提出的鼓励与建议，学生在此深致谢意。感谢在论文写作的路上，一直帮助我的学长姐、同学、学弟妹以及朋友们，由于受到大家的协助与扶持，我的论文才能够如此顺利完成，必须要感谢的人数众多，请原谅我就不一一唱名了。

本书得以出版，感谢湖北民族学院法学院的大力支持，工作至今，感觉家一般的温暖；在学院领导、同事的关心与爱护之下，热情、高效地工作，心境安宁、不断成长。感谢中国社会科学出版社孔继萍编辑及外审专家们，由于你们编辑技术的精湛、编审过程的细心，才确保了本书的品质，对本书付出的艰辛与心血，表示由衷的谢意与敬意！

人生中的一大喜悦，是发现在每个人生道路的转折处，都有和善健壮的手臂扶我一把，助我继续前行。对我而言，这手臂就是家人。谢谢你们，我的家人！心中对你们的感激难以言尽，谨以此书献给你们！

**李勇　谨识**

2018 年 6 月 8 日

识于湖北民族学院